臺灣歷史與文化 研究輯刊

三 編

第 9 冊

日治時期啓蒙思想的五個面向：
臺灣殖民地現代性的建立與張深切思想的指標性意義

簡素琤 著

花木蘭文化出版社

國家圖書館出版品預行編目資料

日治時期啓蒙思想的五個面向：臺灣殖民地現代性的建立與張
深切思想的指標性意義／簡素琤 著 — 初版 — 新北市：花木
蘭文化出版社，2013〔民 102〕

目 4+252 面；19×26 公分

（臺灣歷史與文化研究輯刊 三編：第 9 冊）

ISBN：978-986-322-471-6（精裝）

1. 啓蒙思想 2. 日據時期

733.08   102017306

ISBN-978-986-322-471-6

臺灣歷史與文化研究輯刊

三 編 第 九 冊   ISBN：978-986-322-471-6

日治時期啓蒙思想的五個面向：
臺灣殖民地現代性的建立與張深切思想的指標性意義

作 者 簡素琤
總 編 輯 杜潔祥
出 版 花木蘭文化出版社
發 行 所 花木蘭文化出版社
發 行 人 高小娟
聯絡地址 235 新北市中和區中安街七二號十三樓
         電話：02-2923-1455／傳眞：02-2923-1452
網 址 http://www.huamulan.tw 信箱 sut81518@gmail.com
印 刷 普羅文化出版廣告事業
初 版 2013 年 9 月
定 價 三編 18 冊（精裝）新臺幣 40,000 元

日治時期啓蒙思想的五個面向：
臺灣殖民地現代性的建立與張深切思想的指標性意義

簡素琤　著

作者簡介

簡素琤（1958～），宜蘭羅東人。1973 年就讀臺北第一女中（～ 1976）。1976 年就讀臺師大英語系（～ 1980）。1982 年就讀輔仁大學英文研究所（～ 1985），主修現代英美文學詩歌。1995 年就讀輔仁大學比較文學研究所博士班（～ 2007），主修臺灣文學。歷任臺北市立蘭雅國中英文教師、臺中嶺東商專（現嶺東科技大學）專任英文講師、靜宜大學英文系專任英文講師、明志工專（現明志科技大學）專任英文講師。現在為臺北市立明倫高中英文教師（1994～迄今），並教授臺灣新文學選修課程、創作新詩與寫作詩評。

提　　要

　　本論文以文化啟蒙與現代性的觀點，分析張深切與其他日治時期臺灣啟蒙者的各個思想面向：民族主義、自由主義、社會主義、理性宗教觀、文化哲學觀等，目的既是為張深切找尋在此啟蒙運動中的位置與意義，也在研究日治時期啟蒙思想的特色，對照其與明治啟蒙與五四啟蒙思想間的淵源與異同、並從其與世界文化哲學接軌的角度，重新評價此啟蒙運動所建構出的新文化思想的現代性意義，期使這段臺灣歷史，不致陷入歷史迷霧、虛無主義或破碎曖昧多義的解讀之中。本論文廣泛收集日治時期的各種出版品：官方與半官方出版品；《臺灣民報》、《臺灣大眾時報》、《臺灣文藝》、《臺灣文藝叢誌》、《崇文社文集百期彙刊》等日治時期啟蒙者所創辦的報刊雜誌；左右派啟蒙者與傳統文人的日記、自傳、傳記、詩集、小說、文集、學術論文等；張深切的所有著作等等，做為進入歷史脈絡、耙梳史料的依據，以期讓史料自己呈現出日治時期啟蒙思想的特色與張深切思想的現代性意義。

目次

緒　論　日治時期台灣的啟蒙運動與張深切的啟蒙
　　　　思想：被殖民啟蒙、現代性與歷史書寫⋯⋯1

　第一節　分裂與統合：1910 年代晚期至 1930 年代
　　　　　中期台灣啟蒙運動的多向碎裂性 vs.同質
　　　　　共相性 ⋯⋯⋯⋯⋯⋯⋯⋯⋯⋯⋯⋯⋯⋯ 3

　第二節　被殖民情境下的啟蒙現代性：「歐洲中心」
　　　　　文化模式，還是「文化主體」的建構 ⋯⋯ 5

　第三節　在後現代文化思潮裡，對日治時期台灣
　　　　　啟蒙運動理性精神的省思 ⋯⋯⋯⋯⋯⋯ 7

　第四節　歷史書寫：在思想史、歷史語境的重建、
　　　　　「大敘述」與理論之間 ⋯⋯⋯⋯⋯⋯⋯ 9

　第一章　啟蒙思想的翻譯：十九世紀以來中、日啟
　　　　　蒙運動影響下的日治時期臺灣文化啟蒙運
　　　　　動與張深切的啟蒙思想 ⋯⋯⋯⋯⋯⋯⋯ 15

　前　言 ⋯⋯⋯⋯⋯⋯⋯⋯⋯⋯⋯⋯⋯⋯⋯⋯⋯ 15

　第一節　日治時期台灣前現代傳統社會的現代化
　　　　　／資本主義化與啟蒙運動的關聯 ⋯⋯⋯ 20

　第二節　日治時期台灣文化啟蒙運動始末：做為
　　　　　社會政治運動先鋒的啟蒙運動 ⋯⋯⋯⋯ 25

第三節　日治時期台灣文化啓蒙運動的中、日淵源 ⋯⋯⋯⋯⋯⋯⋯⋯⋯⋯⋯⋯⋯⋯ 28

第四節　1920 年代啓蒙運動的左右分流與 1930 年代的整合：政治狂熱的 20 年代與回歸文化啓蒙運動本位的 30 年代 ⋯⋯⋯⋯ 31

第五節　日人主導下的日治時期出版品：從殖民者觀點所建立的世界觀與現代化 ⋯⋯⋯⋯ 39

第六節　台灣日治時期啓蒙思想的內容與對西方、日本與中國啓蒙思想的引介：以 1920 年代《台灣民報》爲研究 ⋯⋯⋯⋯ 42

第七節　被殖民地啓蒙思想主體性的建立——擬仿與挪用 ⋯⋯⋯⋯⋯⋯⋯⋯⋯⋯⋯⋯ 54

第八節　張深切的啓蒙思想與其在日治時期台灣啓蒙運動的定位 ⋯⋯⋯⋯⋯⋯⋯⋯⋯ 56

第二章　啟蒙與民族主義之間：從張深切包含世界主義的民族主義透視日治時期啟蒙者的民族主義內容與認同觀 ⋯⋯⋯⋯⋯⋯⋯ 61

第一節　張深切民族思想的萌芽與成長期（1917～1923） ⋯⋯⋯⋯⋯⋯⋯⋯⋯⋯⋯⋯ 63

第二節　張深切受第三共產國際影響下的民族主義時期（1924～1933） ⋯⋯⋯⋯⋯⋯⋯ 66

第三節　張深切民族思想的成熟期（1934～1965）：張深切自由思想文化民族主義所包含的啓蒙思想特徵與世界主義 ⋯⋯⋯ 68

第四節　張深切對民族建構性的認知與皇民化時期台灣啓蒙者對民族建構性的體認與國族認同 ⋯⋯⋯⋯⋯⋯⋯⋯⋯⋯⋯⋯ 73

第五節　啓蒙理性與民族特殊主義（particularism）之間：張深切與日治時期啓蒙者包含世界主義的民族主義主張、其國族認同及亞洲民族主義 ⋯⋯⋯⋯⋯⋯⋯⋯⋯⋯ 76

第六節　結語：張深切的自由思想文化民族主義與他的時代 ⋯⋯⋯⋯⋯⋯⋯⋯⋯⋯⋯ 83

第三章　張深切的自由思想與臺灣日治時期自由主義 ⋯⋯⋯⋯⋯⋯⋯⋯⋯⋯⋯⋯⋯⋯ 87

第一節　日治時期對自由主義初期的接觸：梁啓超、板垣退助、吉野作造、永井柳太郎、島田三郎等 ……………………91

第二節　日治時期啓蒙者在《台灣民報》對自由主義思想的翻譯與引介評論 ……95

第三節　張深切的自由思想與日治時期自由主義的淵源 ………………………103

第四節　結語：張深切「自由人」的形象與對自由主義精神的體現 ……………107

第四章　日治時期台灣社會主義思想的流行與張深切的「道德文學」主張：從馬克思通向老莊 …………………………………115

第一節　從西方社會主義到日治時期社會主義的流行與張深切 …………………115

第二節　台灣 1920 年代中期至 1930 年代初期，左翼社會政治運動概況及各流派間的理念差異與衝突鬥爭 ………………119

第三節　1920 年代台灣社會主義思想的引介與傳播：以《台灣民報》爲研究 …122

第四節　做爲無產階級革命先鋒的《台灣大眾時報》…………………………131

第五節　張深切與日治時期啓蒙左翼的關聯與廣東台灣獨立革命時期（1926～7）…133

第六節　張深切融合科學主義、辯證法、唯物史觀與老子思想的「道德文學」主張 …137

第七節　結語：張深切的創見——從新馬克思主義看張深切的「道德文學」主張 …145

第五章　理性時代的宗教觀：張深切與日治時期啓蒙者的宗教思考 ……………151

第一節　從西方到東亞：五四啓蒙與日治時期啓蒙的理性宗教觀 ………………152

第二節　日治時期台灣民俗社會的宗教生活、各種宗教信仰及宗教改革概況 ……156

第三節　日治時期台灣啓蒙者反迷信的態度與具宗教信仰的啓蒙者之理性信仰 …163

　　第四節　靈域世界的神秘召喚與張深切的理性
　　　　　　宗教觀 ························· 170
　　第五節　結語：張深切思想中宗教與理性的裂
　　　　　　隙及其所代表的現代文明困境 ······· 178
第六章　日治時期傳統文人的啟蒙思想與張深切
　　　　對中國古代哲學的批判 ··············· 183
　　第一節　日治時期舊文人與啟蒙運動的關聯及
　　　　　　張深切對文化哲學議題的關切 ······· 184
　　第二節　日治時期台灣傳統文人的啟蒙意識：
　　　　　　調和儒學傳統與西方器物之學的明治
　　　　　　啟蒙模式 ······················· 190
　　第三節　日治時期兩個傳統文社「彰化崇文社」
　　　　　　與「台灣文社」的啟蒙思想研究：傳統文
　　　　　　人的文明想像與對西方諸國文化歷史、
　　　　　　思想人文的引介 ················· 192
　　第四節　1920 年代中期以來「孔墨並尊論」與
　　　　　　「非儒」言論的興起：魏清德、黃純青、
　　　　　　連橫、周定山對儒學的動搖與對西方啟
　　　　　　蒙思想及墨學的科學精神、功利主義、
　　　　　　博愛思想與世界主義的傾斜 ········· 200
　　第五節　張深切的文化民族主義：對儒學主觀唯
　　　　　　心傳統的批判與對中國古代知識學派的
　　　　　　崇尚 ························· 210
　　第六節　結語：日治時期舊文人及張深切的新文
　　　　　　化觀所建立的台灣觀點 ··········· 217
第七章　新文化主體雛型的建立：烏托邦的想像
　　　　──回看日治時期啟蒙者與張深切對人
　　　　類理性精神的樂觀主義 ··············· 221
　　第一節　日治時期啟蒙思想的現代性：具務實、
　　　　　　靈活性與烏托邦理想的新的「文化主體」
　　　　　　雛型 ························· 221
　　第二節　張深切啟蒙思想在日治時期啟蒙運動的
　　　　　　指標性意義 ··················· 223
　　第三節　啟蒙理性的守衛者：從後殖民、後現代
　　　　　　的流行，回看張深切思想的現代性意義 · 227
參考書目 ··································· 231

緒　論　日治時期台灣的啓蒙運動與張深切啓蒙思想的指標性意義：被殖民啓蒙、現代性與歷史書寫

　　本論文以啓蒙的觀點〔註1〕，重新檢視台灣自 1910 年代晚期至 1930 年代中期全島性的新文化／社會政治運動，探討其做爲「日治時期台灣啓蒙運動」層面的內容，實則蘊含一種藉由回顧歷史、尋找台灣在現代全球化時代文化主體性建構的起源與文化位置所在的意義。日治時期，在日本殖民政策的規劃與建設下，台灣漢民族社會，經歷了由前現代／傳統閩粵封建／農業社會，進入被殖民地／現代／資本主義社會的鉅變。日治時期台灣新舊知識份子，在這社會的鉅變中，首當其衝地感受到舊式文化道德價值觀的失勢與無力。他們主要經由殖民母國與文化祖國的啓蒙運動經驗，接觸了十七世紀以降的各種西方啓蒙相關思潮，在意識到西潮不可擋與西方文化優勢的認知下，爲

〔註 1〕 西方的啓蒙運動指的是，十七世紀以來以批判王權、神權、與特權做爲開端、在歐洲地理上由西向東傳播的一個廣泛的文化哲學社會思潮與運動，所發展出來的龐大哲學體系，與對中世紀的「除魅」（disenchantment）、主體自由、理性思維、科學唯物論、自由人權、文明進化論等思想，密切相關，歷經十八、十九世紀歐洲哲學家的持續思考，發展出龐大的、内部差異甚大的思想體系。進入 20 世紀世紀初期，Horkheimer 與 Adorno 指出啓蒙理性所蘊含的野蠻與自我毀滅性，啓蒙與反啓蒙的爭論，開始普遍熱烈展開。工具理性與實證科學，如何窄化人類的文明想像？而啓蒙理性思想的共相，到底是歐洲中心的觀念、是壓抑多元與差異的工具，還是，啓蒙理性的除魅仍是未竟之功？這些至今仍是爭辯不休的議題。在此，本文所指的啓蒙思想，採廣義的定義，泛指日治時期台灣透過被殖民統治的經驗、日本明治啓蒙與中國五四啓蒙所接收、翻轉的所有西方啓蒙思想傳統。

了在當代文化政經氛圍裡，保存台灣島民的特殊主體位置，使不致遭到日本殖民者同化滅族的命運，主動連結全島地主士紳知識階層與後來加入的農工階層的力量，蔚爲一波波的文化、社會、政治運動，企圖建立台灣島民的主體意識與新文化觀，以對抗台灣總督府的殖民歧視同化政策。當時，與西方啓蒙思想傳統相關的理性思維、科學實證、自由主義、功利主義、民主代議政治、民族主義、社會主義、宗教改革觀、人權思想、平等博愛觀等等思想，經由日本明治啓蒙與五四啓蒙經驗的翻譯轉用，似滾滾洪流，滔滔湧入台灣島上，衝擊所有日治時期台灣的有識之士，台灣自此成爲有意識的國際社會一員，在西方啓蒙傳統各流派思想間本來具有的相容性或矛盾性、東西文化的異質性、與特殊的被殖民壓迫經驗之間，摸索建立出適合改造台灣舊社會的啓蒙思想，已然具有建構文化主體的能動力。

　　然而，現代性的建立，無論是在歐美各國或各個次殖民地與被殖民地，狀況均有差異，所建構出來的現代性也各有特徵，日治時期台灣啓蒙運動與其翻譯挪用西方啓蒙思想所建立的啓蒙思想，也自然有其獨特的現代性特徵。它是在被殖民的特殊歷史情境下，透過與中、日、台三方的文化政治的交流與對話，所探索出來的現代性，具有其不同於明治啓蒙與五四啓蒙所建立的特殊性。而日治時期台灣啓蒙思想所呈現的特殊現代性，正是本論文關注的核心焦點：日治時期的文化啓蒙思想，具體內容與所呈現的現代性爲何？此文化啓蒙運動，與社會政治運動的關係又如何？在這啓蒙運動中，西方啓蒙思想傳統中的哪些思潮派別，究竟經過怎樣的引介、翻譯與改造，形成日治時期台灣啓蒙思想的主要內容特徵？日本殖民統治、明治啓蒙與五四啓蒙，在日治時期台灣啓蒙運動中，如何協助或影響啓蒙者翻譯西方的啓蒙思想？殖民者與被殖民者之間的文化、社會、政治因素的交纏糾葛，又如何影響日治時期的啓蒙運動？日治時期台灣啓蒙者，如何彌合啓蒙理性與自由平等博愛觀的普遍性，以及民族主義所講求的特殊性之間的根本矛盾差異？日治時期啓蒙者，如何取捨與彌合中國唯心道德文化傳統與西方科學理性傳統間的異質性與根本矛盾，以建立新的文化主體？啓蒙右派與啓蒙左派思想主張，各自的具體內容爲何？日治時期的理性宗教觀，在這啓蒙運動中，具體情形與內容爲何，又如何處理理性獨立思考與宗教信仰之間的矛盾等等？所有這些問題，都是本論文所試圖涵蓋解答的。筆者將以 1930 年代「台灣文藝聯盟」領導人之一的張深切爲分析的軸心，以張深切啓蒙思想的各個面向做爲據點，深入日治時期啓蒙運動錯綜複雜的歷史語境與脈絡之中，逐一

地分析釐清張深切與日治時期啓蒙思想的種種面向，爲上述的問題找出解答。

　　本論文之所以選擇以張深切做爲研究日治時期啓蒙思想軸心的原因是，在日治時期啓蒙者普遍以啓蒙運動做爲社會政治運動的先導、相對忽視深耕文化議題的氛圍裡，張深切可以說是，日治時期最徹底堅守文化啓蒙者角色、也最足以呈現日治時期啓蒙思想所有面向的啓蒙者。他試圖思考歸納當代左右派所有的思想面向，跨越東西文化的藩籬，找到融通所有事物道理的普遍原則，其綜合、化約、簡化、理性的思考方式，屬於現代主義模式，也是以人「類」爲單位的啓蒙基本思想模式〔註2〕，可說是日治時期台灣最深刻、最具企圖心的文化啓蒙者之一。透過分析他啓蒙思想的各個面向，我們可以大致掌握日治時期啓蒙思想的基本特徵，以及此啓蒙運動所建構出來的現代性及文化主體。本研究的焦點，將既環繞在張深切啓蒙思想的五個面向，著重分析他的思想特色，也將廣泛的觸及整個日治時期啓蒙者所共同營造的啓蒙思想內容特徵。而在進入論文本體章節之前，筆者希望先提出幾個有關日治時期台灣啓蒙運動的基本特徵與問題點，其中也包括本論文的方法論、基本批評論點、研究資料、企圖心與限制等等。

第一節　分裂與統合：1910 年代晚期至 1930 年代中期台灣啓蒙運動的多向碎裂性 vs.同質共相性

　　我們談明治啓蒙，談五四啓蒙。發生在日本十九世紀晚期與中國二十世紀初期的這兩個新文化運動，常被視爲整體的、有被意識地推動的、雖然仍存內部差異的啓蒙運動〔註3〕。但在研究 1910 年晚期以來由台灣新舊知識份子結社所發動的一波波新文化與社會政治運動時，雖然必然涉及啓蒙運動對文化與文學的改造與對抗日本殖民統治的議題，卻鮮少有學者以較有複雜脈絡的文化啓蒙運動的觀點切入，對這整個啓蒙歷程做整體全面的思考、或具

〔註2〕根據康德與黑格爾對理性的見解，理性是一種不具民族、膚色、性別與階級特殊性的人類共性，是屬於全人類的共相，也就是以人做爲「類別」的共通準則。

〔註3〕以明治啓蒙與五四啓蒙爲主題的研究，非常之多，如舒衡哲、王青、周策縱、金耀基等學者，有以五四啓蒙爲主題的研究；土方和雄、李永熾等學者，以「明治啓蒙」之名，將「明六社」的福澤諭吉等六人，視爲爲明治啓蒙的研究核心。

體地在歷史脈絡裡挖掘這啓蒙運動所建構出的新文化哲學觀點。學者多以個別作家、各個左右派雜誌報刊、各個傳統與新式文人的文藝結社、白話文運動、鄉土文學論戰、舊文人的文化觀、左派社會革命運動、電影、新劇等，以其抵抗及啓蒙精神，做爲研究題材，著重其個別、碎裂而多向的文化、社會、政治運動面向；或以後殖民的理論，重新審視被殖民地現代性的文化接納、轉化與抗拒問題，以求徹底擺脫台灣政治、經濟與文化的被殖民狀態。採取這種研究取材最大的因素，可能是因爲自 1910 年代晚期到 1930 年代中期所發生在台灣文化領導階層的事，本身便是破碎、多向、隱匿、多義的運動：隱匿的政治目的、重疊曖昧的身份認同觀、文化啓蒙與社會政治運動的重疊、南轅北轍的社會政治運動路線、對文化哲學議題相對的忽視、新舊文學難以被並陳研究等等因素，使得這一波波的運動，很難用「啓蒙運動」一詞概述之。事實上，日治時期文化啓蒙、社會、政治運動的交錯瓜葛，使得學者難以單獨從文化啓蒙的面向，說明清楚這段歷史。加上參與這段歷史的新舊文人的思想，也在歷史與文化因素的複雜性中，顯得似乎新舊重疊、認同混雜、結構含糊、思想多變，而令人在未能深入做整體綜合研究的情況下，有無所適從之感。

但是，這種破碎、多義與多向的運動現象，並不意味著，發生在 1910 年代晚期到 1930 年代中期台灣文化領導階層的事，不是文化啓蒙運動，或無法以文化啓蒙運動的觀點切入，來整體地加以討論。誠然，那是個一波波文化／社會／政治運動不分、派系分裂嚴重、碎裂而難以整合的運動的總合；然而，在這段歷史期間，台灣全島新舊文人，運用結社與機關雜誌，發揮結盟團結的力量，不遺餘力地引進西方啓蒙思想傳統裡的各個思考面向與社會主義思想——自由主義、民主代議政治、現代民主主義、理性主義、科學實證、社會主義、理性宗教觀、平等博愛觀、階級觀、歷史唯物論、唯物辯證等等——並重新思考中國古代哲學的現代意義，對西方啓蒙思想傳統、明治與五四啓蒙經驗，加以翻譯、批判、取捨、融合等等，卻明白顯示一種翻譯挪用西方啓蒙思想改造台灣封建傳統社會與文化，使台灣成爲現代化社會的意圖。而儘管知識份子新舊思想交錯、認同意識重疊、左右派啓蒙者對民主代議政治與社會革命的主張南轅北轍，但他們卻都強烈知覺文化啓蒙的重要性，主張以啓蒙運動做爲社會政治的先導。也因此，穿越表象的破碎多向與多義的背後，這段歷史期間一波波的運動，並非眞正無方向、個別、

碎裂的，而是指向爭取台灣島民生存空間、建立新文化道德與社會政治主體性的共同目標的。因此，它可被視爲整體的、有方向性、並在差異中存有同質與共相的啓蒙運動，來整個加以思考研究。雖則這樣的研究切入點，與現代性所著重的多元、特殊與眾聲喧嘩並置似有矛盾衝突，但筆者認爲，探究日治時期啓蒙運動的整體與全面的面貌，是避免走入歷史迷霧，釐清日治時期現代性各個面向必要的工作。事實上，深入研究之後，可以發現，日治時期的文化啓蒙運動，不只是工具性的做爲社會與政治運動的先導宣傳，在更深層的意義上，它也是台灣本土文化試圖與世界文化接軌的全面性初步嘗試。而至於這啓蒙運動，最後是往中國或往日本方向推進的，並非最大的重點。毋寧說，這啓蒙運動所建立出來的，是以台灣本位做爲思考基礎的新的文化主體雛型。

筆者以爲，全面挖掘、綜合出日治時期啓蒙運動所建構的啓蒙思想的各個面向與特徵，更能幫助重新思考日治時期個別作家作品、文藝結社、社會政治運動的現代性意義，而賦予新的詮釋，也可藉由突顯日治時期這些從事文化啓蒙運動的新舊左右派知識份子的思想面貌與其現代性意義，找到台灣新文化與世界思潮接軌的源起處。

第二節　被殖民情境下的啓蒙現代性：「歐洲中心」文化模式，還是「文化主體」的建構

十九世紀末至二十世紀中葉，次殖民地與被殖民地的啓蒙運動，是以由西方帝國主義帶來的西方啓蒙思想傳統爲範本的新文化運動。對這些非西方世界的啓蒙者而言，現代化指的是：西方哲學與科學體系的建立、西式教育與大學、現代都市的誕生、資本主義社會的建立、鐵路電燈電報等現代科技的發展……等等，是個無庸置疑的西化。而現代性則呈現在，黑格爾所說的「主體性的自由」（freedom of subjectivity），是種主張理性思維、自我創造性、自由獨立思想、創新與改變，斷裂於傳統及迷信的新的思想模式，含有「放諸四海皆準」的普遍性。以哈伯瑪斯的說法來解釋，「在現代性裏，無論是宗教生活、國家、社會以及科學、道德與藝術，都被轉化爲此主體性原則的諸多具體形式」（"In modernity,……religious life, state and art are transformed into just so many embodiments of the principle of subjectivity."）〔註 4〕。現代性或被認爲斷裂於啓蒙理性（傅科），或被認爲是啓蒙理性的延續（哈伯瑪斯），但無論被解釋爲其中的某個概念，均爲歐洲文化哲學傳統裡自然孕育生產的子嗣。而屬於不同文化體系的非西方國家啓蒙者，往往依據現代性創新與自我創造的概念，切斷與本土文化思想傳統的聯繫，將西方文化哲學橫向移植到朝著現代化轉變的本土社會文化裡。東亞的明治啓蒙、五四啓蒙與日治時期台灣啓蒙，便都是同樣採取「橫向移植」的啓蒙模式，以西方文化哲學，做爲文化改造的範例。

但這種「橫向移植」西方文化的做法，究竟會致使啓蒙運動停留在「歐洲中心」的思維模式，還是終究能經過文化的翻譯和轉化，達致「建構文化主體性」的目標？從這種「橫向移植」啓蒙模式，在明治與五四啓蒙運動中，分別遭到日本國粹派與中國國粹派與新儒家的強烈反彈、五四啓蒙運動的大將甚至被譏爲媚外的「買辦文人」的種種事實可知，除了質疑西方啓蒙理性哲學傳統本身的普遍性之外，民族情緒的介入，也是人們對「橫向移植」西方文化的啓蒙運動，抱持著極大不安的懷疑態度的重要原因。然而，理性與現代性概念，雖是歐洲文化的產物，但它們與宋明理學的悟性、心性概念一樣，並不專屬於某個個人、族裔、民族與國家，而都同樣訴諸人「類」的共相，具有先驗的形上色彩；理性與「主體性自由」的普遍性，事實上，應是超越地域、種族、國家的普遍法則。明治啓蒙者以調和主義，保存儒家的道德修身原則與神道教的天皇崇拜，加上西方啓蒙理性與自由平等博愛觀、現代主義的文明進步觀、科學實證觀，特別著重建設科學、君主立憲與實業，建構起以整體人類文明進化爲思考角度的新文化主體性與現代性，使日本能於日俄戰爭之後，迅速擠身於強國之列。而五四左右派啓蒙者，則大多採取與儒家傳統斷裂的方式，欲完全依附在啓蒙理性與現代性的自我創造性之上，建構新的文化主體，卻反而因爲完全脫離本土社會的實際狀況，而難以完成任務。另一方面，新儒學雖然另外從柏格森的直覺哲學、康德的道德形上學等西方哲學思想，詮釋儒學與佛學的現代意義，並欲藉此建立新的中國文化主體，但基本上，它並未嘗試調和儒佛學與現代資本主義社會及科技文明的異質，以協助中國社會完成現代化。如此，由明治啓蒙與五四啓蒙的案例觀察，啓蒙運動對西方文化「橫的移植」，或者成功，或者失敗，原因是否

〔註 4〕見 Habermas, Jürgen. <u>The Philosophical Discourse of Modernity</u>. Cambridge: Polity Press, 1987. 頁 18。

繫於政治的安定因素、民族性、啓蒙運動能否調和在地的文化特殊性等等，
雖然仍有待進一步的研究，但至少可以得知，藉由對西方文化進行「橫的移
植」，而建構出新的「文化主體」，是可能發生的。

　　而日治時期台灣的啓蒙運動，是否從模仿西方啓蒙思想出發，而在中、
日、西方文化異質性的交織與衝突中、在被殖民受壓迫的特殊現代化情境下，
建構出來新的「文化主體性」與現代性，或至少建構出它們具體而微的雛型？
如果答案是肯定的，那麼它的內容與形貌爲何？這也是筆者透過這個研究，
所亟於解答的問題。

第三節　在後現代文化思潮裡，對日治時期台灣啓蒙運動理性精神的省思

　　根據康德與黑格爾對理性的見解，理性是一種不具民族、膚色、性別與
階級特殊性的人類共性。而在英美自由主義的傳統裡，所有人類所享有的天
賦人權與自由，同樣也是不因民族、膚色、性別與階級等的特殊性，而有所
差別。然而，啓蒙理性所主張的普遍性，注重共相，輕忽現實世界的各種種
族、性別、階級、文化與信仰差異，在與現實政治與社會問題碰撞時，每每
顯出其脆弱與侷限性。在現實世界的政治、經濟、文化、社會現實權力運作
中，啓蒙理性因爲強調一致性與共相，容易成爲壓抑族裔、性別、階級、心
理、經濟因素差異的工具，也往往被國族主義者與帝國主義者，用來做爲排
斥異己與征戰的藉口。早在霍克海默（Max Horkheimer 1895～1973）與阿多
諾（Theodor W. Adorno 1903～1969）的《啓蒙辯證》（<u>Dialectic of Enlightenment</u>）
中，啓蒙理性的普遍性要求，已被其解釋爲納粹「反猶太主義」（anti-Semitism）
清除境內異己元素的原因，蘊含著自我毀滅的野蠻性。而從西方啓蒙思想一
開始隨著歐美帝國主義資本主義擴張到全球、強力動搖被殖民地本土文化之
際，對被殖民地的領導知識精英而言，西方啓蒙思想即與西方物質文明、資
本主義及帝國主義的侵略，錯綜複雜地被糾纏在一起，代表著令他們愛恨交
織的優勢外來文化，而被視爲「歐洲中心」的文化哲學思想。一直到這幾年
間，美國布希總統猶以自由解放之名，妖魔化回教異文化，簡化阿拉伯國家
與美國、以色列之間數十年來的衝突因素，發動波斯灣戰爭與推翻伊拉克海
珊政權，以遂其經濟政治利益等作爲，便遭到薩伊德（Edward W. Said 1937～

2003）強烈的批評質疑〔註5〕。而二十世紀哲學轉向語言學（結構主義與解構主義）與精神分析的研究，導致主體的絕對自由觀念受到強烈動搖，主體成為語言所建構的、流動、多義而無本質的存在，主客體與「自我」／「他者」及「理性」／非理性的二分概念被打破，也因此，理性普遍性所蘊含的先驗與形上色彩，更進一步受到強烈的質疑。而對啓蒙理性與自由民主價值觀普遍性的質疑聲浪，尤其在女性主義、後殖民理論紛紛出籠之後，變得更形強烈。研究民族、性別、階級的特殊性與被殖民者所受到的政治經濟與文化殖民，取代了大多學者對啓蒙理性普遍性的關注，成為後殖民理論與女性主義理論的焦點。薩伊德從論述與知識體系、思維方式與價值觀，解析被殖民者內心的不自由與文化的被殖民。法農（Thomas J. Fannon 1885～2001）也呼籲，後殖民時的國家，擺脫先前殖民母國的控制，不要再以歐洲人的眼光看待自己。而史碧娃克（Gayatri Chakravorty Spivak）也在其受解構主義與傅科權力理論影響的後殖民理論中，加入被壓迫階級與性別的議題。一時之間，西方啓蒙理性的普遍性，似乎已變成失去其光彩風華的過氣風尚。

而除了後殖民與女性主義以外，啓蒙理性的普遍性，也遭受後現代主義者的批判質疑。相反於現代主義將複雜現象化約、簡單、集中在普遍原則之上，後現代主義者強調異質性，反對任何大系統；對理性、普遍眞理與規律，抱持懷疑的態度；也強烈質疑文明進步與進化的歷史觀。如傅科（Michel Foucault 1926～1984）在〈何謂啓蒙？〉（ "What is Enlightenment?" ）一文中，指出啓蒙實爲一套包括了社會轉型的政治、經濟、社會、機制的文化事件，而其所包括的人道主義的主題與義涵太多樣與多義，而無法做爲思考的核心〔註6〕，因而主張應超越「贊成」或「反對」啓蒙的立場。而他的歷史觀察則以權力運作在歷史書寫所扮演的角色，做爲思考核心，解構了「大敘述」的普遍性。里歐塔（Jean-Francois Lyotard 1924～1998）主張現代主義已產生現代精神疾病（modern neurosis），必須由後現代思想治療。他在〈給普遍歷史的一封信〉中，也質疑人類是否應該繼續由普遍歷史的角度，了解社會和非社會現象的複雜狀況，甚至認爲「我們」就是一種文法暴力的形式。而對布

〔註5〕 薩伊德對布希總統的批判，見巴薩米安對他的訪談《文化與抵抗》一書中。Said, E.W.& David Barsamian. <u>Culture and Resistance</u>.《文化與抵抗》梁永安譯。台北市新店市：立緒文化，2004。

〔註6〕 見 Foucault, Michel. "What is Enlightenment." <u>The Foucault Reader</u>. Ed. Paul Rabinow. New York: Pantheon Books, 1984. p.p. 32～50.

西亞（Jean Baudrillard 1929～）而言，社會大眾是難解的群塊（opaque mass），
眞實已被化約爲自我指涉的符號，沒有所謂理性普遍性存在的可能。這些後
現代主義者主張個性、差異與多元，反對將社會與人當做整體與「類」來看
待，使不致有虛假與壓抑。如此，解消普遍性的「另類」、「多元」、「差異」、
「相對」等用詞，充塞後現代的文化觀察與歷史論述之中。啓蒙理性強調的
普遍性與共性，在二十與二十一世紀的後現代後結構主義的哲學批判中，也
彷彿已是走入空中樓閣的虛幻想像。

在目前這樣普遍質疑啓蒙理性共相的文化氛圍裡，如何討論張深切與其
他日治時期啓蒙者的思想，重新思考其啓蒙理性精神對建構台灣新文化主體
的意義──也就是說，日治時期台灣文化啓蒙運動，對現今台灣文化的建構，
是否仍具有啓迪的意義──也是本論文亟於思考、嘗試解答的問題。

第四節　歷史書寫：在思想史、歷史語境的重建、 「大敘述」與理論之間

本論文的寫作動機，根植在一種對歷史事件的強烈好奇心，因此，解密
歷史的多面向性與複雜性，是筆者追求的目標。筆者認爲歷史事件的眞相，
雖然有詮釋角度與歷史書寫者書寫盲點的問題，而顯得充滿不確定性與建構
性，但如果能夠廣泛選取各類多元充足的史料，眞實的面對史料本身所說出
來的歷史經驗，以文化與歷史理論幫助詮釋歷史，卻不使理論拘泥了實證的
歷史史料的挖掘工作，則應較能呈現出歷史事件的複雜性與多方向性，再現
其時代氛圍。本論文中，在充分讓各類不同的歷史材料──包括日治時期詩
歌、小說等新舊文學作品、報章雜誌相關的文化／文藝／政治／社會／哲學
／宗教性文章、私人日記、書信及未發表的文章、傳統文社徵文比賽文章、
日治時期學者的研究文章、官方與半官方出版物的概況、明治啓蒙者與五四
啓蒙者的言論、社會政治事件、國際現勢等等──自己說話的情況下，筆者
試圖以尊重史料的客觀精神，再現整個日治時期的文化社會政治語境、與國
際間的文化思想政治氛圍，避免讓歷史研究落入重述抽象歷史書寫理論原則
的陷阱。而同時，筆者也會在第一章依時間的序列性陳述啓蒙運動的始末之
後，隨即以著重各個思想面向脈落的書寫方式，時常參照相關的思想理論，
跳出日治時期的歷史時間，回看這些思想面向所呈現的現代性，不致使現代

主義統一、化約、擬似客觀聲音的歷史「大敘述」，建立出一種不容質疑與挑戰的歷史觀。因此，本論文的歷史書寫觀點，是一種游移在思想史、實證的歷史主義、與現代主義的歷史「大敘述」聲音、與文化哲學理論之間的雜混觀點，著重歷史發生過程的複雜性與開放的詮釋空間。

本論文以日治時期啓蒙思想史與張深切及其他啓蒙者的各個思想面向開展，論文第一章爲日治時期台灣啓蒙運動的概述，第二章至第六章，爲此文化啓蒙運動相關的各個思想面向：民族主義、自由主義、社會主義、理性宗教觀、東西文化哲學的對話等。這些章節安排的次序，大致上依其在啓蒙運動中的發展先後次序而來的。雖然，嚴格說來，這些日治時期啓蒙思想的相關面向，幾乎是同時性開展的，很難區分其發展時間的先後，但是，卻仍略有其從原初到成熟的歷程區別。由於民族意識，是日治時期台灣啓蒙最深層的動力，因此，筆者將民族主義與啓蒙運動與思想的議題，放在論文的第二章。而由於在這啓蒙運動中，自由主義的全面影響力，乃先於社會主義，因此，筆者將日治時期自由主義相關議題，安排在第三章，再將日治時期社會主義相關議題，安排在第四章。而論文本體的第五、第六章，則有關在東西社會文化衝擊下，日治時期台灣啓蒙運動如何改造舊有的宗教信仰與文化哲學，使與西方啓蒙思想接軌的情形，這兩個面向，可說是此啓蒙思想較臻成熟與具有特殊性的部分：第五章處理民俗社會的宗教蛻變爲理性宗教觀的議題，第六章則有關日治時期啓蒙者與張深切，綜合中西文化哲學建構新的文化哲學體系的具體內容。

論文第一章日治時期啓蒙運動始末與張深切的啓蒙思想概述，除了鋪陳這個啓蒙運動的派系演變、被引介的西方啓蒙思想的具體內容、與張深切在這啓蒙運動中的位置，也涵蓋了日本的殖民地現代化政策、明治啓蒙與五四啓蒙，對日治時期台灣啓蒙運動的影響。本章主要以《台灣民報》與多種日本殖民者官方與半官方刊物：台北帝國大學文政學部《哲學研究年報》、《台灣時報》、《台灣事情》等，分析對照，做爲日治時期啓蒙思想的研究場域，並綜合地勾勒出整個日治時期台灣啓蒙運動所建構出的新文化主體的基本內容。從第二章開始到第六章，本論文則以張深切啓蒙思想的各個面向做爲論述的軸心，分別挖掘張深切與日治時期啓蒙思想的具體內容，並將所有思想面向，置於西方啓蒙現代性、明治啓蒙、五四啓蒙、日治時期的特殊被殖民現代性的交會點，加以思考分析，避免大中國主義、或自我封閉的台灣地方

主義，以找尋日治時期台灣啓蒙思想及張深切啓蒙思想所建立的現代性，與現代世界文化的接軌處。

論文第二章，分析張深切與其他日治時期啓蒙者（註7），如何解決民族主義著重民族特殊性與啓蒙思想主張理性普遍共相的根本矛盾，與其所建立的民族主義特色。本章將包括概述西方民族主義的類型、張深切自由思想文化民族主義的形成、日治時期啓蒙者的民族主義觀、當代的亞洲民族主義對日治時期啓蒙者的影響等等。蔡培火、賴和、吳新榮、蔣渭水、張文環等人的重疊的國家身份認同觀，與帶有世界主義的民族主義，都會被提出分析討論。主要的研究資料，爲《台灣民報》相關民族主義的文章與上述啓蒙者的日記、自傳、個人政治著作與其他出版等。

論文的第三章，有關張深切的自由思想與自由主義的關聯；日治時期啓蒙者對西方自由主義的引介與應用：包括英美自由主義的「外部自由」理論、思想與言論自由主張、民主代議政治的觀念、英國自治式的殖民政策、歐陸「內部自由」的道德哲學、個人自由與社會秩序調和觀、功利主義、人權思想、平等博愛觀、理性主義等等；並涉及啓蒙者如結合何西方自由主義，與傳統儒道佛人格心靈自由的觀點。本章將包括，日本「大正民主」自由風氣、日本自由開明派人士、梁啓超的自由主義等對引介與建立日治時期自由主義的影響，以及日治時期自由主義實踐的情形，也將挖掘張深切的民本思想，與其對自由思想的堅持，如何體現自由理性精神的最終意義。本章主要的研究資料爲，張深切有關自由主義的著作、黃純青手抄本《台灣同化會一覽》與《同化會述聞錄》、與《台灣》、《台灣青年》、《台灣民報》相關的自由主義文章等等。

論文第四章，有關日治時期啓蒙左派社會主義理論的建立與實踐情況、其較著重推展農工運動的特色，以及社會主義思想對張深切早期的影響、馬克思歷史唯物論與唯物辯證，如何於 1930 年代幫助張深切建立「文藝聯盟」時期所提出的「道德文學」觀與後來的民族文化哲學觀。本章將從概述世界的社會主義流派、共產國際的演進、與共產黨員及無政府主義者之間的矛盾出發，將日治時期社會主義的引介、台共與社會主義同情者的思想言論、活

〔註 7〕在本論文中，筆者以「日治時期啓蒙者」一詞，泛指日治時期 1910 年代晚期
　　　　以來至 1930 年代中晚期，所有從事文化啓蒙／社會／政治的台灣新、舊、左、
　　　　右派知識份子。

動與內部派系衝突，納入當時全球的社會主義與共產國際的視點，加以解讀觀察紀錄；並且解析張深切如何以馬克思歷史唯物論與唯物辯證，闡釋老子道德經，而脫離了東方馬克思主義僵化的教條主義與階級理論，建立起近似西方馬克思主義的文學與文化研究法。本章的研究資料，主要是張深切相關於馬克思主義的言論、「道德文學」主張、《台灣》、《台灣青年》、《台灣民報》、《台灣大眾時報》等相關於社會主義與馬克思主義的文章，主要著重日治時期社會主義思想的引介與應用，以及張深切對馬克思理論的創見與其身爲深受左派啓蒙思想影響的啓蒙者的重大貢獻。

論文第五章，有關日治時期啓蒙者理性宗教觀的建立、反迷信運動、民俗宗教生活、新宗教與宗派的傳入、具體的宗教改革情況、日治時期啓蒙者如何普遍受理性宗教觀的影響，藉以支持其從事啓蒙運動的力量，以及張深切在理性與信仰的衝突下所建立出來的理性宗教觀。本章將對照五四啓蒙者反迷信與胡適反宗教態度，呈現日治時期台灣啓蒙者反迷信、不反宗教的理性宗教觀特點；日本佛教的傳入對台灣宗教界的改革、基督教的傳入對啓蒙與社會工作的貢獻；以及張深切對宗教議題的重視、其文藝創作中所顯現的平等／和平／博愛／寬恕宗教精神，與其對日本淨土宗所表現的信仰意願，並且涉及張深切電影與文學創作所透露的、對死亡與地獄恐懼的非理性一面，反映啓蒙理性無法壓制人類非理性層面的情形。本章的研究資料，對照胡適的宗教言論之外，主要以《台灣民報》有關宗教與迷信的探討文章與對反迷信運動的報導、林秋梧與許林等人在《南瀛佛教會會報》有關新佛學義理討論的文章、林秋梧在《台灣民報》有關結合馬克思唯物論與佛學的文章、連橫與賴和有關宗教的文章與詩篇，以及張深切的舞台及電影劇本、小說、其他相關宗教思考的文章等等。

論文第六章，有關日治時期具啓蒙意識的傳統文人的啓蒙思想、他們對建立新文化主體的見解及具體貢獻、張深切與這些舊文人調和東西新舊文化的文化哲學思想相似處、與張深切對文化哲學議題的創見。本章包括明治啓蒙思想與戊戌維新的文化調和模式與其啓蒙思想，如何影響日治時期具啓蒙意識的舊文人，使其對所有東西文化哲學思想，兼容並蓄的調和態度；舊文人如何受到殖民者的拉攏收編；舊文人的結社「彰化崇文社」與「台灣文社」所引介的啓蒙思想內容與對建立新文化道德所做的探索思考；以及舊文人如何受到五四啓蒙「整理國故運動」的影響、與對儒家理學傳統進行批判，而

有「孔墨並尊」與「非儒揚墨」的主張出現等等。本章的另一個主題，爲分
析張深切如何依循這些日治時期舊文人所採取的文化調和主義思考模式，進
一步發揮他們對文化哲學議題的思考，並應合胡適「整理國故」的主張，以
科學整理歸納分析的方法，和極虛心的理性批判態度，羅列儒家的唯心思想
傳統的沿革，加以重新評價，另外在中國古代諸子百家哲學中，重新暨立合
乎現代性的新傳統。本章的研究資料，主要爲「彰化崇文社」《崇文社文集》
的徵文文章及序文、「台灣文社」機關雜誌《台灣文藝叢志》的徵文文章及雜
誌內容、「櫟社」詩集與「櫟社」詩人傅錫祺詩集、連雅堂的文集、《昭和皇
紀慶頌集》、顏笏山的《夢覺山莊古稀紀念集》、舊文人在《台灣日日新報》、
《台灣民報》等報紙的相關文章、以及張深切相關的文化哲學著作。

　　論文第七章總結，則概述日治時期啓蒙思想所建立起來的務實、靈活與
及富含世界主義理想色彩的新文化主體雛型；建立新文化的複雜「文化雜燴」
過程；張深切啓蒙思想在日治時期啓蒙運動的指標性意義；並從重視特殊性
的後現代、後殖民、女性主義的當代文化趨勢中，回看張深切與日治時期啓
蒙者啓蒙思想的現代性及其意義。

　　以啓蒙與現代性的觀點，探討日治時期個別作家、作品、或文藝／社會
／政治結社，是研究日治時期文學與社會政治的學者，必定會處理的面向，
因此，已然有了相當不錯、龐大的研究成果。加上，對明治啓蒙與五四啓蒙
運動的掌握，筆者仍然必須依賴其他學者的研究，因此，本論文參考、借助
了不少先進學者的研究之力，尤其是：林茂生對日治時期學校教育的研究、
黃昭堂對日治時期台灣總督府的研究、李永熾與土方和雄、夜九正雄對日本
文化思想哲學的研究、洪維揚對「大正民主」的研究、舒衡哲對五四啓蒙運
動的研究、陳以愛對「整理國故運動」的研究、陳芳明對台共與《台灣大眾
時報》的研究、黃美娥與陳昭瑛對日治時期傳統文人思想現代性的研究、翁
聖峰對一九三〇年台灣儒墨論戰的研究、李世偉對「彰化崇文社」的研究、王
美惠對日治時期反迷信文學的研究、江燦騰對日治時期新佛教運動與日本佛
教僧侶在台的研究、李筱峰對林秋梧的研究、以及當代台灣學者劉紀蕙、陳
芳明、廖炳惠、張聖頌、邱貴芬、廖咸浩、廖朝陽等人，對台灣文學與文化
現代性的各種討論等等。這些學者在前方開闢出來的路徑，指引筆者在歷史
資料的叢林迷宮裡，找到可行的道路，幫助筆者更快地掌握與綜合日治時期
啓蒙思想的各種面向，做整體鳥瞰式或近距離解剖式的觀察。在本論文中，

本文參考先進們龐大的研究成果，循線找尋原始資料，並在搜尋研究的過程中，摸索擴大其他原始資料的來源，重新以啓蒙與現代性的觀點，加以思考批判，可謂獲益良多，在此特別提出。

最後，本論文的出發點，是種針對日治時期台灣歷史、社會、政治、文化、哲學均涵蓋其中的關切，欲從啓蒙運動的觀點，分析台灣現代性的建立與新文化主體的雛型。這個研究工作所牽涉的面向，實則非常之廣，也容易流於浮泛，或招致「欲不當地建構大敘述」的質疑。但筆者認為，這個綜合日治時期啓蒙思想的各個面向、再加以分析批判的研究觀點，是個不可迴避的工作。缺少這個開端，對日治時期台灣啓蒙者的心靈結構與思想特色的敘述，永遠是破碎、不完整、隱晦、變動、甚至是偏頗錯誤的。而事實上，我們都知道，在現實世界的各種權力運作中，學術場域時有可能淪陷為政治角力的延伸。尤其是對台灣文學文化研究，在後現代、後殖民、後結構主義重視「相對性」、「建構性」、「殊相」、「權力與知識關係」的加持下，學者若任由各自的族群與民族情緒氾濫、缺乏理性客觀研究態度的節制，或以虛無建構的觀點，逃避台灣確實存在過的歷史事件，便可能致使真相永遠地被淹沒在偏見、預設立場與虛無主義之後。筆者以為，研究台灣文學與歷史文化時，只有秉持對歷史過程的複雜面向尊重的態度，耐心把梳材料，才能使學術研究不致落入預設立場的陷阱。因此，建立一個以「對歷史的複雜面向保持最大的尊重與寬容度，耐心的聆聽史料中不同的主體位置」為準則的研究態度，是筆者衷心的自我期許。而撥開歷史迷霧、重現日治時期啓蒙思想各個面向的願望，也正是筆者之所以不自量力地以啓蒙為主題，寫作這篇論文的原因。

第一章 啓蒙思想的翻譯：十九世紀以來中、日啓蒙運動影響下的日治時期臺灣文化啓蒙運動與張深切的啓蒙思想

前 言

　　十九世紀以來，隨著歐美帝國主義對亞非國家的侵略，西方的啓蒙思想迅速被落後國家認知爲西方列強富強的原因，其所有涵蓋的理性思維、科學主義、民主主義、自由主義、寬容與人權思想、民族主義理論、唯心唯物論傳統、社會主義與其他近代哲學思潮等，成爲知識階層爭相汲取注入的新文化內容。在亞洲，日本因明治維新（1868 始）成功，在日俄戰爭中打敗俄國，尤其燃起亞洲弱小民族對抗白人的希望。十九世紀末開始，東亞、中南半島、印度、南亞等，紛紛進展各自的啓蒙與現代化運動。在中國，康、梁戊戌變法（1898 始）、五四運動（1919 始）、整理國故運動（1920 年代），也是在認知西方文化優勢的情況下所進行的啓蒙與現代化運動。而在日本殖民統治下的台灣，從被殖民之初，即受到台灣總督府引進西方啓蒙理性精神與科學方法態度的現代化改造，造成舊式文人普遍具有理性與科學態度和意識。1910年代晚期、1920 年代初期開始，受新式教育的知識份子興起。在歐戰後威爾遜「民族自決」口號與自由民主思潮強烈的衝擊下，首先由具啓蒙思想的櫟社傳統文人林獻堂、蔡惠如等人領軍，再迅速由新型知識份子林呈祿、彭華

英、黃呈聰、蔣渭水等組成骨幹，形成主導力量，從東京到台灣展開了台灣文化啓蒙運動，試圖透過這個由台灣人自覺發起的新文化啓蒙運動，使弱勢的台灣傳統舊社會，能脫胎換骨成爲合乎西方啓蒙思想理性思維、科學主義與自由人權普世價值的新社會。這個啓蒙運動並非以單一線性的方式進展，而是由不同團體以一連串啓蒙活動所組成的，從 1910 年代晚期開始，一直延燒到 1930 年代中晚期、台灣文化啓蒙與社會政治運動全面受到台灣總督府箝制撲滅爲止。啓蒙運動之初，以「新民會」、「台灣文化協會」、《台灣民報》、各地農民組合與工友組合爲活動核心，明以配合台灣總督府對台灣封建社會現代化的改造，而更重要的是建立以台灣島民爲主體的啓蒙運動，主要引介爲總督府所壓制的自由民權啓蒙思想或社會主義理想，使台灣島民在殖民統治中不致遭到滅族的命運。

和明治啓蒙者與五四啓蒙者一樣，日治時期啓蒙者將西方啓蒙思想的理性思維、科學主義、自由人權的普世價值，視爲普遍的眞理，試圖藉以轉化或取代傳統的人文與價值體系。但是，因爲這啓蒙運動的眞正動機，乃在於抗衡總督府的專制、爭取台民生存空間，基本上做爲社會政治運動的先導。在一片「反帝反封建」的行動熱潮中，文化融合所引起的「東方唯心」哲學傳統與「西方科學」唯物觀等思想哲學議題的爭辯，除了具啓蒙意識的舊文人持續思考，並大多發表於官方報紙《台灣日日新報》、《台南新報》、《台灣新報》與傳統詩社與「台灣文社」及「彰化崇文社」的刊物之外，相較於明治啓蒙與五四啓蒙對文化哲學議題的投入，東西洋文化差異與文化哲學議題，除了受西方啓蒙思想影響的傳統舊文人持續關注外，並不是日治時期台灣新式啓蒙知識份子或漢民族主義者關切的核心。而日治時期舊文人對東西文化哲學的思考，與中國新儒家一派或日本國粹派相較，其對於西方「物質文明」對傳統思想造成的衝擊，焦慮感也顯得比較不強烈。這點和明治啓蒙運動與五四運動以文化哲學議題爲核心的現象，有明顯的差別。

日治時期台灣的文化啓蒙運動，同時汲取殖民母國日本與文化祖國中國啓蒙運動的經驗，同時受兩國啓蒙經驗的影響。但由於特殊的被殖民背景，日治時期台灣文化啓蒙運動，從模仿學習到建立主體性，並非只是依樣模仿兩國的啓蒙思想模式。明治維新追求西方自由平等開明普世價值，吸收世界所有哲學科學思想，是以維護天皇體制與東洋道德爲精神中心的「全盤西化」啓蒙運動。明治啓蒙者福澤諭吉、森有禮、津田眞道、西周、加藤弘之、西

村茂樹、中村正直、中江兆明等，雖然各有其特殊的思想脈落，整體而言，均持文明進步觀，以東方儒佛的生命道德哲學爲「虛學」、西方政經科學爲「實學」，採兼容並蓄的態度，著書立說闡述理念。基本上，他們以深厚的哲學思想爲基礎，從事文化改造工作，與明治寡頭政府現代化的維新政策攜手共進，對日本國家文化政策與走向有深遠的影響。而五四啓蒙運動，以北京大學爲核心，趁著五四政治運動愛國的熱潮，推展爲全國性的文化改革運動。其核心人物陳獨秀、胡適、李大釗與後來「整理國故」運動「疑古派」的俞平伯、顧頡剛、錢玄同、周作人、沈尹默等，均爲學院派人物，有深厚的專業文史哲背景。基本上，被歸爲右派的胡適與北大整理國故運動參與者，持西方實證哲學、功利主義、人權思想、個人主義、理性精神與科學主義的標準，審視中國傳統社會與文化的問題，非儒揚墨，否定偏重唯心論的宋明理學，主張對宋明以來中國唯心道德哲學傳統採取斷裂的態度，並以疑古實證的態度重審中國歷史書寫。被歸爲左派的陳獨秀、李大釗信奉馬克思主義，更強烈主張與中國心性道德文化傳統分離。陳獨秀爲了整個民族的生存必須與中國傳統徹底斷裂，主張消滅整個中國傳統文化，曾說：「吾寧忍過去國粹之消亡，而不忍現在及將來之民族，不適世界之生存而歸削滅也」（《陳獨秀文章選篇（上）》75）。李大釗則較接近日本明治啓蒙者的態度，他以調和的態度主張吸收世界文明的精華再造中華文化，而倡議其青春哲學。這些五四啓蒙者，無論左右派基本上大多是主張與儒學心性道德之學斷裂的西化主張，都著重探討東西文化與哲學議題。而日治時期台灣的文化啓蒙運動，與明治啓蒙運動及五四啓蒙運動著重探討或調和東方唯心道德哲學與西方啓蒙思想的差異、建立新文化主體的做法，有著明顯的不同。日治時期台灣的文化啓蒙運動，雖然同時受到明治啓蒙與五四啓蒙運動的啓發與影響，但基本上是根植在被殖民經驗下的產物，主要做爲社會與政治運動的先遣部隊或替代品，以圖在總督府逐漸馴服同化的政策下，爭取台民在文化與政治上不被整個吞噬淘汰的生存機會，其對東西文化哲學衝突的議題，並無燃眉之急或深入研究的迫切需要。活躍於 1920 年代的文化啓蒙者：林獻堂、蔡惠如、彭華英、黃呈聰、蔣渭水、林呈祿、陳炘、蔡培火等等，屬地主資產階級，大多同時積極投入社會政治運動，帶動其他階級來對抗總督府的專制。他們並非學院專業的文化人，對總督府文化政策也沒有主導權，但卻集結著對抗殖民同化政策的反抗力量。他們主要的訴求爲，如何因應日本殖民者的壓迫與傳統中國

封建社會的老舊，一面必須喚起漢民族意識以免被吞噬，一面卻無法抱持封建的傳統漢文化對抗總督府的同化政策。因此，在現代化與啓蒙的立場上，與總督府政策同時有其同盟與對抗之處。日治時期台灣文化啓蒙者，雖然 1920 年代左右派有路線的差異，基本上都較少為建立文化主體性深入探討東西方哲學差異的議題，而是接受日本明治啓蒙思想的模式，持文明進步觀，肯定西方啓蒙傳統的理性、科學、人權思想與道德與群體的重要性，對東西文化採取調和主義，絕大多數啓蒙者並且未曾對此基本立場多加質疑探討。日治時期台灣啓蒙運動所涵蓋的新舊文學論戰（1924～1926）與提倡台灣話文運動（1931～1932），也以文學、文字做為改造社會工具的務實觀點從事之，同樣是社會政治功用先於文化主體的建立。但儘管如此，日治時期台灣文化啓蒙運動，在引介西方啓蒙思想、明治啓蒙思想與五四啓蒙思想方面，卻是非常熱切、多樣而活潑的。日治時期台灣文化啓蒙運動者，轉化西方啓蒙思想的人權、自由、民主、理性思維、科學主義、地方自治與各種當代文藝思潮、社會主義思想、國際局勢、民族主義、五四啓蒙作家、傳統中國哲學，做為維新台灣舊文化的依據，以取代武裝抗日，做為抵抗總督府的專制統治的新途徑。

　　如前所述，日治時期台灣文化啓蒙運動，主要目的為社會政治運動的先鋒，啓蒙者多止於引介相關於社會政治議題與改造封建社會的的西方啓蒙思想，文化融合所衍生的文化哲學議題，並未成為以新式文人為主的啓蒙運動的核心，反而是傳統文社所致力耕耘的園地。在這些以政治社會議題為關切核心的文化啓蒙／社會政治運動者中，張深切（1904～1964）對融合東西文明與文化哲學議題始終的關切，在日治時期新式知識份子啓蒙者之間，可說是較為特殊的現象，而較接近於日治時期具啓蒙思想的傳統文人連橫等人。張深切是日治時期思想深刻的文化啓蒙者，從事社會政治運動、新劇與電影編導、文化運動、雜誌編輯、哲學評論等多種活動。在日治時期文化與政治社會運動的左右陣營中，除 1926～7 年在廣州組「廣東台灣學生聯合會」與「廣東台灣革命青年團」時明顯的馬克思主義口號以外，對左右派啓蒙者採取個人主義式的批評觀點。和日治時期許多台灣啓蒙者的思考模式類似，張深切的思想也兼容並蓄，對當代的思潮與傳統文化，以匯聚百川凝萃精華的方式，建立他認為適合台灣的文化觀點。因此，在張深切的思想體系裡，往往出現看似矛盾、不相容的成分。他吸收馬克思主義，最後卻回歸中國的諸

子百家；他回歸民族主義，1930 年代因「廣東事件」服刑出獄以後，卻不採取激烈的革命途徑，而佩服陳祈以退爲進推動「東亞共榮協會」促進日台人社會地位平等與融合的熱情，採取接近世界主義的主張；他雖推崇日本與英美的自由主義與民主政治，認爲它們是這些先進國家之所強盛的原因〔註1〕，卻不願意稱呼自己的思想爲「自由主義」，因爲他「對現成的主義沒有好感」〔註2〕。

　　整體觀之，張深切排斥既成的、容易遵循的主義路線，而欲從自然人道的角度，客觀地觀察個人與世界的樣貌（《張深切卷一》79）。在《我與我的思想》（1948），張深切自云 1925～1926 年的實際經驗（指到上海經商與到廣東參與革命），使他對自己的主義起了很大的懷疑，而擺脫了任何主義路線：「主義思想應規定於國家民族，不得規定國家民族。／自獲到這個信念以後，我立刻擺脫以前的思想，發誓願做一個孤獨的野人，去和眞實爲國家民族盡力的人共同奮鬥」（《卷三》79）。而其實，張深切這種納匯百川的思考模式，正是許多日治時期啓蒙者所共有的思想模式特徵，如王敏川既服膺科學並支持社會主義，卻也深受儒學影響，而楊雲萍同時受無政府主義與儒學影響，即爲其中二例。而日治時期具啓蒙意識的傳統文人：連橫、許子文、魏德清等，更普遍採取這種納滙百川的思考模式。張深切不拘泥主義、走眞實路線的主張，在 1930 年代日治時期啓蒙者之間，引起過很大的共鳴。日治時期台灣啓蒙運動者，繼 1920 年代左右派分裂對立之後，於 1930 年代普遍走回超越派別講求人性、藝術、與大衆文學路線，《南音》雜誌主張回歸台灣眞實的「第三文學」路線；而張深切倡議不以主義而以台灣現狀爲依歸的「眞實文藝」路線與「道德文學」主張，與其精神一致，更成爲全島性文藝組織「台

〔註1〕張深切在《談日本・說中國》中屢次談到日本強盛的原因在於自由主義與民主政治：「日本的近代文化，尤其國力的發展，配合自由主義的風行，與政治教育的普遍，產生了無數的人文學者，生成日本爲『現代國家』……日本文化能這樣神速發達的原因，並不是他們的民族比我們優秀，只是他們的政治不是爲統治而政治，肯眞正爲人民服務，很開明……」。張深切。《張深切全集卷六：談日本・說中國》。台北市：文經社，1998。頁 155。
〔註2〕張深切：「我能了解台灣革命志士們的思想，但我決不信奉任何主義，參加任何黨派。我愛台灣，同時也愛全世界，只要他世人我便愛她，只要他不害人殺人，辨識我的朋友。我不願稱我這思想爲自由主義，因爲我對現成的主義沒有好感。……我的性格本來如此，所以，和任何主義者相處的態度，都是如此」。見張深切。《張深切全集卷一：里程碑（上）》。台北市：文經社，1998。頁 262。

灣文藝聯盟」（1934～1935）機關刊物《台灣文藝》的核心精神與用稿的標準。

在介紹張深切思想的一篇文章中，廖仁義將張深切歸類爲自由主義民族主義者，認爲張深切「無論從他在社會實踐方面的表現，或從他對諸子學說的詮釋立場，我們都可以確知，他是近代思想史上所說的自由主義者」（556～7）。除了早期的左傾馬克思主義／民族自決時期以外，我們誠然可以將他劃進偏右、進步的漢民族主義自由主義者一類。但是，張深切其實並不忠實地信奉任何主義，也不可簡單地指被爲「自由主義者」。他的思想核心雖然是倡議博愛的民主自由理念，其自由思想也受到英法自由主義的影響，但他並不參與日治時期右派啓蒙的議會設置請願運動或地方自治運動，而是從事文化哲學活動，在被殖民情境中西方思潮的衝擊下，思考台灣文化啓蒙與現代性的議題。探討張深切的自由思想，必須從他的民族主義與自由思想之間的關係、日本與英美自由主義、社會主義、諸子百家思想對他的影響、與宗教對他的意義、張深切的思想與當代思想與社會的關聯等幾個面向著手，才能掌握其全貌。簡言之，張深切的自由思想，其哲學的思辨層面涵蓋了整個日治時期台灣文化啓蒙的內容。張深切並不爲脫離思考困境尋求行動力量，奉行簡易的主義或信條，卻在被殖民情境中思辨各種當代思潮與傳統文化問題，探索建立出台灣文化啓蒙思想的主體性，可說是徹頭徹尾抱持理性精神與獨立思考的啓蒙者。張深切的思想，反映了當代台灣啓蒙者共同的特徵、理想性與侷限性。因此，我們可說，選擇以張深切的啓蒙思想，做爲研究日治時期台灣啓蒙運動與思想的切入點，是窺探日治時期台灣啓蒙思想內涵與啓蒙者心靈結構地圖的理想入徑。

第一節　日治時期台灣前現代傳統社會的現代化／資本主義化與啓蒙運動的關聯

日治時期台灣啓蒙運動，是被殖民情境下台灣社會現代化／資本主義化所催生的產物，要掌握這啓蒙運動的內涵，必須先釐清台灣總督府對台灣前現代傳統社會，依殖民地經濟模式做現代化／資本主義化改造的情況。台灣與西方的接觸，開始於十七世紀荷蘭與西班牙在台南與淡水的農墾。台灣社會局部的現代化，則始自清末的沈保楨與劉銘傳時期，但真正全島性的現代化／資本主義化，乃完成於日治時期台灣總督府統治期間。基本上，日治時

期台灣文化啓蒙運動，是被殖民情境下的產物，它既是台民放棄從唐景崧「台灣民主國」（1895）到「西來庵事件」（1915）期間武力對抗日本殖民者以後，所採取的新型對抗形式，也是拜總督府對台灣社會現代化／資本主義化之賜的產物。

　　台灣社會最遲自十七世紀以來，已經成爲以漢人爲主的移民社會。漢人移民大多來自福建的泉州、漳州與廣東的潮州、惠州。清朝期間台灣移民社會民風彪悍，「漳、泉」「閩、客」之間分類械鬥事件不斷，直至同治年間（1860）才漸漸消弭，計 1768～1860 年期間，有記載的分類械鬥年便佔了三十年左右，平均每三年即有一次分類械鬥事件（黃俊傑 12）。十九世紀中葉以後，由於宗族制度的發展、民間信仰逐漸合流、商業經濟的繁榮與文教制度的興盛等因素，使台灣漢人社會漸漸去除早期移民社會的粗野，發展出與大陸社會一樣的文治社會，士紳成爲社會的中心（吳文星 3～4），閩南的朱子學派爲學術中心，各地方書房林立，府、縣並設有儒學官學，幫助學子晉身士林，民間也多有文社、詩社、善堂、鸞堂等儒教結社。如此，十九世紀中葉以後的台灣前現代社會，是主要以農業與貿易爲經濟活動的傳統中國閩粵封建社會。但由於台灣爲沿海島嶼，比中國內地封閉的社會，更有機會及早接觸西方事物，加上島民具有移民社會粗獷冒險的特質，易於迅速接受新事物、新觀念的挑戰，因此，在晚清經過沈保禎、劉銘傳局部引進鐵路、電報等西方科技產物，已然開風氣之先，肇始了現代化的先機。

　　整體而言，雖然有清末初步現代化的建設，日治初期的台灣社會，仍大致處於前現代、前資本主義的階段。而在歷任台灣總督扶植三井、三菱等日本大資本家的殖民政策下，台灣經過安撫（1895～1919）、同化（1919～1936）與皇民化（1937～1945）三個階段〔註3〕，持續同步進行現代化／資本主義化／殖民地化的整體發展，包括都市建設、交通運輸、電報電信、廣播電台、水庫、發電廠等硬體建設與新式教育、衛生防疫、報章雜誌、林木管理、機

〔註3〕這三個時期的劃分，乃依據黃昭堂所著《台灣總督府》裡的說法。1895～1919年之間，共有七任武官台灣總督，均爲陸海軍大將或中將：樺山資紀、桂太郎、乃木希典、兒玉源太郎、佐久間左馬太、安東眞美、明石元二郎，爲安撫；1919～1936年，爲文官總督統治時期，與大正民主（1919～1932）重疊，計有田健治郎、内田嘉吉、伊澤多喜男、上山滿之進、川村竹治、石塚英藏、太田正弘、南弘、中川健藏等九位，爲同化期；1937～1945年，武官重任台灣總督，計有小林躋造、長谷川、安藤利吉等三位陸海軍大將，爲皇民化時期。參考黃昭堂。《台灣總督府》。黃英哲譯。台北市：前衛，1994。

械時間觀念、資本主義金融政策等體系制度的建立，使台灣社會徹底從傳統閩粵小農移民社會型態逐漸轉型為具有現代化意識的殖民地經濟型態社會。新式教育體制，經過試驗時期，漸進式的取代了傳統書院，台灣總督府於1919年頒布「台灣教育令」，漢學教育被併入學校體系；1937年中日戰爭爆發，公學校廢除漢文科，除《風月報》、《南方》、《三六九小報》等以狎妓、趣談、消遣、言情小說為目的的傳統文人小報外，報刊雜誌漢文部被禁，書房教育也完全被廢止。西式的科學、人文、藝術、衛生、公民教育等體系則被建立了。在這新式教育中，西方啓蒙思想的個人主義獨立精神並不被鼓勵，而教導學生以修身與盡忠天皇的道德教育〔註4〕，且側重基本職能訓練的初等教育與專門教育、限制本島人就學中學以上學校的機會。但儘管如此，西方思想的法治、科學與理性精神已然普遍成為接受新式教育者的基本素養，而為民主自由、天賦人權、個人主義、民族自決、理性主義等啓蒙思想的傳播鋪路。這些啓蒙思想，經過留日新式知識份子與具啓蒙意識的傳統文人大力鼓吹，很快蓬勃滋長，成為台灣民眾抗拒總督府專制的依據。

　　如前所述，日治時期台灣的現代化／資本主義化，是在被殖民的情境下進行完成的，因此是一種同時涉及建設與壓榨的現代化改造。如矢內原忠雄在《日本帝國主義下之台灣》中所指出，台灣總督府以破壞台灣人原有的經濟條件、課以重稅增加人民負擔終致放棄原有生計的方式，使台灣人被迫接受殖民者安排的勞動。總督府做全面的土地調查找出「隱田」〔註5〕、統一度量衡與貨幣、創設台灣銀行、改革金融制度、擴建公路鐵路等，建設台灣現代化／資本主義化的基礎。1907年總督府開始獎勵為日人控制的製糖工業的發展，台灣以糖業為主的工業開始發達起來。1910年代以來，台灣由傳統漢民族農業社會，逐漸轉變為具現代意識的被殖民經濟社會，具有以不超過二十人的小工場工業型態與為大資本家控制的農林業生產模式。1920年代，尤

〔註4〕兒玉總督將教授日語的傳習所改為公學校，招收8～14歲兒童，目標使兒童（一）精通日語（二）給予德育與實用教育，課程包括：修身、國語、漢文、算數、唱歌、體育。兒玉推崇中國文化與台灣文士，以傳統儒學為修身依據。伊澤總督則進一步將日本天皇萬世一系及儒家仁君的觀念相結合，教導學童忠君思想的觀念。

〔註5〕兒玉源太郎就任台灣總督後，對台灣進行全面的土地丈量，進而推動全面性的土地改革。他查出63萬餘甲土地，比劉銘傳時查的36萬餘甲多出約27萬甲的「隱田」。兒玉收購大地主的大租權，付出大筆金錢，但向小租戶課取地租，收入增加三億多。

其 1927 年以後，農運與工運的蓬勃，正是當時台灣社會已不再是傳統農業社
會的明證。而 1930 年代，軍需工業進入台灣，台灣社會持續其現代化與工業
化的腳步。台北的繁華，可從交通運輸的便捷窺見一斑，顯現日治時期台灣
現代化的情狀。根據呂紹理的研究，1930 年代台北市公車與萬華間就有三條
路線，其中一線每天發車班次高達 149 車次，另外兩條也在 50～90 班次之間，
平均五至十分鐘就有一班車，公車密度與今日相當（《水螺響起：日治時期台
灣社會的生活作息》77）。王詩琅的小說中也常再現台北街頭的繁華和現代
化，在 1934／11／9 登載在《第一線》的小說〈雨夜〉中，他描述台北繁忙的
人車景象：「西裝青年、長杉女士、勞動者、紳士、自轉車、人力車、貨車……
這些構成近代都市的細胞，摩登的風景……」（《王詩琅・朱點人全集》21）；
1936／6／17 登載在《台灣新文學》的小說〈海軍紀念日〉中，他也如此敘述
台北街頭繁忙的交通：「殷賑繁華的這街市景氣，尤有別的氣分。……穿過台
灣銀行到了台北銀座——榮町二丁目十字街時……亞士華爾卓上穿梭般來往
的銀色燦爛的市營巴士、自動車、自轉車……都格外較前輻湊的多」（《王詩
琅・朱點人全集》52）。從小說中台北市的摩登與現代化，可一窺日治時期台
灣現代化的情狀。事實上，1930 年代以來，台灣島重大的建設不斷：1934 年，
日月潭發電廠完工；1935 年，嘉南大圳完工，台灣經濟大起飛。1939 年，工
業生產總額超過農業生產。1940 年，工業為農業生產的 1.14 倍。至遲在 1930
年代以後，台灣社會已經由傳統農業經濟生產模式，轉型為工業為主的殖民
地經濟資本主義社會模式。另外，日本殖民政府廣設新式學校，1943 年小學
的就學率，男生達 80.9%，女生達 60.9%，透過新式的教育課程，一般民眾多
具守法、衛生、守時、公德等現代公民的素養。而台民在語言、文字、思想、
法治精神、文藝休閒、生活習慣〔註6〕等各個方面，也普遍逐漸地同化於日本
殖民母國。1935 年，陳儀奉命到台灣參觀台灣總督府主辦的「始政四十週年
紀念台灣博覽會」時，目睹台灣現代化的情況，還不禁感嘆，在殖民統治下
的台灣人是幸福的（《巫永福全集六》234）。日治時期的台灣，可說已在日人
手中完成現代化／資本主義化／殖民地的規模，以做為日本帝國南進的基
地。而台灣總督府對台灣社會這些現代化／資本主義化的改造，掃除文盲與

〔註6〕日治時期一般民眾（尤其是富裕的民眾）的生活中，已出現觀賞電影、遊海
　　　水浴場、打網球、逛書店與百貨公司等現代娛樂活動。吃牛肉、穿西服和服、
　　　守時等習慣與衛生習慣等，也逐漸被普遍建立起來。參考陳柔縉。《台灣西方
　　　文明初體驗》。台北市：麥田出版社，2005。

封建勢力的障礙，事實上也幫助了 1920 年代以來的台灣文化啓蒙運動，使啓蒙者能在現代化體制與科學理性思維的基礎上，迅速推動屬於台灣島民的文化啓蒙運動。

　　然而，殖民地現代化／資本主義化的另一面，是不平等的殖民政策。儘管對台灣現代化與社會改造的貢獻卓著，由於警察統治的專制與對台民種種教育、文化、政經政策的歧視舉措，台灣總督府其實始終沒有平等的同化政策可言。舉教育政策爲例，日治時期首位台籍人文學博士林茂生在研究日本統治下台灣教育問題的學位論文中，提到台灣 1926 年教育經費的不平等分配：「給日本兒童的小學校每一班的經費爲 2,066 日元，但是爲同一日的，給台灣人的公學校的年度金額爲 1,180 日元。再者，每一個日本人兒童一年的經費爲 49 日元，台灣人兒童則降爲 27 日元。這個事實顯示，教育實踐上，跟 1922 年教育令以一視同仁爲精神的高超理想，不相符合」（229）。另外，由《台灣時報》之〈漢文時報〉在 1919／3／15 登載的〈台灣後生輩之幸福〉一文，我們可窺探總督府以教育做爲馴服台民工具的做法：「試即新教育令之綱領，爲約言之，其大要有四、一曰宜重德育、二曰以圖普通教育、完全普及、三曰宜獎勵實業教育、四曰宜計與上級諸學校聯絡、此四者教育之根蒂也、就中德育是重、尤爲教育的淵源、德育者克忠克孝、億兆一心、孝順父母、友于兄弟、朋友有信、恭儉持己、博愛眾人、進廣公益、以開世物、凜遵國憲、以守王法、修學習業、以啓發智能、成就德器、一旦有急、則急公赴義、以扶翼天壤無窮之皇運者……苟能普通教育完全發達、此種不祥行爲、自然絕跡、例如西來庵事件、暴徒二千名中、公學校畢業生、不過二三名而已、及此可爲教育普遍之明證云云……。」1919～1922 年間，台灣教育爲田健治郎頒布的台灣教育令時期。由這篇介紹台灣教育令的文章中可知，日人將傳統儒學忠君愛國思想融入德育教育，又特重普及初級公學教育與扶植實業教育，其目的主要在馴服台灣人爲天皇效命，做爲生產工具，而非以啓蒙民智、教育個人之獨立思想與人格爲尚。總督府壓制所有以平等互助爲基礎的同化政策，早在 1914 年，即打壓在日本自由派板垣退助支持下成立於台北的「台灣同化會」，也始終不歡迎日本開明政治家與學者支持台民爭取自治、設置議會的言論，並以種種治警法限制台民集會、結社、言論與思想的自由。總督府一面拉攏士紳階級，強調同文同種、舉辦敬老會揚文會、重建孔廟表尊孔教、鼓勵舊文人結社吟詩，一面將儒學仁君的天命觀念與日本天皇萬世一系

的觀念結合一起，鼓吹忠君愛國思想，在現代化台灣社會的同時，又藉著啞鈴式特重初等與高等教育的教育體制、重視修身與忠君思想的課程設計與教育資源分配的不平等等諸種方式，制度性的剝奪新生代台民培養啓蒙自由人權思想、理性精神及建立獨立人格的機會，以便鞏固在台日人長遠的競爭優勢。總體而言，舉凡在薪資、升遷、參政機會、教育、文化、經濟政策所有方面，和日人相較起來，台民都處於絕對的劣勢。而也正因為對台民的剝削的統治始終不變，儘管台灣總督府一再壓制台民爭取政治平等的活動：如廢除「六三法」〔註7〕、議會設置運動、地方自治運動等，依舊無法平息台灣民眾組黨、結社等從事社會政治活動與辦雜誌、文化講座等文學文化啓蒙運動的風潮。總督府在1930年代的嚴格監控以前，並無法真正消除有識之士的不平之鳴，而必須疲於應付各種台民的社會政治抗爭運動。

第二節　日治時期台灣文化啓蒙運動始末：
　　　　做為社會政治運動先鋒的啓蒙運動

　　日治時期台灣文化啓蒙運動〔註8〕，是台灣總督府對台灣做殖民經濟現代化／資本主義化改造所刺激催生的產物。1910年代晚期，首先是具啓蒙意識的傳統文人在島內集結文社，以文化啓蒙議題為職志，多所引介西方啓蒙思想與討論新舊文化衝突的議題。而同時，台灣的留日學生益形增加，逐漸集結成一股欲全面改革社會的力量。1910～1920年代，正是台灣逐漸全面從前現代社會蛻變為現代化資本主義社會的鉅變年代，在此際新舊道德的碰撞、政治現實的不平等、西方思潮對傳統思想的衝擊、國際氛圍瀰漫的民族自決風潮、日本「大正民主」的自由風氣等等，強烈衝擊日治時期新式與舊式的知識份子，而促其肇始以喚醒台灣民眾自覺、脫離被殖民封建社會的奴隸性

〔註7〕 1896年3月，日人以台灣治安不靖、交通不便、風土人情迥異於日本為由，發布「法律第63號」，也就是「六三法」，致使台灣總督總攬行政、立法、司法與軍事大權。

〔註8〕 在此，筆者將「日治時期台灣啓蒙運動」的時間，定位在1910年代晚期至1930年代中晚期，「台灣地方自治聯盟」解散，全島性啓蒙／社會／政治運動被箝制消滅為止。但在討論日治時期啓蒙者與張深切的民族主義、自由主義、社會主義、宗教思想與文化哲學思想時，則並不限制在這段時間的作品與思想，而以參與此運動的啓蒙者、受此啓蒙運動影響所呈現的啓蒙思想特徵，來定義其是否為日治時期啓蒙思想與作品。

與被壓迫爲目的的啓蒙運動。

　　日治時期的啓蒙運動，最初萌芽於傳統文人。台中霧峰林獻堂等人於 1902 年所創立的詩社「櫟社」深具啓蒙意識；林幼春等「櫟社」社員，並於 1918 年發起組織「台灣文社」，除了以譯文引介西方歷史與啓蒙思想外，並定期徵文，討論傳統儒學與當前社會議題。而彰化黃臥松，也稍早在 1917 年，號召舊文人組成「崇文社」，定期徵文討論孔學與西方思潮衝突融合之方與當前社會的議題。但是，眞正蔚爲全島性、以建立新道德新社會爲訴求的啓蒙運動，卻仍需等到 1910 年代晚期新式知識份子階級興起之後，才算眞正啓動。由於台灣島內就學機會受限，士紳階級紛紛主要將子弟送到日本就學，較少部分則到中國就學，因此留日留中學生日眾，蔚爲一股新興的改造力量。留日的台籍精英爲了在新舊思想交接的混亂時刻，提升島民的自覺意識進而爭取台灣人的權益和地位，首先在 1919 年，由林獻堂與蔡惠如等士紳傳統文人集結，在東京號召百餘名留日學生成立「啓發會」，這組織於 1920／1／11 被改名爲「新民會」，以文化啓蒙爲職志，宗旨在「專門研究台灣所有的應革新事項以圖提升其文化」〔註9〕。另外，啓蒙運動者又成立「東京台灣青年會」，主要支持撤廢賦予台灣總督府獨裁權力的「六三法」與「台灣議會設置請願運動」，以區分文化啓蒙與社會政治活動。這個與社會政治運動一開始便聯手的啓蒙運動，迅速地在 20 年代移師台灣，在台灣全島熱烈開展，歷經 1921／10／17 成立於台北靜修女中的「台灣文化協會」時期、1924 年以來的新文學運動、1927 年 1 月文協的左右分流與 1927～1931「台灣民眾黨」時期，1930 年「台灣自治聯盟」時期、一直持續到 1934／5／6「台灣文藝聯盟」成立、主張打破當時文化啓蒙與文藝陣營的左右派對立、營造啓蒙者大團結，到 1935 年「台灣文藝聯盟」解散、啓蒙者的力量瓦解分散，最後 1937 年「台灣自治聯盟」停擺爲止。

　　1921 年，「台灣文化協會」在台北大稻埕的靜修女校成立。根據〈台灣文化協會主旨書〉，文化協會成立的原因在於：「……現今島內的心道德尚未建設好，舊道德卻已經逐漸地衰退下去，因此社會的制裁力量失墜於地，人情澆薄，人人唯利是圖……／……台灣的前途實在不禁令人寒心，我們於此

〔註 9〕 〈新民會章程〉第一章總則，第二條。見《台灣社會運動史（1913～1936）第一冊》。台灣總督俯警察沿革誌第二篇領台以後的治安狀況（中卷）。台北市：創造出版社，1989。頁 21。

有感，因此糾合同志，組織台灣文化協會」〔註10〕。成立「台灣文化協會」
的啓蒙運動者，與「新民會」同樣高舉啓蒙的大旗，目的便是希望在台灣新
道德未建立好、舊道德逐漸式微之際，啓蒙台民、謀台灣文化的提昇。1920
年代中期，爲「台灣文化協會」各種啓蒙文化活動的高峰期：出版會刊《台
灣民報》，在各地設立讀報社，創設書局，舉辦各種政治、社會、歷史、法
律、哲學的演講會與講座，在各地成立文化演劇會，並有「美台團」專司電
影巡迴演出，藉由種種文化活動，讓全島民眾了解世界潮流趨勢，而啓迪民
族自覺。另一方面，這些啓蒙／社會運動者並繼續「東京台灣青年會」的社
會政治活動，繼續推動「議會設置請願運動」、「六三法撤廢運動」以及農民
抗爭和工運，台灣於焉蓬勃地展開與社會政治運動攜手共進的新文化文學啓
蒙運動。1927 年文協爲支持馬克思思想走民族主義／階級鬥爭路線的左派把
持，原來走民族主義／民主自由路線的右派出走，另外成立「台灣民眾黨」，
左右派的文化啓蒙活動持續熱烈進展。到 1930 年代以後，這些文化、社會、
政治運動才因爲日本總督府的強力壓制，漸漸沉寂下來。整個 30 年代到 1945
年的太平洋戰爭期間，日本殖民政府加速對台灣的同化與皇民化腳步，台灣
本島人的文化或社會運動，只能採取更溫和的合法途徑，如陳炘等與日人共
創「東亞共榮協會」以促進台灣人在殖民社會的平等地位、張深切從政治抗
爭轉而從事戲劇與文學活動，延續台灣群眾已被啓蒙的新文化自覺意識與分
別由自由／民主／民族主義與馬克思主義／民族自決路線爭取自主的抗爭。

　　和五四啓蒙運動結合愛國運動的情形類似，日治時期台灣文化啓蒙運動
和新文學運動及政治社會運動密不可分，但其與社會政治運動攜手的情形，
卻又比五四啓蒙運動更爲顯著，甚至可說是社會政治運動的一體兩面。正如
日本警察單位在《台灣總督府警察沿革誌第二篇：領台以后的社會治安狀況
(中卷)》中所述：日治時期台灣的各種政治社會運動「不論民族主義系統或
共產主義系統，都是以文化運動爲先驅而發展。即使在具體化的各種政治、
革命、勞動、農民運動方面，亦多帶上啓蒙運動的濃厚色彩」（2）。1920 年
代，台灣文化啓蒙運動，幾乎都被做爲各種左右兩派與農運工運等社會政治
運動的先遣部隊。然而，到了 1930 年代，由於社會政治運動受到總督府強

〔註10〕出處同前註。見《台灣社會運動史（1913～1936）第一冊》。台灣總督俯警察
　　　　沿革誌第二篇領台以后的治安狀況（中卷）。台北市：創造出版社，1989。頁
　　　　189。

力的壓制，文化啓蒙運動與社會政治運動的聯繫被打斷；在社會政治運動不得施展的情況下，文化啓蒙運動乃替代了社會政治運動，持續與殖民者的抗爭。在被剝除社會與政治運動者角色的情況下，啓蒙運動者被迫專心著眼在文化文藝啓蒙對台灣社會的實用面向上面，成爲唯一維繫台民爭取自由平等地位的希望。

第三節　日治時期台灣文化啓蒙運動的中、日淵源

　　日治時期台灣文化啓蒙運動，除了具有做爲政治社會運動先導的特點外，在對於殖民母國日本現代化經驗的吸收與抗拒以及對文化祖國中國的嚮往與隔閡方面，也有其獨特的經歷，這些經歷也影響其對日本明治啓蒙思想與中國五四啓蒙思想的擷取。自 1895 年割台以來，大多數台民與中國的往來被阻隔，並在日本殖民政府逐漸同化與現代化的政策下，對中國大陸的現狀與發展逐漸產生隔離感而漸行漸遠。也因此，1920 年代以留日學生爲主的台灣新文化啓蒙運動者，對啓蒙思想的了解，直接受到日本明治維新的傳統與大正民主自由風氣的啓迪，除了從島內新式教育與現代化經驗學得了法治、公民教育與科學精神之外，主要從日本內地接收西方啓蒙自由民主思潮與第一次世界大戰後「民族自決」的主張。尤其在 1930 年代以後，由於總督府逐漸縮小報章雜誌漢文的篇幅，並進而在中日大戰爆發前夕全面禁止漢文，這段期間的啓蒙思想與新文學觀多受日系傳統影響。1933 年《福爾摩沙》雜誌創刊人之一的黃得時，便表示：「很多人喜歡強調中國五四運動新文學對日本時代台灣文學的影響，而且太過強調了，這點我不能同意，至少我們辦《福爾摩沙》雜誌時，並未受到影響」（《歷史・文化與台灣》195）；張深切在 1935／2／1 登載於「台灣文藝聯盟」機關雜誌《台灣文藝》的〈對台灣新文學路線的一提案〉中，也表達同樣的看法：「……台灣的近代文學【即指日據時期台灣新文學】，似乎受中國文學的影響比較少，而受日本文學的影響和啓發比較多」（《張深切全集——北京日記、書信、雜錄》172）。對出生與成長於日治時期的台灣啓蒙者而言，日本「大正民主」自由風氣與日本文學的影響，事實上大於五四啓蒙運動。

　　而日治時期台灣文化啓蒙運動，由留日的台灣留學生開風氣之先所肇始，因此，與日本內地的局勢發展息息相關。根據黃昭堂的斷代，1918～1932

年期間，爲日本大正民主時期〔註11〕，是第二次世界大戰前日本政治與社會
風氣最爲自由開放的期間，自由主義與社會主義思想均蓬勃發展，文藝結社
與出版鼎盛。日本「大正民主」的自由風氣，是日本明治啓蒙運動持續發酵
的結果，與民權運動的發展息息相關。明治時代的民權運動，本質上仍是由
士族與有財勢的階級、由上到下所進行的民主化改革。但儘管如此，由於這
運動大量翻譯英美民主自由思想的書籍：如，盧梭的《社會契約論》、米勒
（John Stuart Miller）的《自由之理》、史麥斯(Samuel Smiles)的《自助論》
等等，普遍啓發民智、推動了日本的自由民主思想的發達。民主思想的瀰漫，
且喚起輿論公器的需求，兩大類報紙因應而生：介紹西洋新知、啓發民智的
「大新聞」，如《時事新報》、《朝野新聞》、《東京橫濱每日新聞》；娛樂爲主
的「小新聞」和「政治小說」〔註12〕。如此，隨著歐美自由民主政治思潮與
制度的引介與民主自由思想的普及，日本資本主義日益發達、政黨勢力越臻
成熟，第一次世界大戰後民主思想更受國際間重視，使明治《大日本帝國憲
法》所具有的立憲主義的一面，漸漸獲得更普遍的支持。終於出現了所謂的
「大正民主」蓬勃的自由民主思潮盛況。而如此生機盎然的民主自由思潮，
更使日本文藝界，產生旺盛的創造力：芥川龍之芥、橫光利一、川端康成等
大正與昭和年間的作家，均處於創作的顛峰。另一方面，批判資本主義弊端
的社會主義思潮也十分活躍：無政府主義、共產主義社會運動頻仍。而到了
1920年代末與1930年代初期，左派政治活動遭到全面的打壓，但是，在民
主政治方面，則出現接近議會內閣制的立憲政治。而就在日本「大正民主」
這段思想自由的期間，台灣總督府對台灣的統治進入了同化期，由文官總督
取代陸海軍武官統治台灣，也是台灣文化文學與社會政治運動最自由蓬勃發
展的時期。在「大正民主」自由的氛圍中，留日與島內的精英，大量而自由
的接收西方啓蒙思想與明治啓蒙及大正民主時代的多元思想。而1920年代，
台灣文化啓蒙運動的工作，能在《台灣民報》、「台灣文化協會」的領軍下澎
湃熱鬧地展開，與殖民母國的啓蒙經驗，有絕大的關聯。

　　而另一方面，文化祖國對具有啓蒙意識的傳統文人、1920年代的台灣文

〔註11〕根據黃昭堂的說法，「一般講是指從大正七年到昭和七年的那一段，也就是一
　　　九一八年到一九三二年的十四年」。見黃昭堂。《台灣總督府》。黃英哲譯。台
　　　北市：前衛出版社，1994。頁113。
〔註12〕參考洪維揚。《日本明治時代自由民權運動之研究——成長到衰落的過程》。
　　　台北縣新莊市：輔大日語系碩士論文，2001。頁225～8。

化啓蒙運動與新文學運動，卻仍然有明顯的影響力。一向處於邊陲的台灣，在 1919 年日本殖民政府制定教育法規之前，以書院與私塾爲教育中心，向以儒學爲教育內容與目標，爲閩南朱子學派的一支。早期啓蒙運動者爲塾學出身跨越新舊學的士紳階級，其領導人林獻堂、蔡惠如、林幼春等，受到戊戌維新、尤其是梁啓超思想的影響。1907 年，林獻堂在日本結識梁啓超，並在 1911 年邀請梁啓超來台，與其討論台灣遠景的問題，接受梁啓超的建議，認爲台灣人應在被殖民的情境下，進行溫和的議會設置與修法路線。林獻堂與蔡惠如，均爲 1902 年成立的舊詩社霧峰「櫟社」的成員。而「櫟社」的另一成員林幼春，也自始至終在文化啓蒙運動中扮演重要角色，出錢出力、積極參與「文化協會」事務，擔任文協文化講座講員，出任《台灣民報》董事長，並資助 1930 年代《南音雜誌》、文聯機關刊物《台灣文藝》與楊逵的《台灣新文學》雜誌。而除「櫟社」詩人外，傳統詩人也從事新文學運動，如賴和、陳虛谷、陳逢源、葉榮鐘等，都在新文學運動中，扮演重要角色。這些跨越新舊學的早期啓蒙運動者，對中國真正的接觸並不多，但卻情感極深。啓蒙運動的重要目標之一，便在於與文化祖國取得聯繫。

　　1920 年代，以西學範疇重新評價的中國哲學，透過文化講座與報刊文章獲得重視。根據《台灣民報》的登載，1923／9／11 到 1924／6／7 間，「台灣文化協會」共舉辦了 28 回講座，其中便包括了中國古代哲學(王敏川)、現代佛教(連雅堂)、內地旅行等與文化祖國或中國文化相關的講座。而經由留中的學生上海許乃昌、北大學生張我軍等的引介，五四白話文學運動啓迪了台灣的新文學運動，胡適、陳獨秀、魯迅、郭沫若、徐志摩等五四啓蒙或新文學運動者的文章被轉載，更加鼓舞台灣新文學文化運動反封建、反帝國主義的思想。五四啓蒙思想的內容：重新審視儒學傳統、注重實證與科學主義的主張，以及對西方民主自由的推崇，也得到日治時期台灣啓蒙者的呼應。另外，若干書局的成立，在對於祖國文化現狀的介紹方面，也是不餘遺力。1922 年，嘉義中山路蘭記書局成立，以社會圖書爲主，爲台灣最早歷史最久的書局。1926 年，蔣渭水在大稻埕成立文化書局。同年，大雅張濬哲、張煥珪、鹿港莊垂勝集資成立台中中央書局。1927 年，連橫與黃潘萬集資，在台北太平町三丁目 227 番地，合開雅堂書局，專門銷售中國大陸出版的中文書刊。1928 年，謝雪紅等台共中央黨員，在蔣渭水文化書局對面開設國際書局，專售各種社會科學書籍。這些書局對輸入與補給中文書籍做了很大的努力，

除了連橫的雅堂書局以販賣國學書籍為主外，這些書局主要著重引入五四運動以後的中國新潮流，而不是線裝書的販售。如此，從諸多事實可知，日治時期台灣文化啓蒙運動，同時受到了日本與中國現代化與啓蒙經驗的影響。

第四節　1920 年代啓蒙運動的左右分流與 1930 年代的整合：政治狂熱的 20 年代與回歸文化啓蒙運動本位的 30 年代

一、1920 年代台灣社會／政治／啓蒙運動的左右分流

　　啓蒙運動最初是跨越階級的全島性活動，但隨著 20 年代台灣社會工業化的腳步與殖民資本主義壓榨的加深，在當時中日社會無政府主義思想與共產主義思潮的影響下，1925 年以後，啓蒙運動與社會政治活動逐漸分成左右兩派。一開始，文協由林獻堂、蔡惠如等士紳地主階級主導，推動合法的議會設置請願行動與文化啓蒙運動。後來，為了結合農民的抗爭運動並策劃工運勢力的抬頭〔註13〕，文協的路線逐漸為左派的連溫卿、王敏川等把持，走向對殖民政府與資產階級進行階級鬥爭的馬克思主義／民族主義抗爭路線。1927 年，文協正式分裂，主要與農民運動結合，台共對文協的指導權逐步加深。1929 年，第三次代表大會中，無政府主義者與左翼社會民主主義者連溫卿一派被逐出，之後並於 1931／1／15 文協第四次代表大會通過支持台共，成為謝雪紅指導下的台共外圍組織。1927 年，文協右派林獻堂等主張議會路線的民族主義者出走後，由蔣渭水領導另組「台灣民眾黨」（1927～1931），企圖融合左右派的主張走中間路線，以「確立民本政治，建設合理的經濟組織及改除社會制度之缺點」為綱領，具體的政策主張有要求州街庄

〔註13〕1909 年（明治四十二年），即開始有農民反抗事件。但真正使爭端複雜化的農民運動則始於 1920、21 年（大正九、十年），台灣農民組合與勞動農民黨、日本農民組合聯繫，扮演左傾農會的角色。1927 年爭端升為 431 件，其中 344 件直接受農民組合指導進行（見《台灣社會運動史第四冊：無政府主義、民族平民運動、農民運動》。台灣總督府警察沿革誌。台北市：創造出版社，1989。頁 11～12）。有關工運方面，1925 年（大正十四年）以後，台灣勞動團體有 2、3 個，但都仍處在努力提升階級意識狀態。一直到文協左派王敏川、連溫卿與台灣民眾黨左派指導，勞資爭議在 1927 年一躍為 69 件（見《台灣社會運動史第五冊：勞動運動右翼運動》。台灣總督府警察沿革誌。台北市：創造出版社，1989。頁 34～42）。

自治與普選、實現集會結社與言論自由、改革學制、日台語並用、教育機會平等、廢除保甲制等等，但仍屬重視工農運動的中間偏左路線。不久，「台灣民眾黨」又分為左右兩派。1930 年，原士紳地主階級所組成的右派林獻堂、蔡式穀、楊肇嘉等，脫離「台灣民眾黨」，另創「台灣地方自治聯盟」，繼續其合法的議會設置請願與廢除「六三法」抗爭路線，要求及時實施完全之地方自治。由蔣渭水領導的左派，則信奉三民主義，主要與工運結合，指揮「工友總聯盟」、策動工運活動，並指導「農民協會」，逐步呈現民族主義共同戰線黨的型態。而如同社會政治運動的左右派分立，台灣新文化文學運動，一樣可分為左右兩派的主張。以地主資產階級為主的舊文學右派文人，在主要經由日本與中國引介的西潮衝擊下，走漢民族民族主義／民主自由主義路線，冀望維新舊有文化並引進自由主義、理性主義、人本主義、協同主義等西方啓蒙思想以抗爭異族統治。為左派把持分裂前的「台灣文化協會」，有林幼春、林獻堂、連橫、蔡惠如等傳統文人。舉行的各種講座，同樣以 1923／9／11 到 1924／6／7 的 28 回講座為例，涵蓋了西方思潮與、明治文化、日本史、中國哲學、佛教與科學、道德進化等題目。新文學文人自賴和以降，以反封建反日本殖民主義為出發點，揭發社會的黑暗面與政治的不平等，普遍有關心勞農階級、女性與其他被壓迫階層的左傾傾向。左派文人與政治人物，如王敏川、連溫卿、彭華英、許乃昌、蔡孝乾與後來的楊逵、王詩琅等，則進一步受社會主義馬克思主義的影響，多著眼於階級鬥爭與經濟社會結構的改革議題，經由報章雜誌、講座與讀書會等，將馬克思階級鬥爭與唯物論的社會進化文化觀引進台灣社會，雖以台灣的民族自決與獨立為目標，除了反帝反封建的立場外，對新舊文化衝突的議題，一樣大多跳過不談，而應用其社會主義觀點直接處理當前社會政治層面的問題。總體而言，在面對台灣新舊文化衝突時，1920 年代左右派啓蒙者最主要的著眼點，和明治啓蒙者與五四啓蒙者最大的不同，在於其並非集中在彌合東西唯心文化傳統與科學唯物傳統造成的矛盾衝突、以確立新文化主體的問題，而是側重被殖民情境下的實務問題，以反封建社會與反帝國主義的社會政治運動面向為主要議題。在哲學與文化問題方面，則主要以引介為主。藉由報刊、講座、文化劇、電影等媒介，介紹西方啓蒙思想（包括自由主義、馬克思主義、民族自決論）、日本與中國的現狀與啓蒙思想家、中國哲學、國際形勢、文藝思潮、醫學與科學發展等做法；除傳統文社「彰化崇文社」與櫟社詩人所組成的「台灣文

社」站在維護儒學的立場探討文化哲學議題外，並沒有大規模的以創新文化哲學觀爲核心議題的文化啓蒙運動。這種著重實務、結合文化運動與社會政治運動一體的啓蒙運動模式，實爲被殖民地日治時期台灣文化啓蒙運動的特色。

二、台灣總督府對 1920 年代台灣社會／政治／啓蒙運動的壓制

　　1920 年代晚期以降，台灣總督府與日本內地對左派活動予以箝制的做法同步，逐漸加強對台民文化啓蒙運動與農運工運、六三法撤廢運動、議會設置請願運動等左右派社會政治運動的控制。1928 年川村總督創立高等警察（即思想警察），以防堵台灣與日本、台灣與中國的思想聯繫。大正時期的治安法規也紛紛出籠，以加強對台民民族主義、階級鬥爭與自由民主思想的控制：「台灣違警法」、「治安警察法」、「治安維持法」等。1936 年制定的「台灣不穩文書臨時取締令」、1941 年制定的「言論、出版、集會、結社等臨時取締法」，則完全扼殺了台民思想與言論自由的空間，迫使全體台民屈服於同化與皇民化的政策下。整體而言，1930 年代以來，所有左右派或中間派的合法抗爭路線與激化的對抗運動，都同樣遭到總督府的檢舉壓制，漸漸沉寂下來而終告瓦解。1931 年，台灣左翼運動已然喪失其合法性，而台灣文化協會在 1931 年第四次代表大會以後，因爲成爲台共的外圍組織遭到檢舉，爲籌備黨而成立的赤色救援會又遭到檢舉，文協事實上已經瓦解〔註14〕。而在農運方面，1930 年以後，農村與整個經濟的不景氣，使農民運動與無產階級運動／共產主義勃興。但這些激化的抗爭，使農民運動旋即遭到加強取締，在 1931 年時，農運的合法性幾乎已經不存在。同年 11 月，日警開始檢舉台灣赤色救援會，台灣農民組合就此一蹶不振。另外，同年被解散的，還有「台灣民眾黨」。1931／2／8，「台灣民眾黨」第四次黨員大會通過修改黨綱，傾向無產階級本位，走民族主義／階級鬥爭路線，喪失其合法性而遭到解散，工運力量幾近瓦解。而在台共指導下的勞動爭議：高雄市苓雅寮草袋工場爭議（1930）、台灣膠版印刷公司爭議（1931）、甘蔗渣工業試驗所爭議（1931）等，也同樣遭受失敗，勞工運動的勢力此後已經無法再起。1932 年，主要藉由新劇宣揚理念的無政府主義者，除了蔡禎祥以外，其餘 14 人皆以違反治安維持法的理由被逮捕。接著左派社會政治運動遭撲滅之後，右派社會政治

〔註14〕見《台灣社會運動史（1913～1936）第一冊：台灣總督府警察沿革誌第二篇
　　　　領台以后的治安狀況（中卷）》。台北市：創造出版社，1989。頁 393。

運動的力量也遭到瓦解。1934／3／27，台灣總督府召集林獻堂等 30 餘人在台中會談，台灣史上第一個政治運動「台灣議會設置請願運動」，歷經 14 年、15 次請願，被迫終止活動。而 1930 年楊肇嘉等人所組的「台灣地方自治聯盟」，雖然為了不被總督府打壓放棄民族主義只侷限於推動地方自治，卻依舊無法施展理念，終於在 1937 年主動解散。如此，台灣 1920 年代以來左右派的文化啟蒙與社會政治運動，在 30 年代同樣遭受台灣總督府強力的控制撲滅，幾乎已經完全崩潰失去力量，台民必須依循總督府所允許的狹小合法途徑，才能有機會爭取自己些微的權益。

三、1930 年代啟蒙運動的回歸文化運動本位與超越派系主張：《南音》的「第三文學」與《台灣文藝》的「道德文學」主張

在 30 年代如此肅殺的氛圍中，社會與政治運動漸漸無法動彈，文化啟蒙運動成為唯一與總督府專制抗衡的途徑。啟蒙運動者藉由組織藝文社團與辦雜誌的方式，維繫被殖民地被壓迫者平等自由的希望。1930 年代，左派社會政治運動遭到全面的封殺，有意識的左翼文學卻開始蓬勃發展。壽命短暫、同仁雜誌性質濃厚的普羅文學雜誌，前仆後繼，計有：《伍人報》、《台灣戰線》、《洪水報》、《明日》、《現代生活》、《赤道》、《新台灣戰線》等。1935／12／28，深受社會主義、無政府主義影響的楊逵，離開《台灣文藝》編輯群，得林幼春與賴和資助，創刊《台灣新文學》，雖然號稱「不屬任何流派、任何團體」，卻也偏向左翼的階級文學，走現實主義風格。但就在左翼文學蓬勃發展的同時，倦於 1925 年以來，左右派啟蒙／社會政治運動者激化的對峙，捐棄左右派分歧的聲音，也開始在 30 年代出現。1931 年，賴和、陳逢源、黃春成、莊垂勝、周定山、洪炎秋與葉榮鐘等 12 人在台中成立「南音社」，次年元旦發行半月刊《南音》做為機關雜誌共 12 期，新舊文體兼容，以白話文為主，提倡台灣話文、大眾文學與「第三文學」路線。葉榮鐘以「奇」為筆名，在《南音》第一卷 8 號（1932／5）發表〈第三文學搵溫〉做為雜誌該期的卷頭言，表達這種超越派別之爭、回歸台灣真實問題的「第三文學」觀點：「第三文學所標幟的是反貴族、反普羅，屬大眾的主張，意即第三文學是腳立台灣的大地，頭頂台灣的蒼空，不事模仿，不赴流行，非由台灣人的血和汗創造出來不可，這樣的文學才有完全的自由，完全的平等」。葉榮鐘長期擔任林獻堂的翻譯兼秘書，參與台灣議會設置請願運動，後來並擔任

「台灣地方自治聯盟」書記長；而賴和雖爲台灣日治時期左翼文學奠下基礎，但仍游走於舊詩性靈文學與新小說的批判精神之間，對啓蒙運動者本身產生質疑與批判。因此，眞正說來，《南音》這種整合派系之爭的「第三文學」主張，本質上與士紳階級所代表的右翼份子走得比較近。但儘管如此，「第三文學」反對以流行、主義、階級性爲文藝創作原則，主張回歸文學眞實反映人生的寬容性質之觀點，實際上是 30 年代的啓蒙者在經歷 20 年代左右分流紛歧不斷之後，所出現的新的整合的聲音。30 年代，類似《南音》「第三文學」這種超越左右派觀點的文藝觀，不斷的出線。1932 年，台灣第一個藝術結社「台灣藝術研究會」在東京成立，同年創刊機關雜誌《福爾摩沙》，共出三期，爲台灣第一部純文學雜誌，以日文的詩歌、小說創作爲主，成員包含受社會主義影響的王白淵、王詩琅、吳坤煌、張文環，及受現代主義影響的巫永福等，他們多次開會後決定排除左翼人士〔註 15〕。「台灣藝術研究會」成立的目的，在於整理台灣鄉土藝術、創造眞正台灣人的新文藝，以促進中日文化的交流。在思想言論被壓縮的空間中，日治時期知識份子，已無法繼續 20 年代啓蒙／社會／政治運動者的民族主義抗爭路線，而必須侷限在文化文藝啓蒙活動的框架中，繼續啓蒙台灣民眾的任務。接著，1933 年，另一個走超越派別路線的文藝團體——「台灣文藝協會」在台北成立，也鼓吹文藝大眾化，1934 年中文機關雜誌《先發部隊》只出一期，次年改名爲中日文並刊的《第一線》，也僅出了一期。「台灣文藝協會」同樣鼓勵反映台灣眞實狀況的大眾文學創作路線，不走階級文學路線。

而 1930 年代跨越左右派藩籬最有力的文化啓蒙團體，則爲 1934／5／6 成立於台中市的「台灣文藝聯盟」。那是在第一次全島文藝大會上，由賴明弘和張深切所促成的。在自傳《里程碑》中，張深切提到成立「台灣文藝聯

〔註 15〕在爲《張深切全集卷三——我與我的思想》一書作的序言中，巫永福提到組織「台灣藝術研究會」的經過：「1932 年，排除父親的反對，考進東京明治大學文藝科，接受文豪山本有三、里見敦、橫光利一、評論家小林秀雄、戲劇家岸田國士、詩人荻原朔太郎等師的教誨。因爲寫作，希望能創刊文藝雜誌社來發表作品，即訪問張文環於其本鄉寓所，兩人一拍即合，在我八疊大的單身租房內，召集東京留學生商談，多次開會後排除左翼人士，由我與張文環、蘇維熊（東大）、曾石火（東大）、王白淵、吳坤煌、施學習（日大）、楊基振（早大）等，組織台灣藝術研究會。並創刊台灣第一部純文學雜誌《福爾摩沙》。見〈序（之一）〉。《張深切全集卷三——我與我的思想》。台北市：文經社，1998。頁 16。

盟」的動機：「民國二十三年，賴明弘和幾位朋友勸我組織一個文藝團體來代替政治活動。我看左翼組織已經被摧毀，自治聯盟也陷於生死浮沉的田地，生怕台灣民眾意氣消沉，不得不承擔這個帶有政治性的文藝運動」（609～610）。在左右派社會政治運動都無法施展的情況下，文聯以文藝運動替代社會政治運動的動機，在此清楚獲得確認。「台灣文藝聯盟」吸收東京「台灣藝術研究會」與台北的「台灣文藝協會」成員，形成數百人的組織，組織十分鬆散，成員遍佈全台，甚至東京、中國、滿洲，為有意識地負有啟蒙任務的文藝組織。而和「南音社」類似，文聯基本上與右派啟蒙運動者走得較近。文聯靈魂人物張深切為「櫟社」成員張玉書之養子，少時曾入私塾學習漢文，及長受自由主義與馬克思主義影響，最後又回歸民族主義啟蒙路線，以西方啟蒙思想的自由與科學主義作為標準，重審諸子百家的思想，與五四胡適一派「整理國故」運動的啟蒙者做法一致。文聯主要得到屬於士紳階級的霧峰林獻堂與林幼春的金錢贊助，並在台中市中央書局經理張星健、「東亞共榮協會」理事陳炘、演劇研究會舊友黃再添等人的大力協助下，於1934／11／5創刊中日文並刊的《台灣文藝》做為機關刊物，到1936／8／28最後一期出刊，共15期。如同當代其他文藝團體一樣，為避免總督府的檢舉，文聯表面上必須配合政策，表達促進內台人融合、東亞和平、世界大同的宗旨。在1935／5／1出刊的《台灣文藝》中，張深切為文〈「台灣文藝」的使命〉，和日治時期所有報章雜誌一樣，有這種順服日本殖民者政策的說辭：「咱們的使命不啻為開拓荒蕪的文苑而重要，同時為融合內台人之思想與情感，也是異常重要，尤有進者，咱們還能夠為日華親善而折衝、為東亞和平而貢獻，為世界大同而助一臂之力的」（《台灣文藝》第2卷第5號19）。但文聯成立真正的動機卻仍是民族主義，為了繼續啟蒙民眾維繫希望於不墜而提升台灣文學。檯面話之後，張深切接著說：「……處在落伍下的我台灣文藝，卻不能一躍和外國文學並駕齊驅，尤其是我台灣文藝帶有啟蒙運動的特別使命，不僅要為發表咱們的意象，同時也有啟蒙大眾的義務、任重而道遠」（19）。少了社會政治運動的急迫驅策，文聯將焦點放在文藝文化的啟蒙思想議題上，提倡類似「第三文學」跨越黨派、主義、流行而講究「真實」的文學路線，但又比「第三文學」觀更具啟蒙思想根據。張深切提出「道德文學」主張，以符合真實的、宇宙一切科學的法則解釋為「道」，將此道理實現出來的最佳途徑為「德」，結合老子哲學與西方科學主義，發展出不受主

義、流行、派別、階級拘泥的文學路線。他在《台灣文藝》第二卷第二期刊登的〈對台灣新文學路線的一提案〉中，倡議這種用科學精神研究台灣特殊情境，以回歸眞實的文學路線：「台灣固自有台灣特殊的氣候、風土、生產、經濟、政治、民情、風俗、歷史等，我們要把這些事情，深切地以科學的方法研究分析出來──查其所生、審其所成、識其所形、知其所能──正確底把握於思想，靈活底表現於文字，不爲先入爲主的思想所束縛，不爲什麼不純的目的而偏袒，只爲了徹『眞實』而努力盡心，只爲審判『善惡』而鑽研工作」；「我所要主張的，是台灣文學不要築在既成的任何路線之上，要築在台灣的一切『眞、實』（以科學分析）的路線之上，以不即不離，跟台灣的社會情勢進展而進展，跟歷史的演進而演進……」（86）。這種回歸眞實而非立足主義的文學觀，進一步的發展了《南音》、《福爾摩沙》等雜誌的文學主張，不走任何既成的路線，並無左右派之分，只有好壞之別，反映一種對啓蒙思想的科學主義、理性精神與文明進化論的信念。接下來在〈對台灣新文學路線的一提案（續篇）〉中，張深切繼續闡釋這種超越階級理論與人道主義而以科學眞實爲基礎的道德文學觀：「文學道德已然是置在道德的裡頭，自然在這裡並沒有什麼左派右派的分別……所以確實好的文學，自然會超越這兩大派，至若其他的小分派，就成爲小乘的小乘，好像大海與溝壑的比較罷了。所以古今的偉大文學，都是歷萬古而不變……」（97）。這個排斥階級性的文學主張，走的是定義未明的「大眾文學」路線，一開始即遭左翼文人如王詩琅、張維賢的反對，而抵制加入。楊逵後來也因爲與此編輯理念不合、又經「台灣新聞報」副刊主任日人田中的影響，退出《台灣文藝》的編輯群。但張深切的這個文學主張仍爲文聯核心份子賴明弘、吳天賞、張文環、巫永福、劉捷、張星健等人的共同理念，而加以努力維護。賴明弘在回憶「台灣文藝聯盟」創立的情形時，也證實了這種超黨派的文學觀，確實爲文聯共同的理念：「文藝聯盟成立後不久，雖有楊逵先生等少數人以提議擴大組織爲藉口，高唱異調幾趨分裂，但全島的文學同路者，深感團結力量與鞏固組織之必要，均捐棄偏見不予重視才不致分裂，仍能一直支持下去」（63）。但儘管其核心成員有這種超越階級派別、團結啓蒙大眾的共識，「台灣文藝聯盟」的中心理念並未獲得大多數聯盟成員熱情的呼應，只維持了將近兩年的活動。「台灣文藝聯盟」舉辦朝鮮舞蹈家崔承喜的表演會後，在《台灣新民報》多登載五四作家作品、卻吝於提供台灣作家發表園地以鼓勵創作的情況下，

楊逵繼續攻擊文聯，再加上總督府的打壓，最後還是因爲無可作爲而自行解散。而在「台灣文藝聯盟」解散後，台灣 20 年代以來深具民族主義動機的文化啓蒙運動，其全島性的澎湃力量也宣告瓦解分散。雖仍有楊逵的「台灣新文學社」獨撐大局到 1937 年 6 月機關雜誌《台灣新文學》停刊爲止，但《台灣新文學》基本上仍是楊逵個人理念、而非糾結全島啓蒙人士結社產生的雜誌，其風格也偏向現實主義並強調與中、日、朝左翼文人的交流，民族主義色彩較淡。文聯解散以後，充滿漢民族意識、跨越全島無分階級派別的文化啓蒙運動，可說已然畫下句點。

四、戰爭時期台灣文化啓蒙運動的餘波盪漾

　　而在《台灣新文學》被迫停刊後，左右翼啓蒙者只能在總督府容忍的狹小空間裏，繼續從事其文學文化的工作。1941～1943 年期間，張文環創日文刊物《台灣文學》，提供呂赫若、吳新榮、楊逵、龍瑛宗等作家發表園地，反映台灣人在「皇民化」時期的立場與心情，但已經失去 1920 年代啓蒙運動對抗總督府專制的影響力。事實上，戰爭期間，全島重要的藝文人士，包括張文環、龍瑛宗、呂赫若在內，都被網羅進「文學報國會」或「文學奉公會」之中，不得不虛應委蛇配合總督府的藝文政策。1942 年，張文環還以台灣代表的身分，出席大東亞文學者會議。事實上，戰爭爆發前，在政治社會運動方面，只剩下 1933 年創設的「東亞共榮協會」，以融合日台爲前提，繼續孤軍奮鬥爭取台民的政治地位。至 1941／4「皇民奉公會」成立時，原先積極參與民主運動、自治運動的啓蒙運動者，如陳炘、林獻堂、林呈祿、蔡式穀、羅萬俥等人，也都被強拉參加。林呈祿、蔡式穀甚至加入改日本姓名士紳的行列，改名爲林貞六、桂式穀。吳三連在他的回憶錄中，道出了這些參加「皇民奉公會」台灣精英的無奈：「我和一些朋友，對於台灣同鄉被指爲漢奸，心中頗不以爲然。我們的想法是，當年滿清中國把台灣割讓給日本，原非台人所願，所以反抗行動前仆後繼；只因爲沒有武器所以不得不聽任日本人宰割。台灣既然爲日本人所有，則台胞爲求生存，在高壓統治下，沒有選擇。既然台灣人變成日本國民並非台人的責任，則漢奸的指控，應有商榷的餘地」(《吳三連回憶錄》105)。在戰爭期間，台灣文化啓蒙運動已然消聲匿跡，啓蒙運動者少部分走避中國，餘者在總督府嚴密的監控下，已經無法集結從事抗爭活動了。

第五節　日人主導下的日治時期出版品：
　　　　從殖民者觀點所建立的世界觀與現代化

　　日治時期台灣文化啓蒙運動，是在日本殖民者對台灣做殖民經濟型態現代化的背景中進行的。日本殖民者從殖民立場，對現代化台灣社會與文化啓蒙方面，投注相當大的心力，諸多以推動現代化爲宗旨的刊物，對台灣社會的轉型有很大的助益。各種官方單位與半官方單位，均有出版學術研究或溝通聯誼性質的雜誌。因此，我們必須解析從日本殖民者角度推展的現代化文教事業，才能對日治時期台灣啓蒙運動，有更爲完整的了解。

　　整體而言，日治時期台灣的現代化與文教事業，掌握在日本人手中，官方是最主要的出版者。官方出版大量的政府公報、統計調查報告、法令政令彙編、各種官方與半官方刊物等等。從日人建設觀點出發所編輯出版的報章雜誌，對於博物學、醫學、法律、警務、經濟、農業、實業、民族學等方面的介紹與推展，非常完整而現代化〔註16〕。以領台之初以促進官民情誼互通民情爲目的的《台灣協會會報》爲例，1898／12／9（明治31年）出版的內容，包括〈印度灌溉事業〉、〈歐美に於ける砂糖の近況〉、〈馬尼拉葉卷煙草製造會社の狀況〉，並有漢文的世界匯聞部份。從這些的文章主題判斷，可知從領台之初，日人即特別重視實業建設與國際眼光的引介。又如台灣銀行出刊的《台灣時報》（1909／1／20～1919／5月）月刊，分日文部與漢文部，內容包括時事與文壇近況，大量引介國際訊息脈動，並深度報導各種經濟、法律、醫學、文學、歷史、地理、文化等知識。以109號（1919／1／15）的內容爲例，包括〈加奈太より得たる教訓〉深度報導加拿大地理、歷史、人文、經濟等事，〈南洋雜感〉介紹南洋交通、海權、水利、產業、事業、土地、國家等，〈南洋占領地の民族〉介紹南洋諸民族，〈支那事情〉提及康有爲支持復辟、其鬍鬚被賣一萬元藏於紐約博物館一事，〈南洋事情〉則介紹南洋旅遊資訊、交通、旅館、食宿、銀行等事。同期《台灣時報》漢文部分的〈漢文時報〉，有〈支那新大總統〉一文介紹徐世昌，對徐世昌寄予厚望盼其統一南北，評價徐世昌：「彼之學問、見識、閱歷、聲望、無不兼備。且其資性，溫厚篤實。惟彼之頭腦，果能了然於今世之新政治之思想否，當屬疑問」（50）。113號（1919／5／15）的內容，有醫學博士堀內次雄的〈衛生ご經濟ごの關

〔註16〕本節有關日治時期官方雜誌的資料整理，均以中和中央圖書館台灣分館「台灣資料室」台灣總督府收藏之雜誌圖書爲依據。

係〉，講述衛生醫學健康改善與經濟發展的關係；法學士木村增太郎的〈戰後の四國際經濟戰ご南洋市場〉，分析歐戰後的南洋市場的經濟戰；蕉鹿夢的〈裏面より觀たる清朝治下の台灣〉，介紹清朝統治下的台灣社會；另外，尚有〈米國情事〉、〈台灣の諸社會〉與〈漢文時報〉的〈東宮御成年式〉、〈大和魂眞意義〉、〈世界春光〉、〈東洋經濟界〉、〈台灣金融〉、〈台灣刑法觀〉、〈日本詩運之推移〉等文章。由這兩期的《台灣時報》內容判斷，日治時期的台灣，經由官方機構雜誌的引介，在 1910 年代，至少對台灣傳統社會的統治階層士紳階級而言，其實已經是個充足接受各種國際訊息的地區，現代經濟、醫學與法治觀念已逐漸被開展建立。只是，當時台灣的現代化是從日人的觀點推動，而未從台灣本島人的角度推動，對中國的現勢，也以國際社會一員的角度加以報導，並不具特殊關聯。其現代化的方向，在於把台灣推向日本。而除了《台灣時報外》，其他的雜誌，先後有台灣鐵道會發行的《台灣鐵道》（1912年～1941／9 月），內容包括修身講話、旅遊雜訊、技術探討、雜文、聯誼活動、內部記事等；協助日人警察學習台語的《語苑》；台灣農友會出版的有關農畜業技術科學之改良的《台灣農事報》（1908 年～1941 年）；台灣博物學會出版的《台灣博物學會報》（1911 年～1926 年）；實業之台灣社出版的《實業之台灣》（1909 年～1926 年）。而除了上述雜誌外，尚有數十種專業學術著作的雜誌刊物充斥著〔註17〕。這些觸及各類專業知識的雜誌，除了引介宣揚各種現代科技與科學精神態度之外，同樣充分提供文藝、旅遊等協助拓展個人國際視野的訊息，有助台民從農業社會的心態蛻變爲接受西方現代文明洗禮的狀態。而在這些專業與科學性的刊物之外，尚有不少藝文、詩刊類的雜誌〔註18〕，著重培養台民現代美育的精神。

〔註17〕這些專業或學術刊物包括：《台灣醫學會雜誌》、《東西醫藥報》、《台灣藥學會誌》、《交通時代》、《台灣自動車界》、《台灣遞信協會雜誌》、《台灣電氣協會會報》、《台灣愛國婦人》、《台灣婦人界》、《台灣稅務月報》、《台灣財務》、《台法月報》、《台灣水產雜誌》、《台灣鑛業會報》、《糖業》、《台灣之畜產》、《台灣之產業組合》、《專賣通信》、《台灣刑務月報》、《台灣警察協會雜誌》、《台灣警察時報》、《台灣米報》、《科學之台灣》、《熱帶園藝》、《熱帶農學會誌》、《台灣地學記事》、《台灣の山林》、《台灣の水利》、《台灣之茶葉》、《台灣事業の友》、《第一教育》、《理蕃の友》、《社會教育》、《語言と文學》、《南方土俗》、《民俗台灣》、《台灣自治評論》、《台灣地方行政》等等，數十種學術專業雜誌刊物。
〔註18〕這些藝文詩刊雜誌包括：《台灣藝術新報》、《媽祖》、《無影樹》、《寫生》、《原生林》、《薰風》、《詩報》、《台大文學》、《台灣》、《台灣文藝》等等。

　　除了上述這些官方或非官方機構出版的刊物以外，台灣總督府在大正
10 年（1921）創刊《台灣事情》，每年出版一冊，根據台灣社會整體的發展
與建設情形，增刪章節內容，從各個面向完整詳盡紀錄台灣的發展情狀，
一直到昭和 19 年（1945），殖民統治結束為止。從這本年刊，可以佐證台
灣總督府如何嚴密掌控對台灣社會殖民經濟型態現代化的總體建設。以創
刊號為例，共分 21 章，包括（一）土地（二）氣象（三）戶口(四)政務機構
（五）交通及通信（六）農業（七）林業（八）水產（九）礦產（十）工
業（十一）商業及金融（十二）財政（十三）專賣（十四）教育（十五）
宗教恤救（十六）衛生（十七）水利（十八）土工（十九）電氣及水道（二
十）警察（二十一）裁判及監獄。到了台灣總督府統治的最後一年，昭和
19 年版，《臺灣事情》的內容被擴充為（一）總說：台灣的位置、面積、土
地、氣候等地理特徵（二）行政：包括行政組織與地方行政（三）財政：
包括歲計、租稅、地方稅、稅關（四）司法：包括司法行政の管理、裁判
及檢查制度、民事、刑事、民刑事特別法治、刑務所、司法保護事業（五）
神社及宗教（六）教育：包括總說、初等普通教育、高等、實業、師範、
專門、大學豫備及大學教育、其の他の小學教育設施（七）社會事業：包
括救護、醫療保護、經濟保護、兒童保護、教化、軍事援護（八）社會教
育（九）情報宣傳（十）皇民奉公運動（十一）警察（十二）理蕃（十三）
衛生：醫事行政、防疫行政、保健衛生、豫防衛生、藥事行政、阿片制度、
醫務衛生要員の南方派遣、南支南洋に對する醫療施設（十四）軍事（十
五）外事：外國人、南支南洋に於ける本島人、南方調查、台灣總督府の
南方協力（十六）國家總動員（十七）土木、水利、都市計畫、國立公園、
水利、河川、大甲溪開發事業（十八）農政（十九）糖業（二十）林業（二
十一）商業及物價（二十二）金融（二十三）工業（二十四）特產物（二
十五）鑛業（二十六）水產（二十七）食糧管理（二十八）貿易（二十九）
專賣（三十）交通（三十一）通信及保險、年金（三十二）電氣。從第一
冊與最後一冊《臺灣事情》的目錄觀之，日本殖民者從各個面向，完整嚴
密的建設與控制臺灣社會的發展，對現代化台灣社會與豎立台民講求縝密
的科學精神的典範方面，有不可抹滅的貢獻。尤其社會事業、國家公園、
都市計畫、水利河川、衛生行政等整體規劃，都具有相當前瞻性的眼光。
這本年刊雖然目的不在向台民宣揚與推動現代化的觀念，只是做為總督府

對台灣社會建設與管理的紀錄，但其豎立的現代化分類規劃管理觀念與縝密的科學態度，依舊具有啟蒙讀者的功用。

另外，從台北帝國大學文政學部所出刊的研究學報《哲學研究年報》的目錄，我們可以判斷日本殖民者文化哲學建設的方向。從昭和 9 年／5月到昭和 19 年（1935～1945）間，《哲學研究年報》共出十輯、45 篇研究文章（見附錄一）。在這 45 篇文章中，民族學、道德教育與心理學、教育理論佔最大比例。民族人類學方面，佔了 7 篇。心理學與行為現象學方面，有 6 篇。教育方面，佔有 4 篇。中國哲學的朱子、二程子、周易哲學，共佔 6 篇。道德倫理方面，共佔 5 篇。有關東亞秩序的問題，佔了 2 篇。人類結構與存在問題，共佔 4 篇。辨證法佔了 3 篇。其餘為考古、人類學、兒童智能、信仰與自由、團體與個人、社會哲學等等文章。台北帝大是日治時期臺灣最高學府，其文政部出刊的《哲學研究年報》對文化哲學議題的研究，能反映出日治時期官方對文化哲學建設的方向。從這些研究的議題，可知日本殖民者在文化哲學議題上，側重有助殖民統治的民族學、教育、倫理道德與中國心性道德之學的研究。與國際現勢相關的文章，只有 2篇闡述日本官方大東亞秩序理念的文章，而並無從台灣本島人立場發言的文章。唯一本島人作者洪耀勳，其〈存在と眞理〉一文，也從人類存在的觀點思考存在問題，非關台灣本島人的特殊觀點。事實上，在《哲學研究年報》1935～1945 年的出版期間，臺灣本島人的啟蒙運動已從沸沸洋洋的情況到幾乎完全沉寂，這啟蒙運動的波瀾卻完全未曾在官方的哲學年報留下一點蛛絲馬跡，日本殖民統治對台灣本島人觀點的忽略、以及本島人推動自己的啟蒙運動之必要，由此可知。

第六節　台灣日治時期啟蒙思想的內容與對西方、日本與中國啟蒙思想的引介：以 1920 年代《台灣民報》為研究

台灣社會與個人，在如此全然從日本殖民者觀點進行的現代化轉型中，如何進行臺灣島民由自己觀點與利益出發的啟蒙運動，成為迫在眉睫刻不容緩的工作。如前所述，台灣日治時期 1920～30 年代的啟蒙運動，是社會政治運動的一體兩面，最大著力點不在對文化哲學議題的深層探討，而大多是

對西方、日本與中國啓蒙思想的引介與應用。台灣日治時期啓蒙思想者，最主要經由雜誌報刊，引介西方、中國、日本啓蒙思想給台灣民眾，而其中歷時最久、影響最普遍深遠的報刊，是幾經更名改組的《台灣民報》（1920～1944）。透過對《台灣民報》文章的分析研究，我們可解讀日治時期台灣啓蒙運動的思想內涵。

一、《台灣民報》的沿革

　　《臺灣民報》〔註19〕幾經更名改組，從月刊雜誌、半月刊、旬刊、週刊到日報，出版地從東京到台灣，是日治時期臺灣啓蒙運動中，提倡與傳播啓蒙思想最有力的出版物。1920 年，林獻堂、蔡惠如等在東京號召百餘人創立的「新民會」，同時由蔡惠如出資創刊《台灣青年》月刊，林呈祿擔任主編，爲《台灣民報》的前身，後來歷經《台灣》、《台灣民報》、《台灣新民報》的階段，包括漢文部與和文部兩個部分，早期在東京發行再運到台灣銷售，1928 年獲准將社址從東京搬回台灣。《台灣民報》是完全以啓蒙運動爲目的的刊物，創刊號的社告宣告其宗旨爲：「期應世界之時勢，順現代之潮流，以促進我台民智，傳播東西文明」，做爲台民言論唯一的喉舌，與資源豐富的半官報《台灣日日新報》、《台南新報》、《台灣新聞》等報紙相抗衡。《台灣民報》提供一個自由討論的園地，提供不同意見的改革者發表，主要是台灣社會政治與啓蒙運動者，但也包括日人開明政治家與著名學者，並翻譯西方啓蒙者著作、轉載五四新文學作品與啓蒙者的文章；它的題材極爲廣泛，包括經濟、政治、社會、時事、新聞、詩文、哲學、藝文、醫學、科學、婦運、農工運等等。《台灣青年》月刊創刊於 1920／7／16，到 1922／1／20 共發行18 號。之後改名爲《台灣》，仍爲月刊形式。《台灣民報》創刊於 1923 年，因日益受歡迎，1～7 期爲半月刊，第 8 期起改爲旬刊，第 59 期起又改爲週刊，到 1932 年變成日報，1937 年被迫廢止〈漢文部〉，1941 年被迫改名爲《興南日報》，1944 年總督府又因戰時物資缺乏，將它與其他包括《台灣日日新報》的五家報紙合併爲《台灣新報》，《台灣民報》可說已走入歷史。戰後《台灣新報》由台灣省行政長官公署指派李萬居接收，改名《台灣新生報》，成爲長官公署機關報。在《台灣民報》存在的 24 年間，在總督府種種打壓

〔註19〕有關《台灣民報》的沿革，參考楊肇嘉。〈台灣新民報小史〉。《台灣民報》復刻本。台灣雜誌社發行，1973。

與限制的措施底下〔註20〕，仍然從《台灣青年》發行 2000 份，成長到 1937 年發行 5 萬份以上，《台灣民報》廣受台民支持、持續擴大影響力的情形可知。做爲啓蒙台民的報刊，《台灣民報》主要在 1920～1925 年，全面引介世界思想潮流、西方的自由主義、民主制度、法治觀念、自治式殖民統治、婦女解放、自由婚姻、獨立人格與個人主義觀念、社會主義理論、國際局勢、醫學常識、科學、中華傳統文化、五四新文學啓蒙運動、中國政治現狀、明治啓蒙思想，並討論台灣文化、殖民統治政策與自治問題等，大力促成「六三法撤廢運動」、「台灣議會設置請願運動」、「台灣文化協會」、台灣新文學運動、文化啓蒙運動的誕生。1925 年以後，《台灣民報》逐漸爲左派言論把持，把大部分的篇幅給予了時事、政治、介紹社會主義、農運與工運消息等，而失去早期對啓蒙思想多樣性的引介。

二、《台灣民報》對中國哲學與五四啓蒙作家的引介

　　《台灣民報》的著眼點，在發展台灣文化，以免台民遭到整個被淘汰、吞噬的命運。在 1923／4／15《台灣民報》的發刊辭上，該報清楚的指出辦報促使台民自救的主旨：「我們現在的生活，還不能算做安定。社會的文化，還沒有普及。若不趕快想個法子，來啓發文化，來振起民氣，恐怕到了日暮途窮的時候，不欲自認做劣敗者，也不可得。不願受人淘汰，也不可得了。」爲了有別於日本殖民者、並最終與祖國文化結合，保存漢民族文化與觀念是重要的一環。在《台灣青年》與《台灣》兩個階段時，《台灣民報》分「和文」（日文）與「漢文」（中文）兩部分，對傳統儒家思想多所介紹。如譚鳴謙〈孔子教育學研究〉（《台灣青年》第 2 卷第 4 號）介紹孔子教育思想，認爲孔子的教育理念是以德育與類似柏拉圖的啓發式教育爲主；而在此，柏拉圖啓發式教育法，應爲蘇格拉底產婆術啓發式教學法之誤。另外，金博的〈孟荀賈誼、董仲舒諸子性說〉，介紹孟子的性善、荀子的性惡說、賈誼的性感應說與董仲舒的性分陰陽說。吳康的〈荀子教育學研究〉（《台灣青年》2·5），則從現代教育心理學、教育方法論和教材的觀點，分析荀子的教育觀。笑己女士的〈人性之研究〉（《台灣青年》2·5），討論中國哲人孔子、子思、孟子、告子、荀子、楊雄、韓愈等人的人性論。這些文章都在西潮衝擊下，以

〔註20〕《台灣民報》言論尺度被嚴格把關。如因爲要求自治反對專制，而在台灣被禁止的有，第一卷第 7、9 號；第二卷第 2、5、7、8 號等。

現代學術研究的方式、現代科學的標準，重新思考儒學的價值與哲學議題，有別於總督府重建孔廟、祭孔、鼓勵舊詩社、利用孔學鞏固政權的做法。而在《台灣民報》階段，同樣多有討論中國哲學的文章，如王悅之〈荀卿非宋評寡欲說申論〉（第 1 號）、章太炎〈中國文化的根源和近代學問的發達〉（第 15 號）。

　　《台灣民報》階段，除了討論傳統中國哲學的文章外，又多有介紹當代中國思想界近況的文章，直接促成台灣的新文學運動。如秀湖生（許乃昌）的〈歐戰後的中國思想界〉（第 4 號），介紹胡適、陳獨秀、江亢虎、張君勱、梁啓超、胡漢民等人所代表的思想派別；秀潮〈中國新文學運動的過去和將來〉（第 4 號）、蘇維霖〈二十年來的中國文學及文學革命的累述〉（第 24 號）與蔡孝乾〈中國新文學概觀〉（第 52～57 號），介紹當代中國文壇現況與五四新文學運動。另外，《台灣民報》分幾期轉載魯迅〈阿 Q 正傳〉（第 82～85，87、88、91 號）、〈狂人日記〉（第 55、56 號）〈故鄉〉（第 51 號）、〈魚的悲哀〉（第 57 號）與郭沫若〈仰望〉（第 58 號）、徐志摩〈自剖〉（第 104、105、107 號）等，引進五四新文學運動的理念與新文學作品。張我軍也大力介紹祖國新文學運動的情形，並為文〈糟糕的台灣文學界〉（第 38 號）、〈為台灣文學界一哭〉（第 40 號），攻擊舊文學的不切實務，使新舊文學之爭加劇，帶動台灣新文學運動。張我軍並做〈文藝上的諸主義〉（第 77、78、81、89 號），介紹西洋文學各流派，拓展當代文壇的國際眼界。支持新舊文學的文人紛紛加入討論，為文支持舊文學的有：鄭軍我、黃杉客、一吟友、焦麓、赤崁王生等，在《台灣日日新報》、《台灣新聞》、《台南新報》發表。為文支持新文學的有：懶雲（賴和）、蔡孝前、張我軍、前非等，以《台灣民報》為發表園地。最後，新文學獲得較多支持，推動起台灣新文學運動的波瀾。而根據第 138 號《台灣民報》論評〈過去一年間的台灣思想界〉，大正 13 年（1924），孔教派與新派在《台灣新聞》上大開筆戰，孔教派同樣大敗〔註21〕。除新文學運動外，《台灣民報》對中國近況多所報導，包括介紹與評論南北分治、復辟事件、孫文學說、孫文逝世、蔣中正與軍閥的戰爭等，使台民熟悉祖國社會政治現況。

〔註21〕此處所指孔教派與新派的筆戰，可能是張深切在自傳《里程碑》所提到的 1925 年林幼春「非儒」言論所發動的擁儒與非儒論戰。因《臺灣新聞》的原稿散失，無法確定這個論戰的確實日期。

三、《台灣民報》對西方啓蒙思想的引介：透過日本明治啓蒙思想模式影響的自由主義、個人主義、功利主義與理性思維、地方自治觀念等

《台灣民報》一開始的另一個重點，是引介西方啓蒙思想，其中又以民主政治、自治主義、自由主義、個人主義／理性思維／獨立人格爲核心訴求，呼籲自由民主、個人主義的文章非常之多。《台灣民報》對西方啓蒙思想的引介，依循明治啓蒙思想的模式，立基於天皇制度，持文明進化論，以融合世界所有文明知識，匯合東西洋唯心唯物傳統，做西化的社會改造運動。《台灣民報》編輯兼發行人蔡培火，在《台灣青年》創刊號〈對內根本問題之一端〉一文中，即對台灣提出整體改革的意見，共六點：（一）廣胸懷，放眼整個人類，棄一己一族之私；（二）破迷信；（三）貴體育（四）養趣味，鼓勵培養音樂、美術、欣賞自然景物、插花、盆景、茶道等趣味；（五）習科學，以西方文明之境爲「跨於心物之上，是精神物質兩全之精華也」（51）；（六）興言論，主張言論自由，要求遵行明治天皇「萬機決於公論」的開明主張。「萬機決於公論」，是明治維新改革基礎的「五條誓文」中的一條，明定國家的一切事務，由眾人共議決定之。「明治維新」是以 1868 年 4 月 6 日明治天皇頒佈的「五條誓文」爲基礎，所做的全面性改革。「五條誓文」的內容爲：（一）廣興會議，萬機決於公論；（二）上下一心，盛行經綸；（三）文武一途以至庶民，各遂其志，人心不倦；（四）破舊有之陋習，基於天地之公道；（五）求知識於世界，大振皇機（觀霞 1）。「五條誓文」的內容顯現，「明治維新」是全民以天皇爲精神中心，追求西方自由平等開明普世價值與世界所有知識的西化啓蒙運動。蔡培火是漢民族主義者，其堅持台民權益的主張從未更改，但他的漢民族意識與自由主義、理性科學思維的意識是重疊的。這篇文章所表現的世界主義精神與對於西洋文明跨於唯心唯物分野之上的見解，明顯依循明治啓蒙思想的模式，與日本當時開明政治家與學者的論調呼應，相當能代表大部分台灣日治時期右翼啓蒙思想者的啓蒙思想模式。若干開明派的日人，撰稿支持《台灣青年》雜誌。如日本自由派眾議院議員永井柳太郎，其〈近代政治之理想〉（《台灣青年》第 3 卷第 2 號），推崇西方民主自由體制，並也和蔡培火一樣，特別提出必須遵行明治天皇「萬機決於公論」之主張，令士農工商各階級都能參與政事。又如京都同志社大學總長海老名彈正在〈啓發台灣文化之方針〉（《台灣青年》第 1 卷第 5 號）一文中，主張台灣應立足

民主走進世界文明：「吾以爲台灣當由的菓克拉西之立場善爲考究，而取世界的文明而實行之。若官民皆向此方針，以決行各事則台灣之文明，當放一大異彩」(3)。他們的文章也都依明治啓蒙思想的傳統，主張民主自由，與蔡培火的說法相互呼應。

《台灣民報》引介民主制度、自由主義的文章，包括譯文與評論，數量眾多。《台灣青年》在 1921／5／15 第 2 卷第 4 號中，刊登高格勞博士的〈民主主義爲世界平和之眞基礎〉的譯文，介紹歐洲啓蒙思想家盧梭、伏爾泰、康德等人自由平等博愛思想，並讚頌威爾遜的民主主義。到《台灣民報》階段，社長黃呈聰在 1923 年創刊號爲文〈世界政治的新傾向〉，便以美國的直接民主爲理想，反對儒家、法家，認爲儒法二家爲由上到下的政治觀，人們只能做被動而不能做原動。他持進化觀認爲民主是現代政治演變的趨勢：「⋯⋯專制的政治變做民主的政治，再由代議民主政治，再變做直接民主的政治，這就是人民常識的政治，人民輿論的政治啦！」同年第 7 號《台灣民報》的評論〈德克模拉西的實現——歐洲十九世紀的中心思潮〉，則粗略介紹民主政治的觀念，討論自由、平等、個人主義等概念，並分析直接民主、間接民主與代議政治是否爲民主的問題。另外，芳園（陳逢源）翻譯英國哲學家羅素的〈自由思想的公開宣傳〉，分 8 期登載在《台灣民報》（第 104、106、107、111、112、114、115、116 號），分析：十九世紀歐洲中心的民主主義其淵源與發展、民主主義的範圍、民主主義與自由平等、民主主義與個人主義、民主主義與代議政治、民主主義的實現等各個面向，使讀者能深入了解自由思想的眞諦。如此，至少在 1920 年代初期，西方啓蒙思想的民主制度、自由主義、個人主義，已爲台灣知識份子所熟識而嚮往。

除了上述引介民主代議制度與自由人權思想的文章以外，倡議自由思想與言論自由觀念的文章也不少，如陳弗邪的〈論自由言論〉（第 85 號），充分反映西方啓蒙思想的民本主義，認爲政府爲人民利益而設，言論自由是每個公民應有的權力（11）。第 80 號論評〈論新聞的使命並促當局與低級讀者的反省〉一文，則要求新聞自由，攻擊台灣三大報對總督府的阿諛，以西方啓蒙自由民主做爲文明的標準，認爲沒有言論自由，便無法走文明的善政。而浪花的〈論言論自由〉（第 70 號）、蔣渭水的〈豈有不許言論自由的善政嗎？〉（第 43 號）等，也大聲疾呼言論自由爲民主善政之必然。另外，黃宏鑄的〈對於教育界的不滿意〉（第 16 號），主要攻擊三種不自由：言論、看書、男女社

交的不自由，則從青年學生的角度要求思想、言論社交自由，個人主義意味
濃厚。

　　《台灣民報》有關個人主義理念的引介，則從一開始便與群體意識的調
和觀念，密不可分，不同於胡適衝破社會束縛的個人主義主張，而與明治啓
蒙者調和個人主義與國家主體的觀點相符合。有關個人主義的文章，最早在
1921／2／26《台灣青年》（2・2），轉載梁啓超〈個性與組織〉的演講內容，
闡述個性與群體關係密切而不相背。1921 年，劉明朝〈社會連帶論〉（《台灣
青年》3・3，3・5）一文，進一步依據法國「堡爾土大學柳氏所著《國家論》」，
闡述個人主義之利弊，主張社會連帶與個人主義並重、個人幸福與社會發達
並進。1923 年，黃呈聰〈論個人主義的意思〉（《台灣民報》第 3 號），也呼應
此觀點，並以理性主義解釋何謂眞正的個人主義，倡議人們應該具有理性的
獨立思想與勇於爲理性思想負責的態度，充分發揮康德的理性主義精神：「眞
的個人主義就是個性主義（individualism）。他的特性有兩種，一是獨立思想，
不肯把別人的耳朵當耳朵，不肯把別人的眼睛當眼睛……。二是個人對自己
思想信仰的結果，要負完全的責任，不怕威權，不怕監禁殺身，只認得眞理，
不認得個人的利害。假的個人主義就是爲我主義（egoism）。他的特質是自私
自利，只顧自己的利益不管群眾的利益」。黃呈聰主張的個人主義與理性精神
應和，強調個人獨立人格與理性思維，而與自利的作爲劃清界線。他的〈法
律的社會化〉（第 9 號），繼續闡述個人與社會的關係，主張法律的社會化是
爲了調和個人與社會，使社會進步，而個人也得到利益。黃呈聰這個個人主
義定義，與胡適引進中國的易卜生主義，所強調的重點並不一樣。易卜生主
義是含無政府主義思想的個人主義，鼓勵個人走出封建社會的桎梏，爭取婚姻
自由與獨立人格；強調透過爭取個人的自由，而非犧牲個人自由，以達到國家
民族的自由。胡適的這個主張，與當時中國處於軍閥割據，改革莫衷一是的時
代背景有關。黃呈聰則強調節制與理性精神，使社會與個人同時獲利，明顯受
明治啓蒙者將個人獨立與國家獨立視爲相輔相成關係的主張影響〔註22〕，也與

〔註22〕明治啓蒙者強調個人獨立人格，但其個人主義卻不可與國家獨立相牴觸。最
　　　初的日本啓蒙團體「明六社」成員：福澤諭吉、西村茂樹、津田眞道、森有
　　　禮、加藤弘之等，雖然均大力推動西方自由人權觀念，認爲有自由獨立人格
　　　的個人，才能造就自由獨立的社會國家；但在遭逢「民選議會」的議題時，
　　　卻大多認爲民選議會「爲時尚早」，犧牲以個人爲主體的思考方式，而令國權
　　　的集團性凌駕民權思想隱含的個人主義之上。極端者如加藤弘之（1836～

當時被殖民情境一致團結對抗總督府的經驗有關。另外，王敏川的〈結婚問題發端〉（第 2 號），認爲西洋人的婚姻「以其個人主義、自由主義、平等主義爲其根柢」，而沒有結婚問題。

　　而除了自由主義、民主主義、個人主義等西方啓蒙思想被引進外，功利主義、實證哲學也被引入。例如，在 1923 年第 7 號所轉載的陳獨秀〈敬告青年〉，提倡進步而非保守的、世界而非鎖國的、實利而非虛文的、科學而非想像的人生觀，讚揚彌爾（John Mill）的功利主義與孔德（Comte）的實證哲學。陳獨秀爲日本早稻田的留學生，這篇文章內容與明治啓蒙者倡議的人生觀非常接近。林呈祿在 1925／8／26 登載於《台灣民報》的〈最近五年間的台灣統治根本問題〉（第 67 號）中，也反映對邊沁（Bentham）功利主義（utilitarianism）哲學的熟悉，他建議伊澤總督必須謀最大多數人的幸福：「這個『最大多數的最大幸福』的原理，在哲學上是功利主義的基礎，英人勉三 Bentham（1748～1832）是極力主張的……在今日英國的立憲政治，已經發達到了做世界的模範的地步，也大部分是受這個功利主義所賜的」（12）。這些爲《台灣民報》撰文的右翼啓蒙者，循著明治啓蒙者持歷史進化論、群體與個人並重、以西方民主自由體制爲模式的方向，引介西方啓蒙思想的民主主義、個人主義、理性主義、功利主義、實證主義、科學主義等。

　　《台灣民報》強調自由民主個人主義的最終目的，在於反對總督府的專制。因此，《台灣民報》強調引介地方自治的理念。1920 年，林慈舟〈地方自治概論〉（《台灣青年》第 1 卷第 3 號），介紹英國與歐洲大陸各國不同的民主制度。1923 年，分三期在《台灣民報》刊載的〈地方自治制概論〉（第 11 號），闡述自治是指被統治者不假官吏之手而自爲政治之意，並批評中央集權，讚美英國的民主，希望促成地方分權。

　　而由《台灣民報》上述，諸多引介西方民主主義、代議制度、個人主義、自由主義、理性思維、功利主義、文明進步觀等文章觀之，我們可推測 1920 年代台灣知識份子，對歐美啓蒙思想的自由主義人權思想與理性主義的嚮往，而欲將台灣社會與個人改造爲充分享受獨立人格與自由民主的繁榮新社會。

1916），從早期著《國體新論》大力宣揚西方天賦人權思想，到 1882 年著《人權新說》從進化論的觀點「闡明我們的權利絕不是由於天賦，而是完全在國家生存上逐漸進化發展起來的」（錄自土方和雄 111）

四、《台灣民報》對社會主義思想的引進

在《台灣民報》引進民主代議政治、地方自治觀念的同時，不同於地方自治的聲音也出現，但 1925 年以前，這些反對歐美啓蒙思想民主自由代議制度傳統的文章，與支持的文章相較，數量相去甚遠。主張改造社會結構者，如黃周的〈提倡家庭的改造〉（第 2 號），便表示反對民主體制，認爲歐戰後民主國家的勝利並未眞正改造世界，並未改善國與國、民族與民族、勞資與貧富階級之間的關係。他並認爲馬克思並非唯物論者而已，而是提供眞正改造世界方法的人。另外，如張我軍在〈致台灣青年的一封信〉（第 21 號）中，也主張應該改造社會，而不是走議會設置路線。其實，《台灣民報》對社會主義思想的介紹，最早在 1921 年《台灣青年》時期便出現。早稻田大學教授北澤新次郎的〈勞働運動及新文化之創造〉（《台灣青年》2‧5），指出資本主義經濟內的勞資對立，勞工不獲尊重任意被解雇，勞工運動合法化爲必然趨勢，並認爲勞働運動爲創造新文化的契機。接著，1923 年，秀湖生（許乃昌）〈台灣議會と無產階級的解放〉（《台灣》4‧7），已反對議會設置路線，指出應走無產階級解放的抗爭路線。同年 7 月 15 日，新創刊的《台灣民報》轉載中國社會主義學者江亢虎的〈解決工潮之三策〉（第 4 號），指出解決工潮的上策爲實施社會主義、資產公有，中策爲分紅制，按資本家股份、勞動者之工價比例均分利潤，下策爲承認工人的要求、嚴懲軍警干涉、杜絕政客利用。

而其實，1920 年代初期的台灣民眾，幾乎與西方自由主義引入的同時，便已經接觸到社會主義思想。根據《台灣民報》，當時可以購得社會主義的書籍，如堺利彥的《改造思想十二講》、山本美越乃的《社會主義經濟學》；在台共以前，《台灣民報》便已引介了社會主義思想，台灣民眾也已經透過日本學者認識社會主義思想。1925～1926 年間，陳逢源與許乃昌在《台灣民報》針對改造中國之策，爲文〈駁陳逢源氏的中國改造論〉（許乃昌，第 126～129 號）與〈答許乃昌氏的中國改造論〉（第 130～139 號），激烈展開新中國「發達資本主義」與「無產階級革命」路線的辯論，許乃昌又獲得蔡孝乾爲文聲援。此論戰可被視爲 1927 年文協分裂前，台灣日治時期左右派啓蒙思想重要的交鋒。

五、《台灣民報》文章中，依循明治啓蒙思想模式所反映出來的進化論與文明進步觀

如前所述，《台灣民報》雖然強調引介中國傳統哲學與現代文化社會政治現況，日治時期台灣文化啓蒙運動，卻不只是五四啓蒙運動的支流。它所表

現的個人與群體協同的意識、文明進化觀、世界主義精神及對傳統心性之學
與西方道德哲學的同等重視，毋寧說是明治啓蒙思想與日本殖民教育下的產
物。調和個人主義與社會共進的部分，已如前述。有關進化論的觀點，在《台
灣民報》的文章中也處處可見。1920 年，林慈舟在《台灣青年》創刊號發表
〈敬告吾鄉青年〉，即持進化論觀點呼籲台民振作，以免被淘汰：「優勝劣敗，
乃生存競爭之常理、適者生存、亦進化論上之定例，而在文明諸國之社會，
於事實上，猶難絕其絕無強弱優劣之分、況於民智尚幼稚教育爲普及之我島
者乎」（36～7）。事實上，這個文明進化論的論調，正是明治啓蒙者森有禮、
福澤諭吉、津田眞道、西周、加藤弘之、西村茂樹、中村正直等，對人類文
明共同的見解〔註23〕。《台灣民報》除了林慈舟的文章反映文明進步觀的論調
外，黃呈聰登載在 1923／1／1《台灣》的〈論普及白話文的新使命〉，也同樣
持進化論主張白話文，認爲宇宙萬物皆是進化的，白話文也是進化的產物，
呼應明治啓蒙者的文明進化觀。另外，進化論觀念被普遍應用，甚至連討論
戀愛婚姻的數篇文章，也以文明進化論爲依據。秀湖〈婚姻制度的進化概觀〉
（《台灣民報》第 17 號），認爲婚姻已從蠻荒時代的雜交，進化到一夫一妻的
壓迫，而最後會進化到共產制度的建立。〈戀愛的進化觀〉（《台灣民報》第 25
號），則指出戀愛從過去的重肉慾，進化到現在的重形式，並將進化到未來的
重精神。事實上，1920 年代的台灣知識份子，普遍熟悉、相信進化論，在日
治時期其他雜誌的文章裏，也屢次出現進化論的觀點。如在楊雲萍 1925 年登
載在《人人》第二號的〈無題錄（二）〉，便出現文學進化觀：「萬有的進化，
由單純而至複雜的。文字也是這樣！」（7）。

〔註23〕「明六社」這些第一代受到西方啓蒙思想影響的知識份子，在面對西方啓蒙
　　　　思想的理性主義、個人主義、自由主義、唯物論或唯心論之辯、對封建社會
　　　　傳統的批判態度時，相對於同時期中國洋務運動「中學爲體，西學爲用」只
　　　　圖引進西方物質科學文明、否定西方人文精神價值的做法，能以相當自由開
　　　　放的思維方式，開拓近代日本思想史融合東洋與西洋文化的道路。他們多持
　　　　文明進步觀，在面對西方強盛的物質文明時，很快地認出西方文明的優勢，
　　　　而將傳統儒家的心性之學與佛教定位爲涵養精神的虛學，以西方主智、重實
　　　　證科學的學問爲經世致用的實學，大力提倡西方的實學、理性主義與自由人
　　　　權思想，以期改造每個個體使成爲具獨立精神的個人，進而使國家獨立強盛
　　　　俾令擠身文明國家之列；但另一方面，在提倡「實學」的同時，在倫理學上，
　　　　卻又大都趨近傳統文化的「虛學」，欲以東洋文化的倫理學與形上學補西洋重
　　　　實證科學的實學之不足。

六、《台灣民報》所反映的世界主義精神與漢民族主義的重疊

有關世界主義精神方面，除了日本學者與開明政治家贊助的稿件主要目的在促進日台人的溝通融合與世界各民族互愛合作以外，台人的稿件中，也多透露一種融合各個民族的世界主義精神。1920 年，蔡培火在《台灣青年》創刊號發表〈對內問題之一端〉，提到六點社會必須鼓勵的面向：（一）廣胸懷（二）破迷信（三）貴體育（四)養趣味(五）習科學（六）興言論。第一點的「廣胸懷」，指的便是以全體人類爲念的世界主義：「可知人類，體雖相殊，其稟命則一，豈容一己一族之私，而廢其他之所職者哉。孔子云『己欲立而立人，己欲達而達人』誠不磨之聖訓也。以蓋示吾人以互生共濟之道，欲建昇平之大策也」（47～8）。蔡培火立足傳統儒學的仁愛共濟精神，反對狹隘排他性的民族主義，以整體人類世界爲互助單位，具世界主義的精神。又如連溫卿提倡世界語，分別在 128、129、131、139 期登載〈怎樣是世界語主義〉，也表現一種以世界爲文明單位的世界主義精神。另外，蔣渭水〈東洋諸民族的覺醒〉（第 34～36、38 號）、德金〈眞正的共榮共存〉（第 67 號）、一舟〈亞細亞民族團結的機會〉（第 23 號）、王鐘麟〈支那文化と西洋文化との対照〉（第 10～12 號）等等，則表達聯合亞洲各弱小民族，對抗白人帝國主義的侵略的思想，進而宣揚協同各個民族的平等博愛理念。這些文章誠然是日本「東亞共榮」政策下的產物，但它們目的在反省日本與殖民政府「共榮共存」口號的虛假，促其眞正落實台民與日人民族與文化融合共進，最終達到台民與世界各民族和平共榮之境，呈現漢民族主義與世界主義意識重疊的情形。而繼 1920 年代《台灣民報》的這些文章之後，這種企求跨越民族偏見的世界主義精神，又持續進入 1930 年代《南音》的「第三文學」與《台灣文藝》的「道德文學」的主張中。

由《台灣民報》這些論及東洋民族主義與展現世界主義的文章觀之，日治時期台灣啓蒙知識份子的漢民族意識與世界主義普遍重疊。他們所欲建立的，並非是排他性的民族主義，而是階段性以眞正共榮共存爲目的的漢民族主義，而終致眞正的獨立自主，以平等立足於世界諸民族之間。

七、《台灣民報》建立在融合西方啓蒙思想與東方心性之學的新道 德觀

最後，有關日治時期台灣啓蒙運動者，對道德議題的討論方面。日治時期台灣啓蒙者，直接以道德爲題的文章不多。但提及人生觀與道德議題時，他們並不像五四左右派啓蒙者胡適、陳獨秀等，對中國宋明理學心性道德之

學採取斷裂的態度〔註24〕，而多以推崇儒學心性道德之學、匯通西方唯心哲學、賦予新意的方式，鼓勵結合東西道德精粹的新道德觀，與明治啓蒙者做法相同。明治啓蒙者，是以傳統由神道教、佛教、儒學融合而成的日本道德做爲修身的基礎，以其爲「虛學」，引進西洋優勢的理性、科學與自由主義傳統，以爲「實學」，具有以世界文明爲單位的文明觀。日治時期台灣啓蒙者，對道德與文明觀的建立，也依循這種明治啓蒙者的模式。如 1920 年，《台灣青年》創刊號，刊登林仲澍〈人生究竟之目的〉，以中國古代聖賢爲模範，提倡《大學》止於至善的積極進德精神：「而其努力之目標者何，一言以蔽之，日在止於至善……知止而後有定，定而後能靜，靜而後能安，安而後能慮，慮而後能得。而其所得者，乃吾人人類圓滿之幸福是也」（44）。另外，1922／1／20 石霜湖〈道德之概念〉（《台灣青年》4‧1），依據道德進化論，從西方啓蒙思想理性主義、平等、博愛的標準，建立新道德概念。他指出人類進化非以智力維持之，而需賴道德進化，並引用墨子的兼愛、王陽明的「知行合一」、耶穌的博愛，爲道德者之模範。石霜湖對王陽明學說，並未加以否定，其道德概念類似明治啓蒙者西村茂樹的道德觀，是種非儒、非耶、非墨，而融合東西方文化中人本主義的思想〔註25〕，實用性大於文化哲學討論。1922／5／11 陳懷澄〈人生修養談〉（《台灣》3‧2），則以儒佛爲修養之最高境界：「修養到，則意氣平和、精神快活。無故餌以名利，既不能動其心。急然加

〔註24〕儘管路線的差異，五四啓蒙思想者不論左右派，都將文化啓蒙思想建立在與中國儒家唯心道德哲學傳統斷裂的基礎上；這點與日本明治啓蒙運動者持文明進步觀將傳統道德觀視爲輔助西方器物之學的「虛學」加以肯定的做法不同。主要的啓蒙者胡適、陳獨秀、魯迅、李大釗等知識份子，處於新舊交接的時代，自身都有深厚舊學的根基，但也因爲深受封建社會的綱常名教與媒妁之言婚姻的桎梏，成爲激烈的反封建社會與反儒學心性義理傳統的思想者。極端者如陳獨秀，甚至爲了整個民族的生存，認爲必須與中國傳統徹底斷裂，主張消滅整個中國傳統文化，曾說：「吾寧忍過去國粹之消亡，而不忍現在及將來之民族，不適世界之生存而歸削滅也」（75）。

〔註25〕明治啓蒙者福澤諭吉、西周、西村茂樹等，都熟讀儒學經典，深受東洋心性道德傳統的影響，並匯通西洋文明傳統，發展出折衷式的道德觀。如西村茂樹陳述自己的道德觀：「……我欲用來做爲道德之教的基礎的，既不是儒教，又不是哲學，更不是佛教與基督教。但它同時又不離儒教，不離哲學，佛教與基督教也有時可以採用」（錄自土方和雄 134）。事實上，西村茂樹所表現的「無原則」，正是因爲他在爲日本道德開出新的處方簽時，以與其他啓蒙者同樣的文明進化觀與世界觀及務實的態度爲基礎，試圖爲西方實證主義和功利主義與儒教傳統仁愛忠孝思想的優點，做折衷式融合的結果。

以斧鉞，亦不能喪其膽」（28）。陳文字裏行間呼應孔孟對君子修養的定義，明白推崇儒學心性道德傳統。《台灣民報》這些討論道德的啓蒙文章，不但未與儒家心性道德傳統斷裂，還加以積極應用以建立新的人生觀，做法與明治啓蒙者如出一轍。

整體而言，《台灣民報》全面引介西方與中、日啓蒙思想，促成 1920 年代以來日治時期台灣文化啓蒙運動與接踵而來的議會設置請願運動、六三法廢除運動、「台灣文化協會」的建立、農運、工運等等社會政治運動，功不可沒。分析《台灣民報》所刊載的文章，我們可藉以掌握台灣日治時期啓蒙運動的思想內容特徵及其對西方、明治、五四啓蒙思想的翻譯與挪用的情形，而更進一步窺探當代知識份子的心靈結構。

第七節　被殖民地啓蒙思想主體性的建立──擬仿與挪用

日治時期台灣文化啓蒙運動，與明治啓蒙運動及五四啓蒙運動一樣，都是東洋心性道德傳統與封建社會面臨西潮衝擊下的產物，同樣引介西方啓蒙思想，以改造傳統文化與封建社會。因此，日治時期台灣文化啓蒙運動，自然與另外兩個東洋啓蒙運動，具有諸多共同特徵：反對封建社會、反對迷信、推崇理性與科學、尊重自由人權、主張博愛等。但由於特殊的歷史語境與民族或族群差異，這三者對西方啓蒙思想的著重點，並不盡相同。明治時代尚無明顯左右派分流的啓蒙思想，而五四與日治時期台灣啓蒙運動，則在啓蒙運動肇始後的數年內，都有激烈的左右派之爭；而明治與日治時期台灣啓蒙運動，都著重個人主義與群體利益的調和，五四啓蒙運動則特重個人出走封建社會，帶動社會的開放。另外，中、日、台的啓蒙運動，對如何解決東洋心性道德傳統與西洋理性科學傳統矛盾的做法，也有不同的經驗。明治啓蒙者與日治時期台灣啓蒙者，採取調和態度，融合傳統唯心道德觀與西方理性精神爲修養，進行全面西化的啓蒙運動；五四啓蒙者則多採與中國傳統唯心道德哲學斷裂的方式，著重西方實證科學主義。而由於明治啓蒙運動發生最早，其啓蒙經驗影響了留日的五四啓蒙者與整個日治時期台灣啓蒙運動。留日的五四啓蒙者，如陳獨秀、李大釗、魯迅、周作人、郭沫若等，都受明治啓蒙思想或當時盛行於日本的文藝思潮與社會主義的影響，李大釗的青春哲

學、周作人的新村運動，都是經由日本管道，所思考出來的產物。日治時期
台灣的啓蒙運動者，則更是在被殖民的情境下直接曝露於日本文化，接受明
治啓蒙經驗與日本現代化／資本主義化的影響，其受到明治啓蒙思想與「大
正民主」自由風潮影響的程度，更甚於五四啓蒙者。

　　日治時期台灣啓蒙思想模式，究竟比較接近明治啓蒙思想，還是五四啓蒙
思想？雖然，日治時期台灣啓蒙運動的目的，在於最後與中國結合，以對抗殖
民統治，但從其啓蒙思想內涵來判斷，它卻比較是被殖民地的產物，而離五四
啓蒙思想模式較遠。日治時期台灣啓蒙運動在被殖民的語境下進行，肇始者不
是具有啓蒙意識的舊式文人，就是具有舊學根底的新式知識份子，他們對文化
祖國已有隔閡卻深具情感，受害於殖民地的壓迫政策卻嚮往殖民母國內地的自
由開明進步風氣。由於文化祖國陷於南北分裂、內戰外禍頻仍、封建勢力強大、
啓蒙腳步紛亂的苦境，自身難保也不足爲依恃，而另一方面，殖民者又以不平
等政策對台灣進行現代化／殖民地型的經濟建設，啓蒙者必須充分發揮自發自
覺的省思能力，在如此錯綜複雜的現實情境下，摸索建立出台民自己的啓蒙思
想內涵。整體而言，日治時期台灣新文學運動，雖然受到五四新文學運動刺激
而產生，但在啓蒙思想模式上，它卻更接近明治啓蒙思想，同時也是殖民地的
特殊產物。在左右派尚未分流的 1920 年代初期，它吸收明治啓蒙思想的特色，
一樣推崇西方啓蒙思想的民主、自由、個人主義，採取個人主義與社會進步並
進、注重法治的做法，以期建立台民自己的民主機制。它不似五四左右派啓蒙
者對唯心文化傳統採取斷裂自新的做法，而如明治啓蒙者西村茂樹般以實利的
態度，混和出一種顯得混亂、既重傳統心性道德又重西方科學理性博愛精神的
道德觀。而由於總督府普及初等國民教育，對土地資源、金融政策、動植物與
民族學、農林產業、鐵道公路、警政等以有制度縝密的科學方式管理，早已豎
立科學精神與方法的典範，因此，日治時期台灣啓蒙運動，特重「德先生」，
而「賽先生」卻鮮少有成爲焦點之必要。這點與五四啓蒙者同時高舉「德先生」
與「賽先生」旗幟的做法，有相當大的差異。《台灣民報》中，直接以科學爲
主題者，僅蔡培火的〈科學方法之大要〉(《台灣青年》4‧1) 一文，介紹類推
法、歸納法、演繹法等科學方法。另外，日治時期台灣啓蒙者的漢民族主義同
時兼具世界主義精神，此爲日治時期啓蒙者在戰後威爾遜民族自決主義影響
下、批判總督府殖民同化政策的產物，也與主要以仇恨意識爲基礎的五四運動
的民族主義有很大的差異。

　　總體觀之，日治時期台灣啓蒙運動是在殖民統治下，對殖民政府文化、教育、社會政治政策的挑戰，也可說是一種「被殖民情境下的後殖民思考」。它所呈現的文化雜燴性（hybridity）〔註26〕、強烈自覺的省思、以及經由借鏡「他者」的投射認知自我的種種特色，都呈現擬仿挪用殖民母國與文化祖國啓蒙運動模式，以建立自己主體性的做法。這種模仿，如法農（Thomas J. Fannon）、拉岡（Jacques Lacan）、芭芭(Homi Bhabha)所示，並非一種壓抑差異性的單純再現，而是已經將母國與祖國的啓蒙思想加以轉喻，建立了自己的主體性。尤其是面對日本殖民者的同化與東亞共榮政策時，它以模仿的方式，表面融合殖民政府的主流策略，事實上已形成自己的主體，威脅到總督府官方知識與規範力量。

第八節　張深切的啓蒙思想與其在日治時期台灣啓蒙運動的定位

　　在日治時期台灣啓蒙運動中，張深切（1904～1965）主要從事社會政治運動、新劇編導與劇團活動、電影編導與發行、領導「台灣文藝聯盟」（1934～1936）、編輯報刊雜誌（1934～1936 年《台中新報》〔註27〕、1939～1940《中國文藝》）、哲學評論等多種活動。但他最主要的影響力，還是在於 1930 年代「台灣文藝聯盟」時期；當時他所提倡跨越派系立足台灣現實的「道德文學」主張，適時地反映 1930 年代啓蒙知識份子欲彌合派系之爭的共同心聲，而成爲全島性文學啓蒙組織「文聯」的核心人物。日治時期啓蒙者對各種議題的意見，雖然並不見得一致，如面對傳統儒學與心性道德傳統議題方面，林仲澍以《大學》止於至善的道德觀，與石霜湖依西方理性主義、平等、博愛的標準建立的新道德觀，便不盡相同。但大致上，日治時期台灣啓蒙者的思想，仍有一些共同特徵。而張深切的啓蒙思想，便相當能代表日治時期台灣啓蒙者——尤其是 1930 年代啓蒙者——的思考模式，而具有指標性的意義。他依循明治啓蒙思想，企圖跨越東西洋心物哲學之爭，跨越階級文學與

〔註26〕根據 Homi Bhabha，「雜燴是指經由重複的區分與認同過程，對殖民立場的重新評估」（Hybridity is the evaluation of the assumption of colonial identity through the repetition of discrimitory identity effect）。見 Homi Bhabha, The Location of Culture, London: Routledge, 1994, p.34.

〔註27〕《台中新報》後來改名爲《東亞新報》，爲「東亞共榮協會」機關報。

啓蒙左右派之爭，雖然沒有明顯的文明進化觀，卻深信西方啓蒙思想的科學主義、理性思維、自由民主人權思想，主張具有世界主義色彩的漢民族主義，並且建立混雜東西方宗教哲學的道德觀等等。從他身上，我們看到整個日治時期啓蒙運動中各種思想衝突與左右派之爭、及其激盪與形塑主體的縮影，也看到這個啓蒙思想的普遍模式。

　　和大多身兼社會政治運動者任務的日治時期臺灣啓蒙者相較，張深切更是個徹頭徹尾的啓蒙者，其主要關切點在於文化哲學思想議題。事實上，張深切最深層的思想，實以西方啓蒙思想的理性、博愛、實利精神、馬克思的歷史唯物辯證、與老子道德哲學的靈活不拘爲最後依恃。不像大多數活躍於20年代的台灣啓蒙者，張深切並沒有淹沒在社會政治運動的熱潮中，失去啓蒙者對文化哲學議題本應有的投注，可說是西方啓蒙理性精神不折不扣的信奉者。他雖然爲了營生而經營過香蕉事業、電影事業、咖啡廳、出任教職、編輯雜誌，但因其對啓蒙理念的堅持，不以現實利益爲考量，而往往慘澹經營，卻自始至終不改其對啓蒙者角色的信念。例如，他在1957年台語片盛行之初，即組藝林影業公司，拍攝獲得台灣第一屆影展最佳故事金馬獎的《邱罔舍》，目的在打破台語片《雨夜花》與《薛平貴與王寶釧》所建立的兩大模式窠臼。在他的〈我編導《邱罔舍》一片的動機與目的〉一文中，張深切充分表達對啓蒙者角色的堅持：「自《薛》、《雨》兩片出現以後，一般的台語片大體都模仿這兩部片的樣子製作出來，造成了台灣特殊的影劇。台灣文化界爲了台語片的特殊風格，異常悲觀憤慨，認爲長此以往，勢若有不堪設想的後果將要發生，有的竟以看台語片爲恥辱，極端厭惡台語片的出現」(《張深切全集卷七》)。爲了堅持啓蒙者角色的理念，張深切拍攝不容易討好觀眾、但能表達出老子哲學的《邱罔舍》，果然票房奇慘、財物損失慘重，而不得不結束掉電影公司。另外，張深切在二二八事件之後，堅決不出任公職與教職，而從此沉潛、從事文化哲學評論工作，晚年寧可向兒子告貸，也不願向現實低頭，以避免自己有踏著台灣人鮮血獲得個人利益之感。由此事例，更可看出張深切對啓蒙自由人權思想與獨立理性思維的堅持。

　　但研究張深切的啓蒙思想時，除了釐清其與當代台灣啓蒙者的共通處之外，卻也不可無視其獨特性。事實上，張深切的啓蒙思想，雖有台灣日治時期啓蒙者典型的雜燴特徵，但也有其獨特的思想特色。張深切將所有雜燴的思想，最後以老子道德哲學爲依據，這點與絕大多數五四及其他日治時期台

灣啓蒙者相去甚遠。他以馬克思的唯物辯證觀，解讀老子的「道德」觀，主張將老子道德哲學的宇宙生成法則，施行於現代科學、哲學與文學上。其所提倡的「道德文學」，不拘限於任何既成的道德主義，因此既非依恃資產階級產物的人道主義、也非以經濟理論為依歸的階級文學、更非新儒學式的唯心道德觀，而是靈活結合生理、經濟、人文、生活環境種種條件因素，而產生的文學主張。在 1930 年代，這樣的道德文學與大眾文學主張，反映出當時啓蒙者回歸台灣真實現狀、超越派系主義的普遍心聲，成為「台灣文藝聯盟」所推動的核心文學觀，形塑日治時期台灣啓蒙運動到後期以後所建立出來的主體思想，其特重實利與靈活的特色，與明治及五四啓蒙思想不盡相同，已經產生質變的特殊主體性。如此，張深切從宇宙生成法則靈活變動不拘的法則觀看文化與文學，自然不是「自由主義者」的歸類，能加以完全定義的。我們毋寧說，張深切依循日治時期具啓蒙意識的傳統文人納匯百川的思考模式，是企圖納匯東西洋所有唯物、唯心哲學、啓蒙思想、文藝思潮的「自由思想者」。在研究日治時期台灣啓蒙思想主體性的建立與啓蒙者心靈結構圖時，張深切實為極其重要而豐富的切入點。

在以下的章節中，筆者將從民族主義、自由主義、馬克思主義、宗教、諸子百家等幾個面向出發，探討張深切啓蒙思想的時代性與獨特之處，深層挖掘日治時期台灣啓蒙思想及張深切思想的內涵與意義，以期較完整重現張深切的心靈樣貌，也同時窺知其他當代台灣啓蒙知識份子的心靈地圖。

附錄一　台北帝國大學文政學部《哲學研究年報》目錄（1935～1945）

出版年代	輯　數	篇　名
昭和9年（1935）	第1輯	〈ウンルヘルム・フォン・フマボルトの個別的人間學について〉
		〈高砂族の形態の記憶と種族的特色とに就て〉
		〈首狩の原理〉
		〈教育學の課題〉
		〈二律皆反論〉
		〈人間の存在の三樣態と教育の三領域〉
昭和10年（1936）	第2輯	〈私の見たる人間の構造とその研究方法〉
		〈二程子の研究哲學〉

		〈假定としての辨證法的方法〉
		〈フイヒテの道德學に於ける形式主义の克服〉
昭和11年（1937）	第3輯	〈朱子の本體論〉
		〈辨證法的存在論と其立腳地〉
		〈知と行〉
		〈原始社會に於ける社會關係〉
		〈色彩好惡と色彩記憶〉
昭和12年（1938）	第4輯	〈時間・空間及辨證法〉
		〈道德的法則に於ける當爲的と價値的・形式的と實質的・普遍的と個別的〉
		〈辯證法的世界の倫理〉
		〈形態盤成績の民族的相違〉
		〈臺灣に於ける各族兒童智能檢查〉
		〈教育の可能と限界〉
昭和13年（1939）	第5輯	〈教育作用の規範「道」〉
		〈原始家庭〉
		〈義につぃで〉
		〈存在と眞理〉（洪耀勳）
昭和14年（1940）	第6輯	〈原始母系家族〉
		〈朱子の德論〉
		〈實存的道德の諸問題〉
		〈高砂族の行動特性〉
昭和15年（1941）	第7輯	〈教授作用と辨證法〉
		〈周易の政治思想〉
		〈朱子の禮論〉
		〈心理學に於ける刺戟と反應に就て〉
昭和16年（1942）	第8輯	〈朱子の認識論〉
		〈社會哲學試論〉
		〈未開民族の叱責〉
		〈社會的場と人格〉
昭和17年（1943）	第9輯	〈行爲現象學序論〉
		〈現代に於ける「信仰の自由」の問題〉

		〈人間精神に於ける感情の意義及び性質に就て（一）〉
		〈東亞新秩序と世界觀的基礎〉
		〈人格形成の科學としての教育科學の可能性とその方法〉
昭和19年(1945)	第10輯	〈大東亞新秩序の建設と教育問題〉
		〈社會的場と人格〉
		〈公と私との關係〉

第二章　啓蒙與民族主義之間：從張深切包含世界主義的民族主義透視日治時期啓蒙者的民族主義內容與認同觀

　　日治時期台灣啓蒙運動的原初動力，和明治啓蒙者與五四啓蒙者一樣，來自民族意識，也都肇始於救亡圖存的民族危機感。明治啓蒙者、五四啓蒙者與日治時期台灣啓蒙者，都因為民族面臨列強帝國主義的侵略與滅種的危機，而自發性地引進西方啓蒙思想傳統的理性主義、自由民主傳統、科學唯物論、社會主義等思想，做為建立新文化的藍圖，以圖改造舊社會為現代化社會，迎頭趕上西方國家。而引進西方啓蒙思想的同時，西方民族主義〔註1〕，也隨之被引介進來，將封建儒學傳統的三綱五常與忠孝節義思想，轉化為新

〔註1〕歐洲民族主義的肇始，與啓蒙思想的萌芽，幾乎同時。民族主義自其蓬勃發展以來，已經成為締造人類歷史的關鍵。誠如 E.J. Hobsbawm 所言：「想一窺近兩世紀以降的地球歷史，則非從『民族』以及衍生自民族的種種概念入手不可」（3）。啓蒙思想者英國洛克對個人與群體的闡述、法國盧梭的社會契約理論、亞當斯密的自由經濟理論、邊沁的功利主義等，共同塑造了 18、19 世紀英法的自由民族主義，對抗之前由貴族帶領的英法傳統民族主義。之後，歐洲各國熱熱鬧鬧地發展出各種民族主義運動與理論，法國大革命的雅各賓（Jacobin）民族主義與十九世紀的泛斯拉夫主義、泛日爾曼主義、義大利與德國的完整民族主義等，成為歐洲各國凝聚共識、迅速崛起的最佳途徑。十九、二十世紀之交，歐美民族主義概念的輸入，也引發東亞民族主義熱潮。日本大和民族主義、孫文提倡的中國民族主義、與日治時期台灣的「自治」與「民族自決」主張等，都是被現代歐美民族主義喚醒的產物。民族主義，成為建構現代國家的強烈情感因素，也成為各國之間矛盾與征戰的藉口。

式的民族主義思想，結合啟蒙思想的科學理性思想與自由平等博愛的普世價值觀，成為建構新文化主體，最深層的動力來源。

　　然而，民族主義強調民族的特殊性與集團性，並具有強烈的流動性、建構性、情緒性與變動性等特質，與啟蒙思想強調理性思維、科學精神、個性、人權平等普世價值的特質，基本上是互相矛盾衝突的。也因其根本的矛盾，民族主義往往被視為一種反啟蒙思想。而因為明治維新、五四運動、日治時期台灣啟蒙運動，都是在強烈民族主義的召喚下展開的文化啟蒙運動，強烈救亡圖存的民族意識，引領著這些啟蒙者參與啟蒙運動，以達到民族改造的目的。因此，當啟蒙者與民族主義者的角色發生衝突時，啟蒙者的啟蒙角色容易讓位給民族主義者的意識。如明治啟蒙者加藤弘之（1836～1916），從早期著《國體新論》大力宣揚西方天賦人權思想，到1882年著《人權新說》從進化論的觀點「闡明我們的權利絕不是由於天賦，而是完全在國家生存上逐漸進化發展起來的」（錄自土方和雄 111），180度的轉向成為明治政府攻擊民權思想最有力的武器。對加藤弘之而言，個人的獨立是為了實現國家的獨立，因此，啟蒙思想普世價值的理想性，必要的時候，必得先讓位給國家民族利益。其他的明治啟蒙者，在遭逢「民選議會」的議題時，也大多認為民選議會「為時尚早」，犧牲以個人為主體的啟蒙思想思考方式，也是民族集團性壓倒啟蒙思想個性與人權普世價值的例子。

　　然而，民族主義與啟蒙思想發生矛盾時，也有啟蒙者堅持啟蒙理念的事例。如在面對中國 1920～1925 年間反國民黨武力統一的「自治省邦聯」的運動時，胡適、梁啟超等，均持續其對啟蒙思想自由民主制度的信念，支持「邦聯分權主義」，在當時被視為支持國家分裂「軍閥割據」的局面，後來還被譏為「買辦文人」。但事實上，在「聯邦分權」的議題上，胡適與梁啟超，實為啟蒙者角色重於民族主義者的佳例。而啟蒙左派陳獨秀等所支持的「中央集權主義」，之所以能迅速壓倒胡適和平變革的主張，其所激起的激烈民族主義情緒，乃為最主要的原因。

　　日治時期台灣文化啟蒙運動，是強烈漢民族意識的產物。處在殖民母國與文化祖國認同的夾縫中，這些啟蒙者所抱持的民族主義內容究竟如何？大體上具有一致的共識，還是流派眾多、各行其事？當啟蒙理性精神與民族主義強烈的情緒發生衝突時，日治時期台灣啟蒙者，如何因應與取捨？張深切的民族主義思想，具體內容為何？又以何種意義反映了日治時期啟蒙者的民

族主義思想呢？而透過自稱為民族主義者張深切，對民族的見解與民族主義的主張，我們是否可以典型地看到，日治時期台灣文化啟蒙者，徘徊於啟蒙者與民族主義者角色之間所做的取捨？這些都是本章所要一一試圖解答的問題。

第一節　張深切民族思想的萌芽與成長期
（1917～1923）

　　二二八事件期間，張深切避居山中時，寫下自我辯護意味濃厚的《我與我的思想》；在自序中，他如此敘述自己的仇日情緒：「筆者生平最怕動刀筆，祇因和日本結了不共戴天之仇，有一滴的血，一絲的力，凡可以給敵人打擊的，都無不拿來做武器」（62～63）。類似這段對日本「我類」「他者」兩分明的文字敘述法，在戒嚴時期的鍾肇政、葉石濤、巫永福等台籍作家的作品中，也屢見不鮮。巫永福在1977／3為追思吳新榮所寫的〈沖淡不了的記憶〉中，也以類似的「漢賊不兩立」的用語敘述日治時期啟蒙者的民族意識：「我們在異民族日本人的統治下，我們這些一小撮知識份子，都有共同的意志及願望，要求台灣的進步，要求台灣的現代化，而透過藝術文化的運動使大家更堅持我們漢家兒女的傳統精神，不被日本人同化而為日本皇民，乃是我們不可否認的原則」（67）。抵抗台灣總督府專制的殖民統治與日人對資源的壟斷、對日本殖民者的敵對意識，當然是張深切與其他日治時期台灣啟蒙者奮鬥不懈的原因。但這種過分簡單「漢賊」二分法的敘述方式，基本上是光復後戒嚴時期的產物，和中國在抗日戰爭期間所凝聚出來的、以強烈仇日為基礎的民族主義口號如出一轍。而我們是否能依據這些啟蒙者在戒嚴時期所做的「漢賊不兩立」的敘述，便將日治時期啟蒙者的民族主義，解釋為類似二戰期間德、義以排除異族保存民族純粹性為目標的完整型民族主義？有關這點，從林獻堂等人曾寄厚望與日本人真正「內台融合」而熱心倡議1914年的「同化會」、1933年陳炘、楊肇嘉等與日本開明人士宮原武雄醫學博士等日人共同組成促進台日融合的「東亞共榮協會」、皇民化時期林呈祿與蔡式穀等啟蒙運動者曾改為日本姓氏等諸事例判斷，則答案恐怕未必完全如此。

　　日本接收台灣後，曾予於台灣人在1897年5月8日以前，自行抉擇是否接受日本國籍的自由。當時，有數千名島民，不願接受日本國籍，束裝遷回

內地，留下來的台民，雖然仍然武裝抵抗不斷，在形式上卻已經不得不接受成爲大日本國民的現實。張深切出生於日治時期的 1904 年，屬於第二代的啓蒙者，與較年長的啓蒙者林獻堂（1881～1956）、林幼春（1880～1939）、王敏川（1889～1942）、蔡惠如（1881～1929）、黃呈聰（1886～1963）等，出生成長於清朝統治的啓蒙者不同，並未曾親身經歷台灣割讓時的巨變。林獻堂與林幼春，曾在割台之初避難中國內地的，因而，其中國民族意識自始即清楚而強烈。另外，蔡惠如於 1914 年「台灣同化會」被迫解散後，憂憤變賣家產，到福州經營漁業失利，爲啓蒙運動與個人事業奔走於台灣、福州、東京之間，終生把台灣的希望寄託在祖國上，成爲日人警察眼中堅定的祖國派。而張深切除了 1910～1912 年三年間，短暫入塾學師事洪月樵（洪炎秋之父）之外，在成長背景中所受的是日文教育，1917 年因反抗被誣告說台語受罰而被日人老師毆打退學後，直赴東京繼續小學與中學教育，1924 年以關東大地震毀損青山學院校舍爲由，轉赴中國上海商務印書館附設之國語師範學校，這時才繼續學習中文。整體而言，張深切成長於日本教育體制中，及長才主動地學習中文，比起不諳日文的早期啓蒙者或不諳中文的年輕作家巫永福等，更有機會跨越兩個文化。張深切對兩個民族的觀察，也因此有較爲客觀分析比較的理性基礎。

張深切出生即爲日本籍、又成長於日本教育體系，他的漢民族意識並非由正規學校教育灌輸來，而是隱藏在他生活的點滴中，在遭遇歧視創傷以後爆發開來的。在張深切的自傳中，他提到自己的幼年教養：「我在一位典型的儒教徒，和一位典型的泛神論教徒的養育之下，成了一位典型的中國人。……我幼年期的生活，身穿中國衣服，嘴吃中國菜，口說中國話——閩南話，形神是十足的『支那人』……」（《里程碑（上）》118）。幼時，張深切與全家經歷剪辮子的事件，全家跪哭，在他幼小的心靈上，留下懵懂的印象。而就在這些生活的點滴中，在台灣社會仍在前現代階段、這樣充滿中國封建社會習俗與思想的氛圍裏，漢民族意識已悄悄地種在張深切的潛意識之中。張深切的養父張玉書，爲草屯殷實腦商，也是「櫟社」的成員，與林獻堂、林幼春均有往來。1914 年日本自由主義者板桓退助來台時，張玉書曾經加入資助其所號召的「同化會」，也曾對「內台」眞正平等同化寄予厚望，後來「同化會」遭總督府查禁，憂憤失望轉而崇拜孫文的學說。張深切說養母因哥哥參與武裝抗日行動爲日人所害，成爲「徹頭徹尾的民

族主義者，她痛恨日本，反對同化會，認為參加同化會是恥辱，是數典忘祖的行為」（《里程碑（上）》98），她理性、勇敢，持家甚嚴、卻常親自操持提供衣物食物給窮人或鄰居，曾因暗中資助 1915 年「西來庵事件」的起義者，差點受波及。養父母的漢民族意識，在無形中醞釀出張深切的漢民族意識。養母對張深切民族主義的影響尤其深，在 1946 年登載於《和平日報》的〈四篇小誄詞〉中，張深切指出：「我的民族意識，可以說由你【指養母】而覺醒，我的民族精神，也可以說由你而激發起來的」（《張深切全集卷三》273）。而日後張深切因抗日遭牢獄之災或避禍中國時，也是養母給予最大的精神與經濟支柱。

1917 年，張深切小學五年級時，遭同學誣告說台語被罰掃地，在未加思索的情況下，突然丟下掃把，發動幾個被罰掃的同學罷掃。他並對前來處理的日人老師說出，動物都有自己的語言，台灣人為何不能講台灣話等敏感話語。這事件可說是張深切民族意識的開端，雖然這時他仍未真正意識到國家民族的觀念。他如此自述自己此時，對國家民族觀念的全然無知：「我到了十四歲的時候，還不曉得國家是什麼？民族是什麼？昏昏沌沌過了日子」（《我與我的思想》64）。張深切遭到老師毒打退學後，在林獻堂的建議下，隨同林獻堂與林家子弟到東京，插班礫川小學五年級。在這段期間，張深切的民族意識仍是潛藏的，初到日本受到同僑的歡迎擁戴，對日本進步的艷羨，使他滿心想成為真正的日本人。他承認初到日本的前兩年，他已完全忘記自己的民族：「那時候，我自己常怨嘆，我為什麼不生為日本人？為什麼生做台灣人？以此引為遺憾。自民國六年至八年之間，我不但在形式上做過日本人，就是在精神上，也確實忘記了我是個黃帝的子孫」（《我與我的思想》74）。如果張深切一直如此受同僑歡迎、受平等待遇下去，難保他是否會轉變成為日後的民族主義者，或如皇民文學作家周金波一般，始終以成為日本人為榮。但是，1919 年十五歲熱衷劍道血氣方剛的張深切，因擊劍技術甚好、氣焰又盛，遭到日籍教師以不當搏擊法痛毆，並以「清國奴」之語加以侮辱。另一名維護張深切的老師，與這位蠻橫的老師激辯時，提到張深切是少數到內地的「台灣人」應該與予愛護。但無論是「清國奴」或「台灣人」的稱謂，都有如當頭棒喝。張深切這時才猛然清醒，意識到自己不是日本人，而湧現出亡國奴的悲哀，萌生強烈的民族意識。

1919 年，張深切小學畢業就讀豐山中學，卻因為強烈科學工業救國的想法，於次年在父親張玉書反對與自己也並不真正感興趣的情況下，堅持轉進東

京府立化工工業學校，以便日後振興科學救國。張深切為節省開支以防父親中斷學費，搬離寄宿家庭住進台灣學生宿舍高砂寮，因而更有機會與具有強烈社會主義色彩的彭華英、無政府主義者范本梁與後來活躍於啓蒙運動的林呈祿等人暢談時局，同時受蔡惠如強烈漢民族意識影響，成為日後張深切投身社會與啓蒙運動的基礎。1921 年，張深切因父親斷絕經濟來源，無法繼續學業，束裝返台。1922 年，經過父親的同意後，又回到日本，插班考進東京青山學院中學部三年級。這期間，在青山學院開明自由的學風下，張深切大量閱讀世界名著與各種文學、藝術、社會、政治思潮著作，並與張暮年等參加台灣人最早的新劇演出：《金色夜叉》與《盜瓜賊》，奠定他日後主要以新劇做為啓蒙活動的基礎。此時十八歲的張深切，已經是個具有清楚民族意識的民族主義者了。初生之犢的他，顯然已受當時社會主義啓蒙者彭華英與無政府主義者范本梁的影響，在啓蒙運動眾人熱烈展開「台灣議會設置請願運動」時，已高談闊論，主張「台灣是台灣人的台灣」、台灣應走獨立自由路線。

第二節　張深切受第三共產國際影響下的民族主義時期（1924～1933）

張深切斷斷續續的大陸求學經驗，使他有機會接觸其他留中的台灣學生，思想更為左傾，為解放台灣脫離日本帝國主義走上革命路線，與他們共組左傾的學生政治或革命團體。1924～1932 年期間，他的民族自決主張，事實上，是大致依循列寧對第三共產國際的指導模式形成的，也受孫中山民族主義的影響。根據列寧的說法：「我們要求民族有自決自由，即被壓迫民族有獨立、分離自由，並不是因為我們想實行經濟分裂，或者想建立小國，恰恰相反，我們是想建立大國」（53）。列寧主張民族自決〔註 2〕，並非放棄階級性，而是認為扶助境內與世界之弱小民族，才能推翻沙皇與資本帝國主義走實現階級平等的社會改造。張深切在 1924～1927 年斷續的留中期間，與同鄉組織學生革命團體：在上海就讀商務印書館附設國語師範學校期間與同鄉郭德欽、洪紹潭等共組「台灣自治協會」（1924）、準備就讀廣州中山大學期間與郭德欽、洪紹潭、林文騰、張月澄等成立廣東「台灣革命青年團」（1927），主張台灣應走獨立、聯合世界

〔註 2〕列寧提出「民族自決」更早於威爾遜的「十四點原則」。首次提出為 1896 年「倫敦國際社會主義工人和工會代表大會」，1903 年，俄國社會民族工黨第二次代表大會，將「民族自決」主張正式納入黨綱當中。

之弱小民族路線，達到改造世界的目的，後來在國民黨清黨時期「青年團」被列入左派團體禁止活動。雖然張深切在 1947 年二二八事件避居山中期間，寫下《在廣東發動的台灣革命運動史略》，極力與共產主義劃清界線，並附錄 1927／3／12 日其與郭德欽、林文騰、張月澄共同創作，以台灣革命青年團之名所刊的〈孫中山先生逝世二週年紀念敬告中國同胞書〉，證明該組織成員屬國民黨左派，是反對共產主義的三民主義信徒，也澄清自己是民族主義者，主張台獨只是權宜之計。但 1927 年，張深切以紅草爲筆名，在「台灣革命青年團」機關報《台灣先鋒》發表〈台灣怎樣要革命〉一文，卻透露他依循列寧主張的民族主義；他預測未來的文藝歷史，必走向解放全世界被壓迫階級與弱小民族：「二十世紀末的文藝歷史是什麼？就是全世界的弱小民族，被壓迫階級共同合作起來，打碎全世界的帝國主義的鐵鎖，完全享受民族解放，人民自治，自由平等，而且使全世界不再發生戰爭的歷史，這個歷史的第一頁，就是文藝歷史的開端，正是我們人類所希望的眞實的歷史」（《張深切全集卷 4》354）。在文章結束時，張深切充滿階級意識的呼聲反映其受共產第三國際影響下的民族主義思想：「革命啊！全台的被壓迫階級！最後我們高呼：台灣革命成功萬歲！世界被壓迫階級革命萬歲！」（355），這論調與孫中山比較不強調階級革命的民族主義主張並不盡相同。事實上，青年團的成員左右派都有，只要贊成支持台灣革命者都歡迎入會。張深切雖然未曾加入共產組織，革命思想卻偏向第三共產國際的主張。在 1931／7／4 刊載於《台灣新民報》第 371 號的〈鐵窗感想錄（三）孔子與老莊〉中，張深切也坦言：「在我一輩子讀過的汗牛充棟的書籍裡，使我最受感動的莫過於《共產黨宣言》、《辯證法》和《老莊》」。這時期的張深切支持列寧所倡議的各個弱小民族有權自決的民族主義，反對走與資本主義結合的民主主義路線與其溫和的議會設置請願運動，而主張台灣應走獨立路線，聯合世界之弱小民族抵抗帝國主義，最後達到世界各民族和平共存的目的。

　　1928 年，張深切因「廣東台灣革命青年團」事件，與林文騰、郭德欽遭台灣總督府起訴，一起被判刑服役三年。在 1928 年底到 1930 年中入獄期間，張深切又受列寧的「對舊學說從未間斷的注意」說法影響〔註3〕，大量閱讀中國諸子思想與聖經佛經等宗教書籍，思想卻因而逐漸轉向。張深切在二二八事變期間另一本爲自我辯護所寫的《我與我的思想》中，說自己在這段服刑

〔註3〕在 1931／6／27 登載於《台灣民報》的〈鐵窗感想錄（二）〉中，張深切提到「被關進監獄後，我開始對舊學說有了很大的興趣。……我格外受到列寧之「對舊學說從未間斷的注意」的影響」。

期間因閱讀這些古籍，「思想早已完全轉向，不但不能肯定馬克思哲學，竟然變爲他的反對者了」(80)。張深切此時雖已逐漸否定階級性，但仍未與共產主義完全劃清界線。但是，這些閱讀確實使他爲道家思想、馬克思主義、基督教與佛教之間，找到融通之處，解決他徘徊於各種思想間的衝突與矛盾，使他減低對階級性的強調。1930 年張深切帶領《台灣演劇研究會》，還因爲未曾實現在演劇中突顯階級性的諾言，遭到署名曝狂鐘的作者在《台灣新民報》(1930／10／18) 爲文攻擊：「……我們當初的期待是：一、將于停頓中的台灣無產階級鬥爭史上開一新紀元……／但是，他【張深切】不但不敢使他們【無產階級】認明他們的敵人，叫他們怎樣去解決他們的困苦！還且把他們的困苦，全部歸罪於天，於地、於什麼世間的無情」。張深切的民族主義者角色，事實上自始便重於無產階級革命者角色的份量，並非純粹馬克思主義思想信徒。只是，儘管不是純粹馬克思主義的信徒，此時的張深切，仍受列寧第三共產國際的影響，在 1931／6／20～1931／7／18 登載的〈鐵窗感想錄〉中，他大量使用共產主義的概念與用語，用佛教因果論解釋共產主義產生的正當性，將老子比爲馬克思、莊子比爲列寧，並呼籲：「一切政權應該歸向蘇維埃，同樣的，一切宗教也應該集中於蘇維埃才對／……我要主張的是我們應該聽從 xxx【疑爲馬克思】之指導，以 xxx 之主義爲無上圭臬，無條件接受這個思想」(1931／6／27)。1931 年，張深切受日警跟監刁難，難以有任何作爲，他因而以研究文藝之名，申請前往上海。旅居上海這段期間，張深切因寫作電影劇本與擔任報刊編輯工作均不順遂，1933 年返台。在這段期間內，張深切未曾參與政治社會運動。從他出獄一直到 1933 年受陳炘組「東亞共榮協會」影響前的這段期間，張深切的民族主義思想仍可被劃進受第三共產國際影響的時期；只是此時他已以道家的自然法則代替共產主義的階級性，而被曝狂鐘之類的左翼份子視爲資產階級的代辦人。

第三節　張深切民族思想的成熟期（1934～1965）：張深切自由思想文化民族主義所包含的啓蒙思想特徵與世界主義

　　1930 年代，台灣左右派啓蒙社會政治運動，在總督府強力的監控檢舉下，漸告沉寂。日本佔據東北退出國聯以後，急欲拉攏東南亞弱小國家，高唱「大

東亞共榮圈」的主張，右翼團體紛紛竄起，主張國粹主義、民族主義、大亞
細亞主義、皇道主義、八紘一宇主義等。這種趨勢也影響到台灣，影響所及
20年代參與啓蒙運動的左右派人士，有轉向大亞細亞主義〔註4〕的情形。1933
年台中州成立的「東亞共榮協會」，便是因應而起主張大亞細亞主義的團體之
一〔註5〕，由日人眼科博士宮原武雄與早期參與啓蒙工作的陳炘擔任理事，委
員包括日人田原哲太郎、今井昌治、渡邊國弘、日高茂、長岡寬、關根重憲
與台人張煥珪、黃朝清、楊肇嘉、葉榮鐘、洪元煌、張聘三等。陳炘與楊肇
嘉等人均爲「台灣自治聯盟」成員，他們促成「東亞共榮協會」，和當時大部
分台灣成立的右翼團體明顯不同，並非求取個人的顯達，而實爲在各種抗爭
活動不得施展的情況下，一種不得已而採取的新型抗爭型式，目的在利用時
勢促進日台人眞正地位之平等。1934年，張深切受陳炘請託，調節陳炘與楊
肇嘉之間的歧異，因而認識陳炘以退爲進與日鬥爭的策略與眞誠維護台民的
心意，並佩服陳炘懾服日人的魅力：「由於這次的遊說，我才深切地認識了陳
炘的人格，他確實眞心要爲台灣服務，眞心要爲民族貢獻他的一切，日人雖
常在背後批評他的是非，可是一旦到他的面前，便目瞪口呆，不知所云」（《里
程碑（下）》609）。「東亞共榮協會」與早期「同化會」的主張一致，都是日
台眞正平等的融合，而爲欲貶低、使役台民的日本右翼人士所仇視，因此，
成立之初即遭日本右翼人士猛烈攻擊，認爲日人與台人處於平等地位是日人
莫大恥辱。但「東亞共榮協會」的主張迅速獲得台民認同，1935年，會員已
達一萬多人。1934年，先前主張台灣獨立革命的張深切，出乎眾人意料之外，
進入「東亞共榮協會」機關報《台中新報》（後改名《東亞新報》）擔任記者
與編輯，1935年，並在擔任「台灣文藝聯盟」委員長的情況下，負責《東亞

〔註4〕大亞細亞主義是，日本幕府時代晚期由「攘夷」思想所發展出來的亞洲民族
主義，歷經明治維新時期深受西方啓蒙思想自由、平等、博愛觀影響的「古
典亞細亞主義」（亞細亞連帶論）主張聯合中、日、朝對抗白人勢力的擴張，
到19、20世紀之交，已發展成爲以日本爲盟主、富擴張性的「大亞細亞主義」，
並在1930年代以後，逐漸形成具侵略性的「大東亞共榮圈」的亞細亞主義。
日本主張亞細亞主義的人流派甚多，在中國也有孫文提倡亞洲民族平等的「大
亞細亞主義」與李大釗提倡以民族自決爲基礎的「新亞細亞主義」，在印度也
有泰戈爾呼應亞細亞主義。

〔註5〕其他主張大亞細亞主義的團體，至少還有「大同促進會」（1929／9／23），由
謝龍闓、彭華英、楊承基組成；「大亞細亞黎明協會」（1934／3），由台北前
文化協會與台灣民眾黨的左翼人士組成；「興亞學會」（1934／3），由基隆前
民眾黨幹部楊元丁等組成；台北市陳清波等所組之「大亞細亞協會台灣支部」。

新報》中部報社事務，直到 1936 年被日人奪取該報出版權並稍後停刊爲止。張深切堅持維護台民與世界所有弱小民族生存權的民族主義理念始終一致，但在台灣革命無望、眞正自治遙遙無期的情況下，乃轉而支持日台民族眞正平等融合的理念，其民族主義主張，與早年激烈革命民族主義時期，策略上有所不同，並且更具務實、世界性與客觀理性精神。

在 1935／5／1 出刊第二卷第五號的《台灣文藝》中，已成爲「東亞共榮協會」機關報《東亞新報》重要成員的張深切爲文〈「台灣文藝」的使命〉，一反 20 年代滿口台灣革命獨立的論調，轉而宣稱該雜誌目的之一，爲促進台日融合，進而使台灣成爲日華親善的橋樑，而有助於區域與世界和平：「咱們的使命不啻爲開拓荒蕪的文苑而重要，同時爲融合內台人之思想與情感，也是異常重要，尤有進者，咱們還能夠爲日華親善而折衝、爲東亞和平而貢獻，爲世界大同而助一臂之力的」（19）。如前一章所述，這當然是在總督府大力箝制下，配合日本「東亞共榮」政策的言論。但也因爲這個外在箝制，使張深切與其他啓蒙者，不得不客觀思考與日本民族眞正平等融合的可能性。在《東亞新報》被迫停刊之後，張深切蟄居家中一年，1938 年前往已爲日軍控制的北京，先後任教於「北京藝術專科學校」和「新民書院」。次年，受日人堂／脇中佐之邀，創辦《中國文藝》，該刊在張深切以不涉任何主義、以提高文化藝術爲苦悶人心帶來鼓舞安慰的編輯宗旨下，並成爲華北淪陷中期最重要的雜誌。1940 年，張深切因遭伊東教授等人密報在教室講解三民主義與反日理論，違反大東亞共榮圈政策，辭去教職，接著《中國文藝》改由山家亨少佐系統控制，又被迫離開，乃返回台灣。次年，張深切再到北平，進入日本社會運動家安藤氏所經營之「新民印書館」擔任編譯，1943 年，新民印書館在興亞院的壓力下，讓張深切自動辭職並通令各公教機構不得錄用，張深切以經商方式謀生，一直到日本戰敗，與洪炎秋、吳三連及其他台灣同鄉會成員，協助滯留華北台籍軍伕回台。

在 1934～1945 這段期間內，張深切一直受到日警嚴密的監控，必須配合日本大東亞共榮圈的政策。因此，他並不涉足政治宣傳，而在觸及民族議題時，改以客觀理性的基礎，倡議提高民族文化藝術水準的文化至上主義，以鼓舞當代人低沉的士氣，並從整個人類福祉的觀點出發，冀望促進各個民族間的平等共榮。這段時期，張深切的民族主義已轉變爲旨在啓蒙民智的文化民族主義，欲以世界人類的角度，爲台灣文化找到長久立足的基礎。早在

1934 年發刊的《台灣文藝》，張深切即倡議超越黨派與主義的眞實路線，目的
在建立立足於眞實台灣而非任何主義的文化，不讓啓蒙運動淪爲社會政治派
別的宣傳。在 1941 年張深切從北京返台期間，他發表〈偶成〉於《台灣文學》
創刊號，文章中他反省台灣啓蒙運動被扭曲爲社會政治運動，而錯失建立新
台灣文化主體的契機，批評啓蒙運動初期：「居於台灣之指導立場的上層階
級，過去由於過分熱衷於政治運動，因此忽略了文化問題，更放棄了台灣之
固有文化，也忘了將此活用之工作。雖然我們屢次提醒當時的指導階級，但
搞政治鬥爭搞得昏天黑地的他們，根本沒有傾聽我們意見的度量，更沒有虛
心接受的餘力。／後來，我們承襲疲於鬥爭的指導階級之後，建立起文化陣
容，但由於惰性未能更改，因而未能建立起鞏固陣營」（《張深切全集卷 11》
294）。從這個反省證實，張深切看出了文化對民族的永續影響，是有意識地
將文化啓蒙獨立於社會政治運動之外的。1939 年，他也以同樣的啓蒙理性平
等的態度，創辦《中國文藝》，希冀在人心苦悶意志消沉的淪陷區，以超越一
己一族的理性與自由平等精神的立場，編輯撫慰人心的純文藝雜誌。在 1940
年 4 月 1 日出版，第二卷第二期《中國文藝》的〈編後記〉中，張深切在已
受人事排擠的困擾下，向讀者愼重表白自己基於公正理性精神的編輯精神：
「假如《中文》【指《中國文藝》】一直繼下去的話，如果我還續當編輯的話，
我敢對作家及讀者鄭重的誓約一句：『《中文》絕不樹黨派』，仍以不偏不黨的
精神與諸位緊密提攜，向著公明正大的文藝路線走去……捨此，中文不配稱
中文，捨此中文也沒有存在的價值」（《張深切全集卷 11》250）。在 1940 年 8
月 1 日出版，第二卷第六期《中國文藝》的〈編後記〉，張深切在確定即將告
別該雜誌編輯工作時，更進一步明確指出，其編輯該雜誌所懷抱的世界胸懷，
呼籲個人應走出一族之私：「有人說：『惟有眞心爲中國人說話，在中國人立
場上說話的刊物是永存的。』可是我們要換一句話：惟有眞心爲東亞人說話，
在東亞人立場說話的刊物是永存於東亞的：惟有眞心爲人類說話，在人類立
場說話的刊物是永存於人類的」（《張深切全集卷 11》277～278）。在同期〈廢
言廢語〉專欄中，他清楚地呼籲該雜誌必須具有世界的抱負：「《中國文藝》
不應當跼蹐在中國裏頭，它應該要有廣大的價值和世界性，它應當要貢獻於
人類，要發展到世界去。這並不是一片的空想，也並不是爲要自慰的一種虛
望」（《張深切全集卷 11》294）。我們可以說，在 1934 年以後，張深切具務實
精神與世界胸懷的自由思想文化民族主義思想，已臻成熟。這個自由思想文

化民族主義主張，並非根基於以倫理文化做爲「夷狄」「華夏」之辨的傳統漢民族意識，也非如德、義以血源爲依據的完整民族主義，而是以啓蒙自由、平等、理性爲最根本依據的自由主義文化民族主義——雖然張深切並不眞的奉行任何主義。1934～1945 年期間，張深切的民族主義主張，是將希望寄託在日本所欲建立的世界新秩序上，由東亞各民族眞正的平等共榮開始，到世界各民族及全人類之眞正平等共榮，利用日本的虛假的和平共榮口號，達到其人類的和平共榮的眞正目的。

　　而在終戰後，張深切雖然轉向主張中國民族認同的民族主義，但他以全人類與世界觀點爲念，循著自由思想文化民族主義的路線並沒有改變。經歷二二八的創傷之後，張深切更從此不問政治，除了寫作電影劇本外，依循五四啓蒙右派北大學者胡適、俞平伯、顧頡剛、錢玄同、周作人、沈尹默等「整理國故」之路〔註6〕，潛心研究先秦思想，以同樣啓蒙思想的理性科學與疑古精神，企圖在先秦思想中找到與世界接軌的基礎。他主張將當代思想系統連接先秦思想的源流，以建立自己的民族文化：「我們的思想系統應當要緊接於先秦思想的源流，若不然，我們便不能有自己的民族思想，同時也建設不了自己的民族文化」（《我與我的思想》92）。張深切之所以認爲必須回到諸子百家思想的原因，在於它的開放與自由：「無論那一個國家民族，凡在其最解放而最肯接受外來文化的時代，最能創造偉大的文化」（《我與我的思想》92）。如此，張深切以啓蒙者理性科學批判的精神，1954 年撰寫出版《孔子哲學評傳》，對孔門建立起來的心性哲學傳統大加韃伐，出版後該書立即遭到蔣介石政府查禁。而另外，終戰後，張深切對促進中日民族間眞正的了解，心意也未曾改變過，他還因此撰寫了遺稿《縱談日本》一書，客觀剖析比較中日之民族性與民族精神，呈現日本民族習俗風尙與精神，並指陳出中日民族精神精美之處。

〔註 6〕1919 年 12 月胡適刊登在《新青年》的〈新思潮的意義〉一文中，便將整理國故列爲新思潮的四大綱領之一，主要有四點主張：一、對舊有的典籍與學術思想做條理系統的整理，二、找出各種學術思想的源起與因果，三、用科學方法做精確的考證，四、還原傳統學術思想的眞貌（11）。1920 年代的「整理國故」運動，主要根據的，就是胡適這四點主張的精神，以「科學精神」對舊有典籍與學術思想進行還原、整理與重立正典的工作。20 年代胡適、俞平伯對紅樓夢加以考據研究的「新紅學」，顧頡剛、錢玄同、周作人、沈尹默等對中國歷史與經書的「疑古派」研究，都是「整理國故」運動具體的成績。

第四節　張深切對民族建構性的認知與皇民化時期 台灣啓蒙者對民族建構性的體認與國族 認同

　　張深切在自由主義文化民族主義成熟時期，依據啓蒙思想的理性精神，客觀地探討民族源起、民族性與民族精神的差別、戰爭與和平的議題。在 1943 年登載在《華文大阪每日》的文章〈民族精神與民族性〉中，他清楚指出民族的建構性：「我以爲民族可以用兩種的觀察來給它規定：一個是客觀的概念，一個是主觀的概念。客觀的概念，是以人種或類似型爲根據其所屬的民族；主觀的概念是以信念或精神爲根據來肯定自己所屬的民族。前者是以物型爲對象，後者以意識爲信念」(《我與我的思想》198)。也就是，張深切將民族的源起，大致分爲兩類：因血緣、宗教、地理環境、文化習俗等客觀因素自然形成的民族，以及因近似的理念主觀刻意結合而成的民族。以主觀意識爲念結合而成的民族，爲有意識地建構而成的。張深切提到客觀形成與主觀形成的民族的分野時，其實正是在日本殖民的現實下，思考台日民族主觀刻意融合的可能性。這種因信念而主觀結合成民族的說法，呼應現代民族主義學者 Eric J. Hobsbawn 的民族形成概念；Hobsbawn 認爲對某個既存政體的認同與歸屬感是促成原形民族主義（proto-nationalism）重要的關鍵。在張深切看來，「民族應當以血緣爲體，以信念爲精神，如果離開了血緣，就需以信念爲依據，要之民族是血緣或血緣近似的人類集團，由其文化與智識的發展進步，而希求形成共同體或社會國家……」(《我與我的思想》199)。張深切所衷心期盼的是建立以血緣爲依據的民族國家，但在台灣獨立革命無望、祖國情勢混亂自顧不暇的情況下，只能屈服現有的殖民體制，而期望與血緣文化近似的大和民族，在自由、平等、互助、共榮的信念基礎上，推動亞洲民族主義，融合建立新的民族。張深切寫這篇文章主要目的，在區分民族性與民族精神的差別；他將社會國家所形成的共通性或共通精神，分別稱爲民族性與民族精神，認爲民族性是生存本能，帶有利己與自私的指向，而民族精神則爲民族理性與道德的指引。他主張以民族精神指導、改造民族性，消弭民族間因自私的民族性引起的爭端。他所期許的民族，正是以民族精神的理性與道德爲指標的民族。

　　張深切的這種民族建構觀，容易被指斥爲漢奸，在終戰後成爲禁忌；走

過日治時期的啓蒙者，鮮少有人願意承認自己曾經贊同過陳炘等「東亞共榮協會」或「大東亞共榮圈」的亞洲民族主義理念。但是，從賴和（1894～1943）坦白的自述與吳新榮（1907～1967）在日記裡透露的真心話，我們理解到日治時期啓蒙者對民族的建構性，其實是非常清楚意識到，而且積極在思考台民的民族與國家歸屬問題的。這點，與今日紛紛移民避難美國的第三世界知識份子，又有何不同？被一般歸為祖國派的賴和，在關心子女就學問題時，回憶起自己求學階段學日文的情形，寫下〈無聊的回憶〉一文，字裏行間對日人所佔的優勢有不平之鳴，卻嗅不出對日語或日本民族文化有排斥的意味：「當時先生教給我們日本話，不像現時這樣用力，每天只有一點鐘功課，又是用土話講解，且沒有強制我們說，所以說話的能力，很是劣拙，到畢業後還不敢向日本店舖買東西，因不會說他們的話怕受到欺侮。同時我也無理由地怨恨起先生來，在我幼稚的觀念裏，我認定他們像是怕教會我們。因為若教會我們，便於他們的利益上有損失，所以不大盡力罷／現時不知什麼樣子。當時的台灣人先生，很多抱著不平，嘗說一樣的勞力，得不到人家半分的報酬。所以我也曾傷心過為何不做日本人來出世」（《賴和全集》240～241）。賴和陳述自己少時曾努力學習日語的情形，目的顯然在同化於日本、以免於受到欺侮，他並和青少年時期的張深切一樣，都曾經希望生為日本人。而他們最後卻都走上以不同方式與日本殖民者對抗之路，實際上乃是在現實世界裡，遭遇日人歧視與不平等對待的結果。另外，中台灣活躍的啓蒙者吳新榮，為 1935／6／1「台灣文藝聯盟」佳里支部成立時的發起人之一〔註 7〕。他在 1938／1／19 日記中，也為同化找到「方便」、「必要」的合理化根據：「我們每天做完了工作，就脫下西裝與皮鞋，換上和服和木屐、半天過和服生活；吃醃蘿蔔、味素湯、生魚片、日式火鍋。又以家中設有他他米寢室為榮。而後以日本話談話，用日文寫作，最後以日本式的方式來思考。一切只為了方便。『方便』與『必要』成為同化的不可缺條件。我們是被方便與必要所迫，而被同化的台灣人。任何人都認為我們是日本人。恐怕大和民族形成以前的日本人，也是如此吧」（《吳新榮選集二》142～143）。吳新榮這段話，顯示他充分意識到民族的建構性，並且已經在思考同化於大和民族的可能性。在皇

〔註 7〕 1935／6／1「台灣文藝聯盟」佳里支部成立時，有張深切、林茂生、葉陶、郭水潭、吳新榮等啓蒙運動者參與。吳新榮在 1935／8／11 台灣文藝聯盟大會時，還被推舉為選舉委員及宣言起草委員。

民化時期，1940／11／25「台灣精神動員本部」公佈「台籍民改換日姓名促進綱要」後，漸有士紳響應改名，醫生改名的比例與其他行業相比相對較高。此際，身爲醫生的吳新榮，也考慮過改日本姓爲「新榮」或「延岡」。在他 1944／1／26 的日記中，他記載自己訪宿儒林泮請教民族問題，得知自己祖先也有改姓的情形，因而認爲改姓也未嘗不是創新天地的契機：「從林泮先生的指示，我得到關於創姓或改姓的新見解。即周人吳太伯逃避江南而創吳，故他非天生姓吳。……但他的子孫到入墨爲止，與南蠻雜居，故吳姓已非純粹的黃帝漢族。而延續到現在，父親萱草氏也是從謝家轉入吳家，所以我們已非純粹的吳姓子孫。則我們創姓新姓，以新民之姿創建新天地，亦屬當然之事」（161）。吳新榮的日記，透露皇民化時期啓蒙者糾葛在殖民母國與文化祖國間的民族認同困境，也透露至少部份啓蒙者在從對民族建構性的體認當中，找出合理化總督府強制下的皇民化政策的理由，而已有改姓名創造新契機的準備。而也就是在這樣的動機下，在改姓名的士紳中，除了大部分的順民派之外，有早期啓蒙運動者林呈祿（歷任《台灣》、《台灣民報》、《台灣新民報》編輯）改名爲林貞六，蔡式穀（曾任「台灣文化協會」理事、文協台北支部主任、「台灣議會期成同盟」理事、「台灣民眾黨」顧問）改名爲桂式穀，陳萬居改名爲勝田恆弘，張暮年改名爲長岡茂。

　　比較年輕的文藝家，成長於已轉型爲工業化殖民地資本經濟的台灣社會，對日本民族認同，則更少有困惑的情形。撇開只愛日本女性的翁鬧和強烈日本認同的皇民文學作家周金波、陳火泉不提，生長於同化或皇民化時期的作家，其所表現的漢民族意識並未與日本民族國家認同牴觸。如張文環在 1937／11／30 發表於《台灣日日新報》的文章〈教育和娛樂〉中，提到在東京遇見一對來自北大的中國夫婦到日本研究，介紹他們日本能劇時，對自己所知有限感到慚愧，因爲：「從小孩時代一直到大學接受日本教育，又是文學系的出身，卻不懂自國的藝術，這種事情，實在很難說出口」（11），張文環當時以日本人自居，認爲「本島人至少也應該對通俗的民眾藝術有所理解才是。這也正是理解我國國民精神的一個途徑，一個手段」。在此處，張文環所指的「我國」，正是日本。另外，呂赫若也以日本名呂田鶴子、呂緋紗子爲四個中的兩個女兒命名。龍瑛宗則 1942 年擔任半官報《台灣日日新報》編輯，並於同年與西川滿、張文環、濱田隼雄一起代表台灣參加「第一回大東亞文學者大會」，他同樣未曾表現出民族認同的困惑。整體而言，到了 1940 年代，日

本的殖民統治，已慢慢使早期啟蒙者與年輕的文藝家，在對民族建構性清楚的意識下，以同時保留漢民族意識為前提，明確地接受日本化／現代化的國家民族認同。

第五節 啟蒙理性與民族特殊主義（particularism）之間：張深切與日治時期啟蒙者包含世界主義的民族主義主張、其國族認同及亞洲民族主義

一、日治時期啟蒙者包含世界主義的民族主義主張

如前所述，至少在 1930 年代中期以後，張深切的民族主義主張，不具排外性，而包含以人類全體為念的世界主義。張深切的民族思想所包含的世界主義，其實是屬於他的時代的，他與其他日治時期啟蒙者，都無法脫離這種時代的論述氛圍：除了受日本提倡亞洲民族主義至「東亞共榮」的主張影響外，那是在西方啟蒙思想本身即包含的世界主義的影響下，逐漸成形的民族主義。日治時期台灣文化啟蒙運動因漢民族意識而起，啟蒙的目的在於使台灣社會擺脫封建社會與被殖民剝削的雙重枷鎖，立足於現代化的世界之上。因此，啟蒙的理性精神人權思想，理論上與實際上都是強烈民族情緒的指引，使台民對日本殖民者的抗爭，脫離 1915 年「西來庵」事件以前「義和團」盲目排外式的武力對抗，進入新形式具現代思維的理性對抗階段。1920 年代早期所引進的現代思潮，主要為英法德的自由人權民主與理性科學的啟蒙傳統，因此早期的啟蒙者的民族思想，普遍具有啟蒙自由平等人權的普世價值觀，並具有以整個人類為思考角度的世界主義。如此一來，啟蒙思想自由平等博愛的普世價值觀與隱含的世界主義，儘管以歐洲文化價值觀為最終判斷的標準，往往成為西方帝國主義者做為侵略落後國家的藉口、而具有擴張性，卻也沖淡了民族主義容易產生的排他性與其特殊主義（particularism）所具有的獨斷和狹隘，使早期受自由主義影響的啟蒙者，採取溫和體制內的抗爭形式，主張自治與設置台灣議會，其民族主義路線可被囊括在自由主義民族主義的範圍。而 1920 年代中期以後，左派崛起主張社會改造，主要從事農運與工運等階級運動，並有無政府主義者主要參與新劇活動。部分激烈的左派團體：台共與廣東「台灣革命青年團」，受共產國際扶助弱小民族獨立自決的政策影響，結合社會改造、階級鬥爭與強烈的民族情緒，主張台灣聯合世界弱

小民族達成獨立目標，終至解放全世界被壓迫民族與被壓迫階級。因此，整體而言，受社會主義影響的左派啓蒙者，著重的是階級運動與社會革命，結合民族主義時，並未強調民族的特殊性與排他性，而主張融合世界各民族文化的精華，形成適合全人類的嶄新文化。除此外，大部分日治時期台灣左派啓蒙者，並非純粹馬克思主義信徒，如王敏川、張深切（指「台灣革命青年團」時期），大多同時受啓蒙自由主義傳統平等與人權思想的影響，其民族思想中也多包含懷抱全人類的世界主義成分。

　　而由於在國籍上隸屬於日本，除了少數主張獨立的革命份子以外，這些啓蒙運動者基本上接受作為日本國民之事實，以及日本政府倡議的亞洲民族主義與東亞共榮的構想，並支持日本政府以台灣做為日華親善橋樑的主張。被歸為祖國派的王敏川 1924／10／11 發表於《台灣民報》的〈宜重理智論〉，所表達的日本國籍認同、亞洲民族主義與世界主義，相當能代表整個日治時期絕大多數台灣文化啓蒙者的民族思想：「我台灣雖係漢族，那是國籍已經隸屬於日本的，應該著任國家双肩的重任，竭力圖日華親善為第一要務。……以護脣齒的健全，這是我台灣青年第一天職，同胞宜早覺醒。／……現在我台灣所該覺悟的，正因以青年的地位是不可自限於台灣的，須進而做東亞的青年，也是進而為世界的青年……」。深感亡國奴悲哀的日治時期啓蒙者，一方面在日本殖民事實的屋簷下，不得不低頭，一方面深受西方啓蒙思想理性人權平等普世價值觀的影響，轉而期許在台灣與大和民族眞正平等，並將眼光放遠至東亞至全世界民族之平等。在 1924／10／1 登載於《台灣民報》的〈宜注重實力的社會〉一文中，王敏川推崇板垣退助「同化會」的精神，希望在體制內推動民權與民族平等，也相當能代表絕大多數日治時期啓蒙者往日本民族國家認同推進，以爭取台民眞正平等地位的做法：王敏川自云推崇板垣退助「決不是僅因為他是明治維新的元勳，就來頌美他，因為他是提倡重民權，排斥人種的差別待遇，……」。王敏川這樣的民族平等觀與包含世界主義的民族主義，普遍存在於不論被日人警察視為祖國派、折衷派、或社會主義者的啓蒙者的思想中。

　　即使如被日警視為頑強祖國派、孫中山三民主義忠實信徒的蔣渭水，在 1924 美國通過移民排日法案之後，一片對白人同仇敵愾的亞洲民族主義共識聲音中，也在《台灣民報》發表文章主張日華親善觀念與亞洲民族主義，以期達到世界和平之境。在登載於 1925／8／26《台灣民報》的〈五個年中的我〉

一文中，蔣渭水指出台灣人負日華親善與世界和平的使命：「台灣人負有做媒介日華親善的使命。日華親善是亞細亞民族聯盟的前提，亞細亞民族聯盟，是世界和平的前提，世界和平是人類最大的幸福，又且是人類最大的願望」（45）。1927／3 蔣渭水又發表〈我的主張〉一文，主張大亞細亞聯盟，以阻止白人優越感的瀰漫破害了世界和平：「我們因愛世界和平，須打破這個世界不和的原因，也就是白人優越感的迷蔓。達此目的唯一的手段即是大亞細亞聯盟，其唯一的主義是大亞細亞主義」（《台灣社會運動史第二冊》128）。蔣渭水雖是頑強的祖國派啓蒙者，卻也是務實的改革者，他支持日本所主張的日華親善、大亞細亞主義，來阻止白人優越感，並以台灣做為日華親善的橋樑，肩負世界和平的使命。在 1927／3 所寫的〈我的主張〉中，蔣渭水清楚地表達經由大細亞主義，達到世界主義與世界和平的理想，將台灣視為世界和平之鑰：「要之，我的主張是：（一）世界需要和平（二）想求世界和平，要先打破白色人的優越感（三）要打破白色人種的優越感，需組織大亞細亞聯盟（四）大亞細亞聯盟的前提需策劃日華親善（五）做為日華親善的媒介者，最適任的應屬台灣人。（六）因此台灣人可以說掌握著通往世界和平第一關的鎖鑰」（林書揚 128～132）。

另外，屬於折衷派的蔡培火，於 1928 年出版《與日本本國民書》，向日本本國人民投訴台灣總督府對台民的種種不平等政策的同時，也充分顯露日治時期折衷派啓蒙者，深受西方啓蒙思想中、自由平等人權普世價值觀影響的民族主義主張；他秉持啓蒙理性自由人權思想為其民族主義主張的基礎，不排斥隸屬日本國籍，呼籲日本本國人民必須去除大和民族的優越感，用普遍人性取代民族性差異，平等對待台民，以消弭台日民族間的仇恨心。在書本一開始，蔡培火便開宗明義的指出，自己是以平等的人類的身分對日本本國國民說話的：「余為三百八十萬台灣人之一員，擬向日本本國六千萬同胞，坦述余之心情。余敢稱異民族之諸君為同胞者，非僅以有同一國籍的關係，乃以互相具有人格，切愛和平與自由之人類同志，故作如此親愛的呼稱也」（1）。蔡培火直接跳過民族差異，以平等人類的立場，與日本本國國民說話。在書中，蔡培火表達台民祖先追隨明鄭，對清朝並不關懷，對日本接管也無特別恩怨或恐懼，只是對日本大和民族不肯平等對待之，而不斷以台灣人民族性有嚴重缺點為由，不肯將大日本帝國憲法所賦予本國人的權利給予台民一事，大聲呼籲日本本國國民應對台灣總督府加以譴責。蔡培火並警告日本

本國國民，若不打破民族偏見，以平等之人類的立場給予台民人權，台民可能將永遠無法甘做日本臣民，日本也不只會受到美國的歧視而已：「萬一不幸，諸君亦與台灣的官僚等同樣對我們做無理的要求的話，台灣的民眾為此，或者永遠地，不可能與諸君同樣作為日本的臣民吧！諸君若仍要誇大所謂大和魂的特別國民性，而不顧及普遍的人性，則諸君的碰壁之處，必不限於美國大陸，此乃余從道理而敢豫言的」（45）。蔡培火在此書中，以啓蒙普世的人權價值觀為基礎，明白主張人性的普遍性應高於民族的特殊性。

　　整體觀看日治時期台灣文化啓蒙者的民族主義主張，基本上，在現實政治的考量與啓蒙理性共相思維的影響下，他們持全人類觀點與世界主義的立場，反對排他性民族主義與民族主義產生的特殊主義主張。他們多支持日本政府日華親善策略，認為台灣應走的民族主義之路，是由台灣島內與大和民族真正的共榮，再推至亞洲各民族真正的共存共榮以對抗白人的侵略，再達到世界各民族和平與平等之境。日治時期台灣文化啓蒙者，反對民族主義容易產生的狹隘排他性與特殊主義的情形，可以以 1923／2／1 蔡敦曜（蔡惠如之子）發表於《台灣》第 4 卷第 2 號的〈民族精神之弊害於人類〉一文做為極端的代表。蔡敦曜的這篇文章，根本直接攻擊民族主義的弊端，他認為「蓋夫萬惡之根源乃由民族精神所由生者也，人類所罹之苦痛悲哀，其大多數具所從出者也」，蔡敦曜認為民族主義為人類歷史萬惡的根源，在講求智力、平等、公正、和平的當代文明社會，已經是良心所不許的事。他主張人類其實應該放棄民族主義，才能漸臻大同之境。

二、日治時期啓蒙者的國族認同：漢民族意識與日本國籍的重疊

　　依據日治時期 1920 年代啓蒙者對台灣國族認同走向的主張，一般可將日治時期啓蒙者分為祖國派、折衷派、社會改造派、革命獨立派。屬於祖國派的有蔡惠如（1881～1929）、王敏川（1889～1942）、蔣渭水（1891～1931）、連雅堂（1878～1937）、林幼春（1880～1939）、賴和（1894～1943）等，他們都生於清朝統治時期，歿於終戰前，大多未完全經歷台灣總督府熾熱的皇民化運動時期，喜歡身著漢服、說漢語，開口閉口都是祖國，對祖國懷抱濃厚的鄉愁意識。他們雖然承認日本國籍、支持日本政府的大亞細亞主義，卻將台灣前途寄託在與中國的連結上，與蔡元培、胡適、梁啓超、魯迅等中國啓蒙者均有聯繫，呼籲其助台人推動獨立自主運動。屬於折衷派的有林獻堂、蔡培火、林呈祿、楊肇嘉等，在地主資產階級的啓蒙者中為數最多，他們雖

然具有強烈的漢民族意識，但對中國前途多有疑慮，不排斥與日本同化，主張走自治議會路線，將台灣的希望寄託在於被日本殖民的現實下、建立歐美式民主自治的體制當中，最終達至台民真正的自治。社會改造派為社會主義者，連溫卿、蔡孝乾、許乃昌、台共謝雪紅、無政府主義者等。他們受馬克思主義、共產主義或社會主義思想所影響，在 1920 年代中期至 1920 年代結束期間，掌控「台灣文化協會」，致力階級革命，同情農工無產階級，主張階級革命先於民族革命，以社會與政治運動的方式，推行其理念。少數屬於革命獨立派的啟蒙運動者，為張深切、郭德欽、林月騰等「廣東台灣革命青年團」成員，主要依循第三共產國際與孫中山支持世界弱小民族獨立自決的主張，結合階級革命與民族獨立運動，主張「台灣是台灣人的台灣」〔註8〕，走武裝革命的路線。但日治時期台灣啟蒙者儘管有這些派別之分，事實上，除了革命獨立派之外，無論是祖國派、折衷派或社會改造派，都承認並接受台民具有日本國籍的現實，而在不同方式與程度上，同時抱持強烈漢民族意識、日本國籍認同與世界主義的胸懷，支持日本政府的大亞細亞主義的主張。

　　而至 1930 年代以後，由於所有左右派社會政治運動被大力壓制而至沉寂，加上在生活習慣、語言、社會型態等各個面向越趨同化於日本，對中國隔離日深、並對其混亂積弱的局勢不抱希望，「台灣文藝聯盟」、「東亞共榮協會」與「台灣地方自治聯盟」的啟蒙者，對台灣國族認同與民族主義主張，更是普遍採取利用日本大亞細亞主義虛假的民族平等口號，爭取在台灣島內與日人真正平等共存，進而推展至亞洲各民族真正的共榮共存，再達到世界各民族真正的平等和平共存的方式。啟蒙者雖然深惡台灣總督府歧視的殖民政策，但衡量整個局勢以後，除了相對少數選擇回歸中國加入國共組織的青年擁有毫無疑義的中國國族認同之外，前往中國境內保持日本國籍的知識份子，如洪炎秋、張深切、吳濁流等，以及大多數留在島內的啟蒙者，均在保持強烈漢民族意識的前提下，大致接受日本國族認同與日本政府的東亞共榮主張。到皇民化時期，遑論皇民文學作家周金波、陳火泉等人，年輕一輩的作家張文環、龍瑛宗、呂赫若、王昶雄等，已經很自然的接受日本國籍；一些早期積極的啟蒙者，甚至

─────────

〔註8〕根據《台灣總督府警察沿革誌》中卷，「台灣是台灣人的台灣」口號是「廣東台灣革命青年團」機關雜誌《台灣先鋒》第一期所登載的口號之一。其他的口號還有「打倒日本帝國主義」、「打倒日本資本主義」、「打倒日本陰謀的亞細亞大同盟」、「打倒日本愚民政策」、「打倒封建社會制度」、「台灣革命成功萬歲」、「中國革命成功萬歲」「東方弱小民族解放萬歲」等等。

改爲日本姓名，準備另闢新天地。但值得注意的是，接受日本國籍與改姓名並
非意味著，這些啓蒙者已轉變爲，如林熊徵、辜顯榮、陳中和等親日派的順民。
他們堅持站在台灣人立場發聲，與順民派逢迎的論調不可同日而語。任舉舊儒
白壁甫在《風月報》第一百期紀念所作的文章，做爲親日順民派論調的代表：
「……我　皇上陛下勵精圖治。……況乎我國列聖相承。萬世一系。昭垂悠
遠。……」。如此，開口皇上，閉口萬世一系，完全忘記自己漢民族血緣的阿諛
論調，並未出現在日治時期啓蒙者的文章之中。

三、日本的亞洲民族主義主張與對日治時期啓蒙者民族主義主張的影響

　　日治時期台灣文化啓蒙者所持的民族主義，之所以不具特殊主義並包含
世界主義的原因，除了與日本殖民政府大力的引介世界各國的訊息與深受啓
蒙理性、自由人權思想的影響所致以外，與日本政府的亞洲民族主義、東亞
共榮的構想，有很大的關聯。由於亞洲各民族長期受到白人帝國主義的侵略，
19 世紀中葉以來，新亞洲文藝復興運動逐漸在中國、日本、印度、越南、緬
甸、馬來亞、新加坡、菲律賓等各地區興起。日本經過長期醞釀，也發展出
頗具「選民」（chosen people）意味的大和民族主義，頌揚因「萬世一系」天
皇制所塑造的大和魂。1905 年，日本在日俄戰爭中獲勝，打破白種人優於有
色人種的神話，鼓舞亞洲各民族對抗白人帝國主義的意志，而對日本寄予厚
望。一直到日本在二戰期間侵略亞洲各國之前，亞洲各弱小國家對日本領導
亞洲人對抗白人，都給予相當的支持。1942 年日本侵略緬甸時，Thakin Nu 表
達了對日本希望的幻滅：「……這些事使我們厭煩西方的統治，我們所想要的
是領導者。而日本是似乎唯一能對抗西方的東方民族，我們對日本的領導深
具信心與期待。於是，我們爲日本人找藉口。認爲他們做事情一定有原因；
各種指控可能不是眞的。因爲無論如何，我們只能夠仰賴日本幫我們脫離西
方的統治。因此，緬甸人不願相信所有反日的宣傳」（"These things made us
impatient of western rule and all we wanted was a leader. The Japanese seemed to be
the only eastern people that could hold its own against the West and we came to look
confidently to Japan for leadership. So people made excuses for the Japanese. There
was probably some reason for what they did; the various charges might not be true,
and in any case it was only to Japan that we could look for freedom from western

rule.' So Burmans were very reluctant to believe anti-Japanese propaganda.）（Asian Nationalism in the Twentieth Century 198）。

就是在這種殷切期待日本領導亞洲各弱小民族脫離白人殖民統治或侵略的心態下，當 1924 年美國聯邦政府通過制定排日移民法、全面禁止日人移民美國時，中國國務總理唐紹儀、印度詩人泰戈爾等政治與知識份子，挺身譴責，台灣啓蒙份子也同仇敵愾地對美國加以撻伐，紛紛表態支持日本政府的大亞細亞主義。當時發表於《台灣民報》的〈人種問題和亞細亞文化聯盟〉（第 25 號）、〈東洋人聯盟的目標〉（第 25 號）、〈由酣睡中大亞細亞的覺醒和白人侵略的抗拒〉（第 26 號）等文章，都一致表達美國排日不僅爲排日，而是壓迫所有東洋人，而只有藉由亞洲民族聯盟，才能與白人抗衡、彰顯正義得到世界和平。事實上，迫於白人氣焰高張殖民勢力強大的國際情勢，在日本政府同文同種的號召下，日治時期台灣啓蒙者對日本建立平等新秩序的誠意，雖然不無疑慮〔註9〕，但卻也只能將希望寄託在大亞細亞主義與建立東亞共榮的新秩序上。如是之故，才連祖國派的王敏川和蔣渭水，都表態大力支持日華親善與亞細亞聯盟，而於 1930 年代，陳炘、楊肇嘉與日人宮原等所共組的「大東亞共榮協會」，也因此才能迅速號召萬人入會。1938 年 11 月日本政府發表史稱「近衛聲明」的「大東亞新秩序」宣言，欲樹立「中日滿三國相互提攜」建立政經文化互相連結提攜機制，又於 1940／8／1 首度明白指出「大東亞共榮圈」的名稱與大東亞之範圍〔註10〕。也同樣基於對日本「帶領亞洲人抗衡白人、建立世界新秩序」寄予期望的理由，張深切在 1940／6／1 出刊的《中國文藝》〈廢言廢語〉一欄，持肯定態度而語帶贊同：「東亞新情勢的進展，由近衛公的再出馬，愈呈積極化了，新秩序的建設與新體制的確立，也跟之愈形強化了」（《張深切全集卷 11：北京日記·書信·雜錄》275）。包括張深切的日治時期啓蒙者對日本政府大亞細亞主義的缺乏誠意，自然了然於心，但他們利用時勢，欲使日人假戲眞做，促成眞正的民族共榮。這點可由張深切對「大東亞共榮協會」成立過程的敘述中，清楚地看到：「我們明知

〔註9〕 如 1926／9／5 登載於《臺灣民報》的評論〈亞細亞民族大會的矛盾〉一文，便指出日本「全亞細亞協會」爲信仰日本主義的右傾團體所組成，非爲左派社會主義者，也非自由主義者，質疑它不可能爲亞細亞被壓迫民族付出。

〔註10〕 近衛首相所指的大東亞共榮圈的範圍，包括中國、朝鮮、日本、滿洲國、法屬中南半島、荷屬印尼、新幾內亞等大洋洲及澳洲、紐西蘭、印度及西伯利亞東部等地。中日滿爲經濟體，東南亞爲資源供應地，南太平洋爲國防圈。

所謂大亞細亞主義是假戲，但偏要把這假戲眞做，利用局勢和宮原的矛盾，做些我們想做的事」（《里程碑（下）》629）。而日治時期文化啓蒙者，除了配合日本政策之外，對日本政府的東亞共榮圈主張，其實也和其他亞洲弱小民族一樣，是依舊寄予期望的。

第六節　結語：張深切的自由思想文化民族主義與他的時代

　　在被殖民情境下的現代化過程中，日治時期台灣文化啓蒙運動，爲民族主義情緒所觸動推展，因此，民族主義的情緒主義雖與啓蒙思想的理性主義，看似牴觸，但卻是日治時期台灣文化啓蒙運動一個重要的面向。這點與明治啓蒙與五四啓蒙運動，爲強烈民族主義情緒所啓動的情形是相同的。日治時期的民族主義，從1895～1915年間武裝抗日的排他式民族主義的失敗，到逐漸現代化之後，受西方啓蒙思想重視普遍人性而非民族特殊性、與社會主義不主張「自己」的民族文化而主張整合世界每個文化的精華合成世界文化的主張所影響，日治時期啓蒙者將世界觀與人類整體納入民族主義主張中，形成一股自由包容與建構式思維的民族主義思潮趨勢。而在整體日治時期啓蒙運動的自由包容的民族主義趨勢中，列寧與威爾遜的「民族自決」理論與孫中山1923～1924年間的「民族自決」主張都參雜其間，鼓舞了這些左右派啓蒙者，分別朝建立台灣議會期成自治與階級革命民族獨立的方向推展。但不論路線爲何，日治時期台灣啓蒙者的民族思想，都普遍受到啓蒙思想傳統中自由民權普世價值與社會主義較著重社會改造而非完整型民族主義的影響，有濃厚的理想主義與世界主義色彩，比較不具排他性與特殊主義，因而能接受板垣退助以來立足點平等的「同化」「共榮」主張，支持日本的東亞共榮政策與大亞細亞民族主義理念。這些啓蒙者普遍希望，推展全世界被壓迫民族之解放，而終致世界所有民族的和平共榮共存。

　　而當然，1930年代以後的張深切與其他日治時期台灣文化啓蒙運動者，之所以未循著孫中山「興中會」「同盟會」時期排他性「驅逐韃奴，恢復中華」的民族主義主張〔註11〕，除了前述的啓蒙思想傳統與社會主義理想性的影響

〔註11〕孫中山的民族主義，在對滿清革命時期，對滿清爲排他性「漢賊不兩立」的論調，但對外卻主張大亞細亞主義，主張聯合日本，驅逐白人的勢力。

之外，有其客觀而實際的現實層面考量。雖然兩次大戰之間，全球彌漫著高漲的民族情緒，使被壓迫民族紛紛尋求自決與獨立自主途徑，但政治現實卻不由得台灣迅速脫離日本的殖民統治。1930 年代起，日本正進入軍國主義時期，以其強大軍事武力做爲後盾，向全亞洲推展其東亞共榮的世界新秩序的理念。中國在日本軍國主義的侵略下，步步撤守，先後成立爲日本軍人操縱的滿洲國與華北政府，幾乎毫無招架的能力。在這樣的現實的情勢下，日治時期臺灣文化啓蒙者採取奠基於世界觀的民族主義主張，也是在不得已的情勢下，非常自然的選擇了。

在日治時期台灣文化啓蒙者對民族主義的關懷氛圍裡，張深切有意識地探索民族主義的議題，歷經萌芽、發展與成熟期，在啓蒙思想與社會主義理想性與現實考量的碰撞中，逐漸建構出當代台灣人可行的民族主義主張。張深切在東京就讀中小學的青少年時期，正值 1920 年代日本最自由的「大正民主」時代。在資訊開放言論相當自由的氛圍中，張深切深受西方啓蒙思想中自由人權普世價值觀與共產主義對無產階級關懷的影響，逐漸建立起極富世界主義色彩、左傾的革命獨立「民族自決」民族主義主張，而到 1920 年代中期至上海與廣東後，與台灣同鄉集結成一股革命獨立的力量，磨拳擦掌準備付諸行動。天不從人願的是，在尙未壯大有眞正革命行動時，1920 年代晚期張深切便因「廣東事件」入獄。入獄的三年期間，張深切因大量閱讀諸子百家與聖經、佛經的古籍，使思想逐漸轉向，懷疑起共產主義階級性高於人性的理論，而選擇放棄 1920 年代左右派啓蒙份子紛紛嚷嚷的派別路線之爭。1930年代，在總督府對社會政治運動全面的鎮壓之下，張深切將注意力轉至文化哲學與文藝議題，提倡超越主義以人性和眞實爲依歸的道德文學，並逐漸發展出具有啓蒙客觀理性精神與世界主義的文化民族主義思想，走上文化至上的文化民族主義之路。二戰期間，在日本軍國主義強力的擴張的現實考量下，張深切基於認知民族的建構性、並在啓蒙思想普遍人性重於民族特殊性的基礎上，接受日本政府「東亞共榮」的構想與大亞細亞民族主義的主張，以求當時台灣人與中國人最有利的生存條件。

綜觀張深切的民族主義主張，事實上不出日治時期大多數台灣文化啓蒙者民族主義的思考模式，但他在晚年白色恐怖時期走向五四啓蒙右派「疑古派」依據啓蒙思想標準，對孔學與諸子百家做重新詮釋的文化民族主義之路，並著作《縱談日本》一書，持續關注民族文化議題與促進中日民族彼此之間

的了解，則在以社會政治運動爲主的日治時期台灣啓蒙者之間，是一個較爲
特殊的個例。我們可以說，在日治時期啓蒙者身上，啓蒙的理性、自由、平
等價值的普遍性與民族主義對特殊性的著重，同時被並置；漢民族意識與日
本國籍認同，也構成矛盾的共存；民族的建構性也事實上是在被殖民情境下
相當普遍的認知。而日治時期台灣文化啓蒙者，大多重視普遍人性甚於彰顯
民族的特殊性，也因而使啓蒙精神凌駕了民族主義所容易導致的狹隘和排他
性。而這些日治時期啓蒙者民族主義的思想特徵，我們在張深切的民族主義
思想裏，都得到了非常清楚的反映。

第三章　張深切的自由思想與臺灣日治時期自由主義

　　日治時期台灣啓蒙運動，一開始，即是在大正民主自由風氣的刺激下的產物，張深切與其他日治時期台灣右派啓蒙者，普遍嚮往自由、民主與法治，視其爲國家富強、社會進步最重要的原因。因此，他們對西方自由主義傳統的民主體制、思想與言論自由、民權思想、平等博愛價值等思想的引進，不遺餘力。而探討日治時期台灣啓蒙思想的自由主義，也成爲處理日治時期台灣啓蒙思想，必然觸及的重要面向。張深切雖未參與啓蒙右派的「台灣議會設置請願運動」或加入「台灣地方自治聯盟」的活動，卻具體體現日治時期台灣啓蒙者對自由民主普遍的嚮往與想像，以行動表達出「自由主義者」對人類思想言論自由的最高理念。剖析張深切的啓蒙思想，必得從他對「自由」「民權」的信念開始。

　　自由主義原源於十八世紀的歐洲，爲西方啓蒙思想重要的面向，與民主主義、代議制度、資本主義、自由經濟緊密相連。自由主義的起源，可遠推溯到希臘蘇格拉底的理性精神與對思想自由的主張，但一般而言，近代的自由主義源自十七世紀的啓蒙思想家。啓蒙英國哲學家洛克（John Locke 1632～1704）首先建立自由主義概念的雛形：社會契約、天賦人權、人的生存權、私有財產權、三權分立原則等，加上之前英國哲學家霍布斯（Thomas Hobbes 1588～1679）的個人主義、荷蘭斯賓諾莎（Baruch Spinoza 1632～1677）以來的理性主義思想，實踐在憲政民主代議制度的政治體制上。十七世紀以來，

英國、歐陸與美國的自由主義思想家輩出：英國休謨、亞當斯密、柏克，法國伏爾泰、盧梭、狄德羅、孟德斯鳩，德國歌德、萊辛、康德，美國傑佛遜、佛蘭克林、潘恩等，都是「自由」「理性」「人權」的擁護者。十八世紀以來，自由主義並且成爲英美法各國革命或立國之精神依據：1776 年的《美國獨立宣言》、1789 年的《美國憲法》及修正案《權利法案》、同年法國大革命的《人權宣言》，均以明白的條文、清楚宣告自由主義保障個人生命財產、思想言論自由與人權的原則。

自由主義傳統，一般可分爲英美法自由主義傳統，講求立憲、立法保障生命財產權與思想言論自由的「外部自由」，直接導致民主代議制度及自由經濟制度；以及歐陸理性唯心主義傳統，講求以理性自覺爲基礎的「內在自由」，即柏林（Isaiah Berlin）在《自由四論》（<u>Four Essays on Liberty</u>）所稱的「積極自由」，以克服內在的欲求，達到理性自覺的自由爲目標，可以與東方心性道德哲學相連結。十九世紀以來，自由主義隨著西方殖民勢力的擴張，普遍啓發被殖民地與半殖民地的被壓迫民族國家，與民族主義結合一起，成爲東方被壓迫民族啓蒙運動的主要內容。在東亞，日本「明治維新」所依據的「五條誓文」中，第一條「廣興會議，萬機決於公論」，即仿效民主體制的議會制度概念；第四條「破舊有之陋習，基於天地之公道」，則依據西方自由主義的民權主張。在中國，清末康有爲等在「戊戌維新」中的「君主立憲」主張與「五四」啓蒙運動所高唱的「德先生」，均受到英國經驗主義傳統自由主義及英美民主政治影響的產物。而 1920 年代開始的日治時期臺灣文化啓蒙運動者，在日本「大正民主」自由風氣的浸染下，受到歐戰後美國總統威爾遜「民族自決」主張的鼓舞，與明治啓蒙及五四啓者蒙一樣，同樣結合了民族主義與自由主義，以做爲啓蒙運動的主要訴求內容。

如第一章所述，在日本「大正民主」自由風氣與國際間瀰漫的「民族自決」氛圍影響下，1920 年代，日治時期啓蒙文化運動一開始便以引介歐美自由主義的自由、民主、自治理念與原則，做爲啓蒙群眾以向台灣總督府爭取台民權益的抗爭依據。台灣人唯一的喉舌《臺灣民報》，主要翻譯引介講求「外部自由」的英國經驗論自由主義傳統（羅素的自由主義、邊沁的功利主義、彌爾的自由主義等）、法國自由主義所強調的平等博愛與法治觀念、與美國的民主代議制度，倡議思想言論自由、個人主義、功利主義、立憲政治、民權思想、民主主義與地方自治等自由主義的概念，並主張英式的殖民地自治政

策，或至少設置眞正代表民意的台灣議會。除了英美法自由主義傳統以外，
這些啓蒙者也重視理性獨立思考的個人主義，採納歐陸自由主義「內在自由」
的觀念（康德對個人理性自覺的主張），重視理性思維、獨立自主的人格，以
及個人自由與國家民族自由的調和。整體而言，日治時期的自由主義，主要
在翻譯引介，引用歐美自由主義思想言論自由與民主代議政治概念，以資對
抗台灣總督府的專斷獨行，重點在於實用與實踐性，而非對焦於對歐美自由
主義思想內容做系統與深入的介紹。極少數稱得上是政治理論家的蔣渭水，
雖受到自由主義很大的影響，主要服膺孫文的三民主義，也並未對自由主義
的思想內容做系統性的探討。但儘管只是翻譯引用，自由主義的精神，在1920
年代早期，其實普遍爲日治時期追求改革的啓蒙者所熟知與嚮往。林獻堂、
林呈祿、蔡培火、蔣渭水、黃呈聰、楊肇嘉、蔡式穀等主要屬士紳階級的啓
蒙者，爭取日本大正民主自由主義者吉野作造、田川大吉郎等的支持，推動
歐美自由主義理念與民主代議制度，主張走被殖民體制內改革的溫和路線，
並根據這些歐美自由主義與民主政治基本理念，先後推動「廢除六三法案」
與「台灣議會設置請願運動」（1921～1934 年）、成立「台灣民眾黨」（1927
～1931）、進行「台灣地方自治」（1930～1937）等政治運動，期望在被殖民
情境下，在台灣建立歐美自由主義模式的民主代議政治，爭取台民解開奴役、
獲得自由平等地位的機會。而這些支持歐美自由主義與代議政治的啓蒙者，
也就是一般所劃分的日治時期啓蒙右派。

　　張深切 1917 年赴日就讀礫川小學五年級，就讀中學的青少年時期，正好
趕上 1920 年代初期自由風氣鼎盛的「大正民主」時期。1920 年代初期，日本
右翼勢力雖然仍在極力反撲世界性的民主潮流——1919 年日本歷史上第一個
眞正的政黨內閣原敬內閣，於 1921 年遭到右翼份子暗殺——但以工農群眾爲
基礎的日本共產黨、社會民眾黨、日本勞農黨等左翼政黨紛紛成立，資產階
級也成立「憲政會」、「政友會」、「革新俱樂部」三個資產階級政黨，強烈要
求民主憲政的落實。自由主義和民主思潮風行日本，自由派與社會民主主義
政治家與大學教授，都支持自由民主的思想與精神，思想與言論非常自由開
放，一再挑戰當政者的基本國策。例如，《東洋經濟新報社》評論者石橋湛山，
主張「日本不需要殖民地」的小日本主義；東京帝大教授美濃部達吉，依據
「國家法人說」，認爲日本國家統治權屬於「國家法人」，天皇只是行使統治
權的最高機關；東京帝大教授吉野作造，鼓吹維護憲法、實施民主政治、提

倡全民選舉與民本主義。1924 年，「憲政會」、「政友會」、「革新俱樂部」三個資產階級政黨所組成的「護憲三派」在大選中獲勝，通過成人男子皆具選舉權的普選法，國會成為權力中心，政黨力量達到顛峰。影響所及，文化藝術與思想自由風氣大開，日本文藝的創作也達於顛峰狀態，社會學校各角落自由風氣瀰漫。張深切曾如此描述當時就讀青山中學時，教學自由開放的情形：「我們學校的教學，比別的學校自由而進步，尤其留美老師的教法更輕鬆。有的夏天不穿上衣，有的坐在教壇的大曲台上講解，有的樂意和學生討論，在當時算是很開明的校風」（《里程碑（上）233》）。即使以現在的標準判斷，這樣的校園自由風氣，仍屬前衛。

而在這樣思想自由的風氣下，中學時期經歷佛教豐山中學、東京府立化學工業學校、基督教青山中學的張深切，求知若渴的大量閱讀各國文學著作、接受科學教育並思索宗教哲學問題而茅塞頓開，成為其日後啓蒙思想的基礎。而目睹日本因自由風氣興盛而進步繁榮的情狀，終生影響了張深切對自由的執著。張深切認為日本文化能迅速發展的原因，在於其依循自由主義以民為本的政治所致：「日本的近代文化，由其國力的發展，配合自由主義的風行，與政治教育的普遍，產生了無數的文人學者，造成日本為『現代國家』，他們的文化水準雖然還未能凌駕歐美先進國家，但其建設和發展都已能和他們並駕齊驅……日本文化能這樣神速發展的原因，並不是他們的民族比我們優秀，只是他們的政治不是為政治而政治，肯真正為人民服務，很開明……」（《談日本・說中國》155）。張深切在此所描述的日本的自由民主盛況，指的不是 1932 年以後法西斯主義崛起後的日本，而是民本主義盛行的「大正民主」。終其一生，張深切信奉「自由」的理念，並在行動上具體體現了「爭取自由」的奮鬥精神。在追思父親張深切〈懷念我的父親張深切〉一文中，類似廖仁義將張深切歸為「自由主義者」，張孫煜將張深切蓋觀歸類為「信奉民主自由者」，宣稱：「家父不是無政府主義者，也不是共產主義者，是一位道道地地的信奉民主自由者，是一位永遠不滿於黑暗現實的戰士；……他終其一生，為台灣的民主自由默默地付出……」（26）。如張孫煜所言，張深切誠然是民主自由的信奉者，但是在何種意義上，可以將張深切歸類為日治時期自由主義者，或究竟到哪種程度，張深切展現了自由主義的何種理念？這些都必須再加以深究。我們需得將張深切的自由思想，放置在日治時期自由主義的內容與發展情形的語境下，清楚地還原釐清。

第一節　日治時期對自由主義初期的接觸：梁啓超、板垣退助、吉野作造、永井柳太郎、島田三郎等

　　日治時期台灣最初接觸而嚮往歐美自由主義的，是林獻堂、蔡惠如、林幼春等具有漢民族意識的大地主與資產家階級傳統文人，他們大多服膺戊戌維新，而憧憬西方的民主代議與君主立憲。林獻堂最早接觸到梁啓超本人，受其自由主義思想影響。他於 1907 年在日本東京結識梁啓超，並在 1911 年邀請梁啓超來台客居霧峰林家萊園，與其討論台灣遠景的問題。受到梁啓超自由思想的影響，林獻堂等人認為台灣人應在被殖民的情境下，進行溫和的議會設置與修法路線。梁啓超是漸進式的改良主義者，結合孔孟陸王的心性道德哲學與歐陸主張「內在自由」的自由主義傳統，主張個人自由與社會制裁必須相輔相成。梁啓超尤其推崇思想自由，認為西方文明進步的原因，正是因為思想自由，在闡釋自由真意的文章〈十種德行相反相成義〉中，曾言：「思想自由，為凡百自由之母……今日欲救精神界之中國，舍自由美德外，其道無由」（《飲冰室文集類編（上冊）》244）。在他的影響下，林獻堂與林幼春等「櫟社」具改革思維的士紳階級舊式文人，對歐美的民主自由產生嚮往。在 1927 年間，林獻堂做環球旅行到達最後一站舊金山時，因歸期將至，在遊記《環球遊記》中，如此表達對自由世界的嚮往與即將離去的不捨：「繼思在此自由天地，無束縛、無壓迫、我無汝詐、汝無我虞，得以共享自由之幸福，不亦樂乎。然匆匆竟欲捨此以去，而即樊籠，其故何哉，言念及此，不禁憂從中來不可斷絕矣」（見葉榮鐘〈明智的領導者林獻堂先生〉26）。在這段感言中，林獻堂將被殖民的警察統治視為監牢，而以美國的自由民主社會為沒有束縛、可任意翱翔的自由天地，反映了日治時期至少部分啓蒙者，在被殖民被奴役的情境下，對歐美的自由民主寄予幾近「烏托邦」理想國度的厚望和幻想。

　　1914／3／17，明治維新元勳、有日本「自由之神」之稱的板垣退助，受中西牛郎、佐藤原平、寺師平一等人邀請首度抵台，帶來一陣自由主義的旋風。板垣退助在台北車站附近鐵路飯店官民合辦的歡迎會中，主要倡言日華親善共同協防，以同化台灣為與中國連結的橋樑，他對著五百名以上熱烈歡迎的會眾說：「歐洲有德義奧之三國同盟，始能完成彼等之國防計畫，有俄英法三國協商始能與之對抗。余想在亞洲究竟不能以日本一國來負擔全盤之國

防責任，是故陸上軍備可托支那，海上軍備可由日本來擔當」（《台灣社會運動史第一冊》5）。板垣退助的理想，是站在日本的利益提出平等對待亞洲之弱小民族，聯合協防以對抗白人侵略的主張。同年11月23日，板垣退助再度抵台，12月24日在台南與寺師平一、林獻堂等成立「同化會」，集資150萬圓，推動同化事業。但其實，「同化會」能迅速獲得台灣士紳階級熱烈的響應，最重要的因素，不在「同化」而在「平等」「博愛」。真正吸引台灣士紳的是，板垣退助反對專制、「民權至上」的自由主義論調。林獻堂在〈同化會述聞錄（一）〉中，寫道會見板垣退助的情形，如此稱許板垣：「今也，老伯以七十八老健之身，涉四晝夜風濤之險，再臨斯土，以拔吾儕。老伯固舉國所崇拜，稱為憲政自由神者，中外斗星，國家柱石」（《同化會述聞錄》2）。林獻堂特別指出板垣退助「憲政自由神」的封號，顯現出其對被殖民地實行自由民主憲政的期待。另外，根據葉榮鐘的回憶，板垣在台北鐵路飯店成立「台灣同化會」後，在台中公園演講時，甚至出現「有人割破手指頭，血書自由兩字當場送板垣的場面」（〈明智的領導者林獻堂先生〉20），可見板垣所帶來的自由主義旋風。而「台灣同化會」理事寺師平一，也指出同化主義的理想在於平等博愛：「同化主義者，以博愛平等之精神，奉建國之天職，揭人道之旗幟，以明一視同仁之聖旨，而發展國運增進民福，一賴是焉者也」（《台灣同化會一覽》1）。提倡「台灣同化會」的日本人，目的在以與自由主義緊密相關的平等博愛精神，感化被殖民者而獲得日本的利益；而台灣士紳目的則在於爭取台灣人政治上的自由與平等。這個以自由主義理念為根據的「同化會」，如果真的實現，根據張深切的判斷「台灣……有被同化的可能」（《里程碑（上）97》）。然而，因為受到欲維持專制體制的台灣總督府的猜忌，即使德高望重的板垣也差點身繫牢獄。1915年板垣離台後，總督府立即以「同化會」帳目混亂、會旨不清為藉口，予以解散。板垣之後，雖然田健治郎總督（1919／10／29到任至1923／9／5）的內地延長主義，也採取同化政策，但那卻是以征服者姿態出現的強制、不平等的同化政策，反而使得台灣啟蒙者的漢民族意識始終無法被消弭。

1920年代，隨著留日台灣學生的激增，「大正民主」的自由主義風潮，也經由《台灣新民報》的幾個階段：《台灣青年》、《台灣》與《台灣民報》，被引介進來台灣。一些當時的日本自由主義學者，例如，東京帝大的吉野作造教授（1878～1933），對日治時期自由主義理念傳播有重要的影響。吉野作造

在日本被譽爲「大正民主運動的理論先驅」，推動維護憲法的「黎明會」〔註1〕，提倡民本主義（democracy），主張修改寡頭政治，建立眞正立憲的民主政治，幫助形成日本的「政黨內閣制」，使日本政黨政治力量達於高峰。吉野的民本主義，根據自由主義自然法與人權的立場，主張無論國家主權爲何，政府的施政都必須以人民的權利與福祉爲目標。吉野對亞洲弱小民族有極大的關切，在五四運動期間，與學生李大釗書信往來，爲文表示反對日本軍國主義及支持中國的立場，並與陳獨秀計畫中日青年學生交流事宜，後來因爲陳獨秀散發傳單遭軍閥逮捕入獄而作罷。1919 年，吉野與林呈祿和蔡培火等結識往來，於 1920 年《台灣青年》創刊時，也曾經爲文祝賀。吉野主張的立憲主義與殖民地自治主義，鼓舞影響了日治時期新式知識份子，追求台灣人的自由平等與自治。

　　另外，蔡培火透過「黎明會」自由主義者牧師植村正久的介紹，認識了眾議員島田三郎、江原素六、清瀨一郎、田川大吉郎、貴族院議員渡邊暢等，日後在「議會設置請願運動」中，得到他們的支持。而這些自由派的學者與政治家，對盛行於日本的自由主義，也爲文加以引介至台灣。他們循著吉野的思想，爲文倡議與自由主義緊密相關的民本主義及民主政治，支持英國式殖民地自治主義。如眾議院議員永井柳太郎，在 1921／8／15《台灣青年》第三卷第二號，爲文〈近代政治之理想〉，充分顯示當時日本自由派政治人物民本主義的理想。永井指出近代政治的理想，是注重個人的民主政治：「論近代政治之特長，一言以蔽之『民眾的』也」，他並從民本主義的角度解讀個人與國家的關係，主張國家存續是爲了個人的生存與幸福：「然國家存續之眞目的非爲國家存立之事，似乃因人類以國家而存及得幸福進步者也」（17～18）。永井堅持個人的尊嚴與獨立性，並主張徹底的平等：「……人爲萬物之靈，無論何等階級或貧者，皆有非其人無以成其效之天職。是以政治之理想，總以保人類之生存，使個人能達徹底的最高最大之生活目的，使獲此等必要之均等機會。若特殊階級或特殊黨派所屬政治家，因爲自己或爲自己所屬黨派而犧牲一人之命，獲蹂躪一人之自由，即犯天人所不容之罪。故近代之政治方針不可不徹底以『一人爲萬人而存，萬人爲一人而存』之精神上而建設也」（18）。永井對個人生存權與平等

〔註1〕　「黎明會」爲大正民主主義運動的推手，吉野作造爲其核心人物，其餘成員有山本美越乃（京都帝大教授）、安部磯雄（早大教授）、渭水泰次（早大教授）、內崎作三郎（早大教授）、泉哲（明大教授）、植村正久（牧師）、神田正雄（朝日新聞記者）等自由主義與社會主義者。

權極端重視，其說法融合了法國自由主義者「天賦人權」，與洛克及康德主張人類因爲具有理性自覺而擁有個人自由人權的思想。

　　而除了永井外，法學士稻垣守克在 1922／6／12《台灣》第三卷第三號的〈人種平等論〉、安岡正篤在 1922／7／10《台灣》第三卷第四號的〈東洋植民政策之光明〉、法學博士野村淳治在 1922／12《台灣》第三卷第九號的〈民眾政治之意與價值〉等，也同樣循著吉野作造的民本主義與殖民地自治的主張，爲文支持台灣人爭取政治自由平等。這些日本自由主義者都將洛克、康德等西方自由主義者信任個人理性自覺的原則，同樣施行在弱小民族身上，主張平等對待被殖民地民族。稻垣守克所說的：「天然幸運之國民，對於不幸之民族，不可單以侵略之事，視爲正義，須進向彼等授以同等之幸福」（《台灣》第三卷第三號 1），安岡正篤主張的：「夫欲爲人造幸福也，必先尊重其人格，彼此之間務期各無差別」（《台灣》第三卷第四號 22），都是以自由主義信任個人理性自覺的原則，主張尊重異民族之人格與人權。而眾議員島田三郎在其《日本改造論》書中，其中一章談論治台謬誤，被翻譯登載在《台灣民報》第十二號與第十三號，則最能表現出日本當代自由派人士對台灣殖民政策謬誤的基本觀點。島田依民權、平等、言論自由的原則，攻擊日本治台的謬誤，認爲台灣殖民政策的謬誤直接起因於日本政府「誤取西班牙式或德國式之愚民政策所致」（《台灣民報》第十二號 5），並具體指陳台民受到差別待遇，土地盡入內地移民之手，台灣無言論自由的苦境。他感同身受地描述台民不得言論自由的情狀：「現在島民之多數，胸抱不平，頭藏懊惱，幾欲陷於憂鬱沉默之狀態。而此事實何不遍入吾人之耳目乎？無他，台灣無介紹如實之言論機關故也。據查島內之新聞雜誌，盡受官憲保護。凡百般事情，均守秘密主義，專以歌功頌德爲能事。其中從有不直接受政之保護，亦因恐遭發禁止之禍端，故不敢直言讜議。……／……。現總督最得意之自治制，亦不外官選議員之集會，有名無實也。……無告民之歔欷，吾人實不忍久矣」（5）。島田的這番話，實可被視爲日本大正自由主義者，對台灣殖民政策謬誤的基本觀點；他們都依據法英自由主義尊崇人權與「外部自由」的傳統，主張人類理性的普遍性高於民族的特殊性，而台民享有與日本內地人一樣的思想、言論、生命財產、政治之自由，並必須確實落實日本憲法的保障。而經由這些日本自由者的支持與鼓舞，士紳地主階級的日治時期啓蒙者，多帶有濃厚的自由主義色彩。

第二節　日治時期啓蒙者在《台灣民報》對自由主義思想的翻譯與引介評論

在日本自由主義者的支持與影響下，日治時期啓蒙者所倡議的自由主義，也以吉野作造的民本主義及英國式殖民地自治主義爲藍本，主要依循英國經驗主義講求「外部自由」的傳統，並融合歐陸講求理性自覺的「內在自由」傳統，一面與總督府抗爭爭取言論、思想自由、政治自由、文教自由與地方自由等「外部自由」，一面要求啓蒙者之間不得因個人主義妨礙團體利益，而講求自律與道德的「內在自由」。日治時期自由主義的傳播，最主要是藉由《台灣民報》的翻譯與評論文章的鼓吹。1920 年《台灣青年》創刊以來，到 1927 年《台灣民報》第 166 號，便計有超過一百多篇的文章，翻譯引介西方自由主義，或依據英美自由主義「外部自由」觀念評論台灣政治情事，反對台灣總督府的專制與警察統治，直接主張殖民地思想言論自由、自治、設置議會等，或依據歐陸「積極自由」的觀點探討個人與群體、法律與自由之間的問題（見附錄一）。

一、歐美自由主義的翻譯：英美自由主義「外部自由」觀與代議政治的引介

在譯文部分，如第一章所述，各階段的《台灣民報》，以譯文直接闡述自由主義的概念，主要是對西方自由主義做初步的介紹。《台灣青年》在 1921 ／5／15 第 2 卷第 4 號中，刊登高格勞博士的〈民主主義爲世界平和之眞基礎〉的譯文，介紹歐洲啓蒙思想家盧梭、伏爾泰、康德等人自由平等博愛思想，並讚頌威爾遜的民主主義。高格勞主張從維護世界和平的觀點，由歷史事例得知，君主無法發動戰爭後，戰爭必須經過全民同意，使戰爭機率變小：「政府所策劃之和平政策，根據盧梭、福路他【即伏爾泰】、康德等之言論。歷史已證明與君主及專制者之言永久和平，斷不可能、猶象之與狼狐之與狗」（8）。基於維持和平主義的立場，高格勞認爲民主政治較易維持和平，而宣揚自由主義與民主政治優於君主制度。另外，《台灣青年》第二卷第三號，也以五頁的篇幅，翻譯美國哈定總統（W.G. Harding）就職演說〈米國新大統領瑕殿氏【即 W.G. Harding】之就任演說〉全文，充分表現美國民主代議政治依據英法自由主義「自然法」、「民權」、「平等博愛」理想的自由主義精神，由以下片段可知：「……我國（指美國）代議政治最善表現此自由文明」（27）；「吾人

深知人類所定之法律，不能改廢自然之法則」（30）；「我國（指美國）之根本法、在乎絕對不認階級、徒黨與地方主義，予爲我國家計，盡我赤誠以圖產業之平等，報酬務要均分於公眾……機會均等主義也」（31）。哈定認爲代議政治是自由文明最佳的政治形式；並根據自然法與天賦人權，闡揚美國根本法爲平等主義的立場。從哈定的這篇就職演說在有限的篇幅中被全文刊出的事實，可窺知日治時期台灣啓蒙者對美國依據英法自由主義所建立的民主憲政體制之嚮往與鼓吹。而芳園（陳逢源）翻譯羅素的〈自由思想的公開宣傳〉全文，分 8 期登載在《台灣民報》（第 104、106、107、111、112、114、115、116 號），也可見台灣啓蒙者對傳播英美自由主義「外部自由」的重視。羅素爲英國經驗論脈絡傳統的哲學家，繼承洛克以來英國經驗論自由主義思想傳統，否定一切玄學思辨，以科學分析方法爲尚。這篇文章充分解釋英國「外部自由」自由主義傳統的諸種層面，有系統地分析了：十九世紀歐洲中心的民主主義其淵源與發展、民主主義的範圍、民主主義與自由平等、民主主義與個人主義、民主主義與代議政治、民主主義的實現等各個面向，使台民能更清楚地理解英國自由主義「外部自由」的意涵，了解其與儒佛道家傳統心性之學心靈自由的差別。

二、日治時期台灣啓蒙者在被殖民情境下對立憲政治的要求：英美法自由主義「外部自由」觀念的影響

日治時期自由主義者，受吉野等日本自由主義者主張的影響，期望推動英國式的殖民地自治主義。最初，蔡惠如主張形同獨立的完全自治。但蔡培火、蔡式穀、鄭松筠、林呈祿等，因恐遭日人撲滅而加以反對，最後在現實政治環境的考量下，達成走向議會設置路線的共識。他們將目標訂於在被殖民的框架下，將台灣推向民主議會代議政治，享有日本憲法所保障的人民的權利，呼應大正民主自由主義者的護憲主張。《台灣青年》、《台灣》與早期《台灣民報》的社論，大多數便以倡議台灣的民主自由爲題。任舉數例，如 1920／12／15《台灣青年》第一卷五號的〈卷頭之辭〉，要求台灣也和日本內地一樣行使立憲政治：「然而，諸君！我們不能無視在各人眼前，還有更大根本的改造，吾人於過去嘗過了他人到底不能想像的痛苦。大日本帝國雖然是君主立憲國，獨在我台灣島不行立憲政治，這應該是不合理的」又如黃天民在 1921／4／15《台灣青年》所刊載的〈就台灣議會而論〉一文中所指出，推動設立

台灣議會「此舉不過體先帝御誓文中『萬機決之公論』之意。以議員之介紹，向議會請求。其公明正大。非比集會陰謀者也。非顛覆國家。紊亂社會之意者可比」（17）。日治時期台灣右派自由主義啓蒙者，便是依據明治天皇所標舉的「萬機決之公論」，在被殖民體制內尋求台灣人的政治權。「平等」、「自由」、「民本主義」、「施行憲政」、「法治」、「民意」等，成爲最常出現在《台灣新民報》社論的辭彙。而循著這個體制內改革的基本路線，日治時期台灣的自由派人士，尋求將台灣的殖民地推向英國式的殖民政策，以保存台灣漢民族文化的命脈。1919／10／29 田總督到任之後，主張「內地延長」政策，引起台灣啓蒙者的反彈。1922／9《台灣》第三卷第九號的社論〈從同化道自治〉，指出法國對被殖民地誤用平等主義，嘗試毀滅他國之固有性的錯誤，而主張對台灣採取英國式的自治政策。同樣的，在登載於 1924／9／1《台灣民報》的〈「治警事件」法庭辯論〉文章中，蔣渭水呼應日本大正自由主義者的殖民地政策主張，明言倡議英國式的殖民地政策，反對田總督的「內地延長」政策：「前年在台北榮座有內地人主催的政談演說會，台南佐藤三之助氏，講演同化政策的點睛的題目，內中有說：同化政策是法國所採用的殖民地政策，已經完全失敗了；自治政策是英國所採用的殖民地政策，大大得了成功了。所以現時各國對殖民地都是採用自治政策，不知道田總督赴任時偏要拿這個既經陳腐的同化政策來呢」。田健治郎的同化政策，與板垣退助的「台灣同化會」或明治大學校長木下友三郎在《台灣青年》第一卷第一號所指的同化主義，在精神上完全背道而馳。木下友三郎認爲同化主義並非撲滅台民的語言宗教習俗等，而是眞正的平等對待：同化主義「……不外使新領地之人民與內地同樣得沾王化之理想耳。若然者法律上政治上社交上，當施以與內地人同等之待遇，而以與內地人無差等爲理想，若是則適用同化主義，決非可以破壞滅亡其人種固有之言語、習慣宗教等也」（《台灣青年》第一卷第一號）。而事實上，田總督堅持台灣實行憲政爲時尚早，他採取的「內地延長」政策，具體實現在無法代表民意的地方自治〔註2〕與資源分配不平等的共學制度、以及將地名、町名改爲日本內地慣用名等措施上，是持不平等政經政策、消滅

〔註 2〕1920 年 7 月，田總督發布「台灣地方官制改正敕令及市街庄制度律令」，以州、市、街、庄爲行政區劃及地方公共團體。州知事、市尹、街庄長爲官派，處理委任事務。另於州、市、街、庄各設協議會，做爲諮詢機關，協議會議員完全官選，完全不同於日本內地之民選議員。因此，此地方自治，事實上是假地方自治之名，行專制之實。

漢族文化的同化政策，與板垣退助的「同化會」相較，完全缺乏了英國自由主義的「外部自由」與法國自由主義的平等主義。

在英美法自由主義「外部自由」理念的鼓舞下，日治時期台灣右派啟蒙者，雖然對歐美自由主義的歷史或各個自由主義者的思想架構知之不深，卻也都成為自由主義的支持者。對他們而言，只要有助於打倒總督府專制的歐美思潮，都是值得效法的新式抗爭利器。他們普遍持社會契約說，解釋政府與人民的關係：「政府是為人民利益而成立的，政府的人員不是永遠無有過失的，人民不是永遠無知識與能力的」（陳弗邪 11）。在社會契約論的理念下，日治時期台灣啟蒙者雖然很少直指功利主義之名，但卻普遍抱持英國功利主義的觀點審視政府的功能。而林呈祿則直接指出邊沁的功利主義如何導致立憲代議政治，林呈祿指出政府的存在：「在增進最大多數的最大幸福，……這個『最大多數的最大的幸福』的原理在哲學上是功利主義的基礎，是英人勉三 Bentham（1748～1832）極力主張的。因此原理在哲學道德範圍內頗有受非難的，但若進入……法律及政治……，那就可說是很妥當、很有價值的學說……況且在今日英國的立憲政治，已經發達到了做世界的模範的地步，也大部分是受這個功利主義所賜的……果然要獲最大多數的最大的幸福，非施行尊重民意的政治不可，要施行尊重民意的政治，非採用代議政治不可」（〈最近五年間的台灣統治根本問題〉，《台灣民報》第六十七號 12）。林呈祿根據英國自邊沁以來的自由主義傳統，將政府定義為維護最大多數最大幸福的機關，從邊沁的功利主義觀點得到立憲民主政治為最佳政治形式的結論。這個說法，代表日治時期右派啟蒙者對立憲政治普遍的理解。而日治時期啟蒙右派的政府契約論與立憲政治主張，實循著彌爾（J.S. Mill）在《論自由》（On Liberty）的思想脈絡而來。彌爾主張以租借人方式對待國家官吏，以免濫權：「……如果能使國家的各種官吏成為他們的租借人或委託人，可以任意解除租借或委託的關係，就要比較好得多。似乎也祇有用這種方式，才能使他們有充分保障，永不會受到政府濫用權力的迫害」（2）。

三、《台灣民報》爭取思想言論自由的文章

而在立憲民主政治「外部自由」的理想下，日治時期右派啟蒙者倡議各種自由：言論思想自由、文教自由、經濟自由、政治自由等。為爭取《台灣民報》的生存，他們一再呼籲言論自由，對抗總督府御用報紙的包圍與總督

府對《台灣民報》從嚴格審查到刁難發行的種種迫害。1920～1932 年間，直至日本法西斯主義興起爲止，《台灣民報》的社論或發刊辭，計有十一篇文章直接以言論自由爲題（見附錄二）。除社論外，另有多篇以言論自由爲訴求的文章，如〈言論的價值〉（第二卷第五號 1924／3／21）、〈論新聞的使命並促當局與低級讀者的反省〉（《台灣民報》第八十號）、〈論自由言論〉（第八十五號）等。這些呼籲言論自由的文章，論調一致地痛批言論自由被剝奪後的愚民政策，使台民陷於萬劫不復的愚昧與被剝削境地。如 1926／4／4《台灣民報》第九十九號以〈報紙的中毒〉爲題的社論，指陳御用報紙閉塞民智之害：「我們每一想到台灣的報界，便不得不爲四百萬同胞痛恨！台灣人到現在還沒有受著報紙的利益，反而已受了報紙不淺的害毒。島內各種的御用報紙雜誌的言論，盡是征服者對被征服者的教示、嘲罵、侮辱，以及宣傳一切有利於幾個野心家和政府方便的事。人家的報紙是要報道事實的，啓發民智的，代表大多數民意的，而台灣的報紙竟全是要造謠的，蔽塞民智的，代表幾個野心家以及官憲之意的。然而台灣的民眾卻每月支了許多報錢，換來那些混帳糊塗報來侮辱自己，實在可謂太無謂了！我們島內同胞於不知不覺中受了御用報紙的中毒不少，並且受其中毒的，也不只是台灣人，當局如果長此以強權擁護這種壞報，不及早使我們台灣人發報，在台灣的同胞，是永不能自這種報紙的中毒拯救出來的吧！而台灣的文化，將造成百鬼夜行的終局了！」

　　這篇評論，依據啓蒙理性精神，與自由主義保障言論思想自由、尊重個人理性自決的精神、與民主多數決的基礎，指責御用報紙蒙蔽民智之害，主張報紙的功能爲促使個人走出蒙昧不受統治者操弄，要求《台灣民報》在台灣的出版發行權。

　　思想自由與言論自由爲英美自由主義「外部自由」傳統中，最重要的自由權之一。洛克在 1690 年的論述《談人的理解》（Concerning Human Understanding）中，便已指出言論自由與思想自由、脫離愚昧建立理性自覺人格之間的關係。在 1859 年出版的《論自由》（On Liberty）中，彌爾也充分表達唯有給予個人言論思想自由，人類智慧才能充分發揮，而獲致眞理促進民族的進步。彌爾主張必須經過充分的思辨與討論，思考各種分歧的意見，才能獲得眞理與智慧：「……不管那種言論如何眞實，如果不經過充分、反復和大膽的討論，它就會被視爲一種死的教條，不是活的眞理」（32）；「……人類智慧的現存狀態中，祇有經由意見上的分歧，纔有公平看待眞理各方面的機

會」（43〜44）。對日治時期的啓蒙者而言，言論思想自由同樣是脫離總督府愚民政策，獲得個人獨立健全人格與台民政治文教經濟自由的基礎。他們雖然並未高舉個別英美自由主義者思想的大旗，但洛克、彌爾的思想言論自由主張，已成爲他們追求立憲政治重要的訴求之一。如1928／6／3《台灣民報》第221號所刊載的社論〈台灣的思想言論比朝鮮壓迫得很〉，便清楚指出思想自由、言論自由與立憲政治的關係：「本來思想與言論是不可分離，有思想便有言論，而沒有思想又何足以稱爲言論呢？……故此思想發達的地方，當然是多言論，思想進步的民眾定必要求言論的自由。……言論乃是思想的表現，大多數人的言論即是代表大多數人的總意，就是民眾的輿論。尊重民意而行合民意的政治，這是立憲政治的精神。所謂立憲政治就是輿論政治，若是尊重輿論非尊重言論的自由才行了」。這篇社論充分顯現洛克、彌爾思想言論自由主張的精神，指出思想必表現於言論，有言論自由才有更發達的思想；而立憲政治便是輿論政治，必須給予充分的言論自由。而在爭取立憲政治所保障的言論自由的基礎上，日治時期啓蒙者得以有合法性對抗總督府的警察統治，爭取其他的文教、經濟、政治自由權。1929／9／19，台灣民眾黨將其歷來的主張寫成十一項的建議書〔註3〕，向石塚總督提出，其中一項便是言論自由，足見日治時期啓蒙者對言論自由主張的堅持。

四、「內心自由」：日治時期緊扣共同主義、自制觀、道德修養觀的自由主義思想

在被殖民情境下，英美法自由主義的「外部自由」觀，是日治時期啓蒙者最主要的著重點。但這立憲代議政治的「外部自由」觀，顯然缺乏形上道德基礎。爲促使台民不致迷失在自利的個人主義中，啓蒙者配合「外部自由」以法治、紀律、自制與道德，以達「內心自由」之境。如第一章所述，日治時期啓蒙者提出各種道德說：康德的理性法治觀、儒佛意氣平和精神快活的境界、墨子的兼愛與耶穌的博愛觀，都被做爲對「內心自由」部分的補充。整體而言，自由主義「內心自由」的引介，並非日治時期右派啓蒙者的重點，但建立獨立人格、調和個人與群體間的關係，仍是日治時期自由主義不可或缺的面向。

〔註3〕台灣民眾黨所提出的十一項急需改革之要項爲：（一）地方自治之完成（二）言論自由（三）行政裁判法之實施（四）產業之更新（五）廢棄社會立法中之惡法（六）廢止渡華旅券制度（七）廢止官吏之加俸（八）改革司法制度（九）嚴禁阿片（十）廢止保甲制度（十一）實施義務教育等。

　　日治時期在極力引介英美自由主義「外部自由」理念的同時，也重視法國自由主義對法治的重視，與對個人主義和群體利益之間的調和。早在 1921／3／26 出刊的《台灣青年》第二卷第二號，梁啓超的演講〈個性與組織〉，已傳遞調和個人主義與社會關係的觀點。劉明朝在 1921／9／15《台灣青年》第三卷第三號所刊載的〈社會連帶論〉，更依據法國學者「堡爾土大學柳氏所著《國家論》」的說法，主張社會關係與個人主義並重、個人幸福與社會發達並重，以救西方個人主義之弊。文中，劉明朝清楚指陳英國經濟自由主義與個人主義的流弊：「個人主義者、無社會觀念、唯有利己耳」，造成社會「弱肉強食……貧富相異毫無平等。」法國自由主義傳統特重法治與平等的觀念，因此被約略引介，以補英國自由主義對個人主義的強調。另外，黃呈聰在 1923／12／1《台灣民報》第十二號所登載的評論〈法律的社會化〉中，更進一步闡明調和個人主義與共同主義之義：「……社會的順應就是自己的行動調和社會、和他人協調、各自留意不可有利害的衝突，要限制自己的自由，而自己亦可受社會上的自由了。……總而言之，就是自己的自由和社會的秩序有調和，勿自放縱有利己害他的行為。換句話說，就是個人主義和共同主義的調和」（《台灣民報》第十二號 2）。在文章結尾，黃呈聰甚至主張社會自由即為個人自由：「古昔的自由是只看個人、現代的自由是以社會作基礎、化為社會的個人是社會構成的份子，社會的自由就是個人的自由了」。英國自由主義自由經濟與原子式的個人主義造成社會弱肉強食貧富日益不均，與個人各行其事缺乏群體概念。此一流弊，在 1920 年代初期，已為日治時期啓蒙者所關注，強調個人主義與共同主義的調和。而從共同協力對抗台灣總督府的經驗中，這些啓蒙者甚至產生社會自由即為個人自由的觀念。

　　而由於英國自由主義「外部自由」以經驗主義傳統為基礎，缺少自由的形上道德觀，日治時期啓蒙者，倡議傳統儒佛心性自由以補「外部自由」觀之不足。他們特重新道德觀的建立與人格養成的議題，以培養獨立自尊的個人，達到表達人類理性的「內心自由」。如第一章所述，石霜湖的〈道德之概念〉（《台灣青年》第四卷第一號）、林仲澍的〈人生究竟之目的〉（《台灣青年》創刊號）、評論〈新世界之秩序與新道德〉（《台灣》第三卷第一號）、陳懷澄〈人生修養談〉（《台灣》第三卷第二號）等等，分別從墨子兼愛、王陽明知行合一、耶穌博愛、大學、人道主義、儒佛的心性之學等，建立個人獨立、理性的人格與尊嚴。這些結合東西傳統的新道德觀，與「內心自由」的觀念

緊密結合。在署名爲 KO 所翻譯的〈獨立自尊的眞義〉中，獨立自尊即被解爲「內心自由」之意。文章中定義何者非爲獨立自尊之人：「爲情慾之奴隸，而不能自治其身心者，非獨立自尊之人」；「非受天然勢力之支配，而能利用之，……暗於道理、破除迷信觀念能左右者，非獨立自尊之人」。根據此文，獨立自尊的人能達到不受情慾、迷信、天然勢力所限制的「內心自由」之境。謝春木在 1923／2／1《台灣》第四卷第二號所登載的〈我所解的人格主義〉一文中，並引進康德的先驗道德哲學，指出人格爲先驗並具普遍原理，區分人格主義與個人主義之別：「人格是以一貫的生命爲本質，無一貫的生命則不可謂人格。……所以人格非人格的要點不在表明與他之對立，在復歸於自己的本質，這是人格主義與一般個人主義之分歧點」。在此，人格主義已非經驗主義傳統下的產物，而是生命本質的先驗道德之展現。謝春木所指的人格主義接近儒家的心性道德說，卻是以西方哲學概念加以界定：「人格以先驗的分子爲內容、有含普遍的原理。……已由普遍的先驗的原理決定當爲者，一概要求他完全其義務（當爲之事）。不容托諸先天的性格、逃避當爲的義務、要求永續的努力奮勵。人格與經驗的性情之差在此。所以與主觀主義有分別。主觀主義注意經驗的性情，不顧先驗的要求」（19）。謝春木雖未指出康德之名，但在此的人格主義，乃依據康德倫理學先驗道德的觀點，主張有人格者需依先驗的原理完成其當爲之事，堅持地實踐復歸自己的本質。這種強調先驗道德義務而非經驗的人格主義，與儒家「克己復禮」、「存天理去人欲」的道德修持，概念實無分歧。同樣都以「苟日新、又日新、日日新」的態度，努力不懈地實踐出先驗道德原則，以求達到不爲物慾與主觀意識所御的「內心自由」之境。如此，經由對新道德與共同主義及法治觀念的強調，日治時期的自由主義並不因爲對英美自由主義「外部自由」的強調，而否定對「內心自由」的追求。

五、日治時期民主代議制度的初步實現

雖然，《台灣民報》有關自由主義的百餘篇文章，大抵僅止於引介西方與日本自由主義以及實用的層面，缺少深入理論的討論與創見，但它們卻全面引燃了日治時期台民對自由主義與民主代議政治的熱情。「民權」、「民本」、「自由」等概念深植人心，成爲日治時期台灣啓蒙者與支持「台灣文化協會」與《台灣民報》民眾的常識。以地主士紳階級爲核心的右派啓蒙者，並將理念

實踐在民主政治運動，從最早的「六三法廢除」運動、「台灣議會設置請願運動」，到成立「台灣民眾黨」，並最後由「台灣地方自治聯盟」推動台灣地方自治，前仆後繼，持續地爭取自由主義民權、民本理念與民主代議政治的實現。1930 年，《台灣民報》還舉行一次模擬投票，台民初次模擬嘗試民選議員的況味。而經過多年的請願與訴求，終於在 1935 年，日本政府將州、市、街修改爲法人，得於法令範圍內處理公共事務。在此新規定中，日人賦予台民一半的自治權，並在州設州會、市設市會、街庄設協議會，州市會員與街庄協議會員半數爲民選。而選民必須符合年滿 25 歲、男性、繳納市庄街稅年額五圓以上者，在當時四百多萬人口中，有選舉資格的台籍選民，僅有兩萬八千人（陳柔縉 174）。1935／11／22，台灣舉行有史以來第一次的投票選舉。當選人當中，各市會日人佔 51％、台人佔 49％；各街庄協議會日人佔 8％、台人佔 92％。雖然，台灣總督府的嚴密掌控依舊，且選舉權的限定仍有性別與資產的歧視，台民終於還是看到了民主代議政治的初步實現。

　　日治時期的民主法治經驗，使台民有參與公共事務的議事經驗。但由於日治時期的自由主義目的在於對抗總督府的專制統治，與民族主義緊密結合，其策略性重於思想內容，並未紮根於深厚的文化哲學思想基礎，因此，它的根基並不夠堅實。而終戰後，這自由主義已失去對抗異族統治的強烈動機，其火花漸漸減弱，而終於在二二八事件之後，幾乎被全面撲滅。

第三節　張深切的自由思想與日治時期自由主義的淵源

　　張深切的養父張玉書，曾參加以板垣退助和林獻堂爲核心的「台灣同化會」，寄望和日人享有一樣的待遇。但同化會被解散後，張深切說父親「一氣之下，不再談政治，把以前所預備的『和服』、日本茶具、料理器皿等等都廢掉，連日語也不學，一生不再加入任何政治活動」（《里程碑（上）》97）。父親參加板垣退助「台灣同化會」時，張深切才十歲，當時對同化會的自由民權主張，應該了解不多。張深切對自由主義的直接接觸與全面的理解，事實上是在於1917～1922 年間求學日本的期間。張深切親身體驗「大正民主」民主自由風氣與民主法治的落實，理解民主代議政治的「外部自由」觀念，也和當代其他的留日新式知識份子一般，深受自由主義民權民本思想的鼓舞。這時中學時代的

張深切，十分狂妄，喜和同鄉大學生談論政治與自由，並且百無禁忌地挑戰日本官方與警察的容忍尺度。1919 年，張深切時年僅十五歲，就讀中學一年級，暑假回台度假時，受母校草鞋墩公學校之邀，在同學會上演講。張深切當時即依自由之名大放厥詞：「台灣可以說是日本的科西嘉島，這小島產生了拿破崙，統一法國，征服了歐羅巴，台灣也可能產生一位拿破崙，來統一東洋，征服世界，我們台灣人要有這種抱負，纔能對得起祖先，纔能解放台灣，重獲自由……」（《里程碑（上）》170）。1922 年，「台灣議會期成同盟會」成立時，有朋友勸他參加，張深切答以：「何必請願？有本事自己組織會議，不能則已，何必向人搖尾乞憐！」（《里程碑（上）》189）。而在日本舉國輿論都攻擊有島五郎與有夫之婦波野秋子殉情的情況下，1923 年張深切在《台灣新聞》發表〈哀悼有島五郎〉，以戀愛自由的觀點，公然支持有島五郎，以當時標準而言，言論大膽無有忌諱，使得日本警察從此將他視為危險人物。張深切自述：「台中州高等警察課長，山下未之武升任竹山郡守，將赴任時，對其繼任人說：『台中州轄下須監視的人物中，主要的，已不是林獻堂或蔡培火，而是張深切這個小傢伙……』」（《里程碑（上）》187）。事實上，1920 年代，張深切在政治上主張「台灣是台灣人的台灣」、「台灣人應該爭取獨立自由」，台灣應走革命路線，並不贊成日治時期右派啟蒙者所主張的殖民體制內的議會設置請願運動，也對林獻堂、蔡培火等大老，都曾經頗有微詞：1925 年，在對日本眾議院議員田川大吉郎的歡迎會上，張深切還因為就台灣香蕉出口與調價的問題發言，遭受蔡培火訓斥，差點衝上前去毆打蔡培火，而從此誓與蔡培火一派對立，決意不參加文化協會。我們可以說，青年時期張深切的激烈言論，深受歐美自由主義的自由人權與平等博愛的意識與社會主義思想所鼓舞，但並不拘束於任何主義。嚴格地說，他並非英美法或歐陸自由主義脈絡下自覺的自由主義者。而在早期的政治主張上，要更接近列寧「第三共產國際」的民族自決主張與階級革命的途徑。張深切在 1926～1927 蟄留廣東期間，先是與同鄉成立「廣東台灣學生聯合會」，爾後將學生會蛻變為革命團體，打算進行革命工作。1928～1930 年間，因廣東事件入獄後，張深切由於閱讀諸子佛經聖經等古籍，思想漸漸轉向，乃放棄階級性，才算真正成為自由主義的支持者。在 1930 年代之後，張深切主要從文化藝術的啟蒙運動進行與日人的抗爭，並不涉及政治。只是在他評論與雜文或終戰後的專書《孔子哲學評論》、《談日本‧說中國》中，張深切都有意識地透露出自由主義的思想。1949 年 5 月，任教於台中東海大學的新儒學自由主義者徐復觀，透過莊遂

性認識張深切，因意氣相投略有往來，互相欣賞建立起短暫的友誼。

張深切不欲拘泥於派系，而自言不信奉任何「主義」。1923～24 年，將近二十歲的張深切留居上海期間，曾一度深受三民主義影響，深信主義教條。但到 1925 年，經過實際的經驗，張深切對主義思想起了極大的懷疑，他如此陳述自己拋棄主義束縛的情形：「倡什麼主義思想高於一切，青年必須以身殉主義，不得有所顧忌；詎料經過十四年至十五年的實際經驗，逐漸對自己的主義思想，生起很大的懷疑」，最後張深切得出「主義思想應規定於國家，不得規定國家民族」的結論，而決意不參加任何黨派，成為廣州革命同志間，唯一未加入任何黨派者（《張深切全集卷三：我與我的思想》79）。張深切始終未曾加入啓蒙右派所推動的議會設置請願或地方自治的運動，或啓蒙左派的農工運動之中。1934年，張深切與賴明弘等合組「台灣文藝聯盟」，主張超越黨派的「道德文學」，營造全台灣啓蒙者大團結的氣氛，目的在回歸台灣的眞實，以人性而非主義、派別或階級性出發，以免侷限文藝反映眞實人生的可能性。

但儘管「廣東事件」後張深切便以參與文化運動代替社會政治運動，從他的評論與雜文中，我們仍可以確知 1930 年代以來的張深切，已算是英美自由主義「外部自由」觀的信奉者。早在 1931／6／20 刊載的〈鐵窗感想（二）〉中，他以無神論的語調表達對耶穌的觀感時，即同時表示了對獨裁的國民黨右派蔣介石的厭惡：「祂（主耶穌基督）和蔣介石一樣，是非常令人厭惡的傢伙，有著使人撐乎其目的韌性和尖銳」（《張深切全集卷四》359）。在登載於1935／2／1《台灣文藝》第二卷第二期的〈對台灣新文學路線的一提案〉中，張深切再度提及對蔣介石迫害左翼文人扼殺文化發展的不滿：「現在蔣介石政府因爲對普羅文學加以極端的壓迫，作家槍斃、出版禁止，因此一般文學也跟著異常不振」（見《張深切全集卷一》172），表達了對思想言論出版自由的信念。在 1935／8／4 刊載於《台灣文藝》的〈泛論政治理論與實際〉中，張深切明白地反對賢人政治，認爲「人民所需要的是實際的善政，絕不是空洞的理想，政治需要證明 2+3=5，他才能說明 3+2=5 或 5=2+3 的道理……無知的民眾或許容許你信口胡謅，爲所欲爲；但這種欺騙是不能長久的，……威脅到他們的生存的時候，無論他們是如何馴服的人民，也會起來反抗的」（《張深切全集卷三》236）。張深切以經驗與科學的法則爲依據，反對愚民政策，鼓吹實質的善政。在文章中接著，張深切具體陳訴他所謂的善政。他以社會契約與功利主義的概念，指陳政府與人民之間的關係，鼓吹自由民主政治：「古

人不知民主政治的運用法，又不知自由言論有何方法可以展開，致使為政者有霸佔政權的機會，認為當政者有統治權，人民應受為政者的統治；不知政府是人民的公共機關，政治家不是為統治，而是為人民謀幸福的服務人員。政治自失去其原始意義以後，政府有的便成為榨取機關，當政者竟成為吸血鬼，其荼毒害人民比強盜土匪還要加千百倍，實際上完全和人民相對立」（《張深切全集卷三》237）。張深切的這段文字，清楚表達民本主義的思想，和陳弗邪與林呈祿等主張自由主義的啟蒙者一樣，以彌爾的政府觀與邊沁功利主義的觀念，指出政府是為謀人民最大幸福而存在的，並痛切指控榨取人民的苛政，對人民的毒害更甚於盜匪。

　　而二二八事件後，張深切不願向獨裁者低頭出任公職，潛心劇本與哲學性文章的創作。在 1961 年出版的自傳《里程碑》裏，張深切透露對日本殖民政府在法律規定下保障言論結社自由的讚許：「日本帝國主義者當然不歡迎反政府的民眾組織，但他們對言論結社不加以非法的取締，無論任何團體組織，或新聞雜誌的發行，以及言論的發表，只要經過合法手續，便可以自由活動，所以當時演講之盛，出版之多，可為達到頂點」（《里程碑（下） 510》）。這段讚許殖民政府猶許言論結社自由的文字，在肅殺氣氛的白色恐怖時代發表，特別寓有批判的意味。而在 1966 年遺稿《縱談日本》（即《談日本・說中國》）中，張深切也有感而發，歸因自由主義為古今各國文化與國力興盛的原因，認為中國春秋戰國時期與日本近代的文化以及英美的強盛，都是因為自由主義興盛之故：「我國在殷周時代，文化已相當發達，及春秋戰國，自由主義發展，更促進文化的進步」（《張深切全集卷六》223）；「英美的強盛，端賴於民主政治」（132）；「日本的近代文化，尤其國力的發展，配合自由主義的風行，與政治教育的普遍，產生了無數的文人學者，造成日本為『現代國家』……」（155）。在這本書中，他再度以民本主義的觀點，指出國家為人民所有，反對獨裁、僵化的主義或單一政黨統治：「政府不過只是一個權力機關而已。……國家是人民的，絕對不是個人或主義的，已固定的主義或單一政黨統治，就是專制獨裁，自由民主國家絕對沒有這種政治形態」（132）。在白色恐怖的年代，張深切對獨裁如此的批判，十分直接犀利大膽。另外，張深切也進一步評擊專制為導致國家失敗的原因，認為德、義的失敗，歸因於專制獨裁。

　　由張深切零星的支持自由主義與批評獨裁的文字判斷，我們可以確知，張深切在 1930 年代以後，已可說是自由主義者。但他的自由主義思想，用在批評

政治時，只反映了普遍日治時期啓蒙者對英國經驗主義自由傳統「外部自由」的信念與受日本自由主義者民本主義的影響，並無甚創見也無先驅前鋒之姿。張深切對日治時期自由主義的創見，主要不是表現在政治活動的實踐或政治哲學的創新上，而是進一步發揮文化與自由主義連結的議題。而他不受黨派與主義拘束的自由思想，則以身體力行的方式，體現自由主義中思想自由與言論自由的眞義，以及自由主義者對個人理性自覺精神與人格自尊的信念。

第四節　結語：張深切「自由人」的形象與對自由主義精神的體現

1965 年張深切逝世後，徐復觀在追悼文章〈一個「自由人」的形象的消失——悼張深切先生〉中，說希臘文化由自由人階級創造出來，自己雖然無緣目睹希臘自由人，卻在張深切的身上「彷彿看到了一個自由人的形象」（《台灣風物》第十五卷第五期 7），「在他的作品中，在他的生活態度上，他自由地想像，自由的發揮，更以自由的心情，來看自己的成功失敗」（8）。像所有日治時期台灣啓蒙者一樣，因爲台灣人失去了民族自由，爭取民族自由、地方自由、思想言論自由，成爲張深切再自然也不過的意識。雖然，張深切有關自由主義與政治主張的文章並不算多，他也未曾參與日治時期啓蒙右派所推行的議會設置請願與自治運動；但 1930 年代以後，他即服膺英美自由主義「外部自由」對思想言論自由、社會契約、功利主義、民本主義的主張，已可以被歸類於日治時期啓蒙右派的自由主義者。而另外，張深切始終保持對個人理性的信念、其跨越黨派直指人性的觀察、提倡超越黨派的「道德文學」、以及靈活自由地與各種惡勢力周旋等等諸多行事，在在都與自由主義者所堅持的自由精神不謀而合，而能具體呈現自由人的眞義。

事實上，對最廣義的思想自由的堅持，一向是洛克以來西方自由主義的基本立場。彌爾在《論自由》中，爲人類自由定義，並主張思想與言論自由：「人類自由首先包含良心的內在範圍；要求最廣義的信仰、思想與感情自由；以及對一切實際的或想像的，如科學、道德或神學論題的意見的絕對自由。發表意見的自由……實際上……無法和思想自由分開」（10）。而根據參與 1947／4／9～13 由歐洲一班自由人士在牛津大學舉行國際自由主義大會的黎石秀的報導，會後這些自由主義人士發表「自由主義宣言」，一致主張「自由國際

必須成爲一個超越黨派的團體，它的野心不是直接爭取政權，而是謀求自由思想的復活。自由國際，與其說是一個政治團體，不如說是一種思想運動，較爲正確」（錄自潘光旦 174）。從張深切「野人」式不受黨派、主義拘束的自由行事與思想風格看來，張深切是彌爾等歐洲自由主義者心目中自由、理性、自尊人格的最佳範例，卻不被拘限於自由主義的框架裏，或謹守自由主義的信條。這種自由混和雜揉各種思想與「主義」的思考方式，誠然是日治時期啓蒙者的共同特色，但張深切自由理性的思考方式，卻可說是最全面、深入和大膽的。張深切在日治時期總督府的警察統治與二二八事件之後白色恐怖極端不自由的政治氛圍裏，始終堅持思想的自由與靈活，其思想的變化看似忽左忽右、忽西方忽傳統、忽從事反日革命忽支持東亞共榮，與日本軍方、漢奸等從容周旋卻不同流，維持其思想的自由、獨立與自主性。在文藝主張上，張深切在「台灣文藝聯盟」時期（1934～1936 年），主張超越黨派主義與政治的「道德文學」；在編輯「中國文藝」時期（1939～1940 年），主張超越政治、黨派、主義、民族與地域的編輯政策，對文化政治議題做眞誠的反省與觀照，均能具體體現自由主義重理性與人性普遍性的理念，但其思想內容卻又不願被拘限在西方自由主義的思想內容框架中。

　　正如徐復觀以「自由人」而非「自由主義者」稱之，張深切也明白表示不願稱自己的思想爲「自由主義」：「我能了解台灣革命志士們的思想，但我絕不信奉任何主義，參加任何黨派。我愛台灣，同時也愛全世界，只要他是人我便愛他，只要他不害人殺人，便是我的朋友。我不願稱我這思想爲自由主義，因爲我對現成的主義沒有好感。……我的性格本來如此，所以和任何主義者相處的態度，都是如此」（《張深切全集卷一：里程碑（上）》262）。張深切自覺地掙脫名相、訴諸個人理性判斷的思想方式，可稱爲啓蒙理性思維的最佳表現。好友洪炎秋在〈悼張深切兄〉一文中，以「正氣」評語相贈：「深切兄一生和惡勢力爭鬥，不肯同流合污，不肯蠅營狗苟，富貴不能淫，貧賤不能移，威武不能屈，以致終身潦倒，一世坎坷，這就是『正氣』的最好的表現」（《台灣風物》第十五卷第五期 6）。洪炎秋對張深切堅持思想獨立自主與人格高尚的評價大致無誤，但張深切的核心價值卻並非傳統儒家的「士」的「道德」觀，而是西方啓蒙傳統的理性精神。在啓蒙理性精神的基礎上，張深切融合了老子「道德」哲學、墨子兼愛、耶穌博愛、啓蒙思想對科學唯物論的堅持、與對當代爲「大眾」時代而非「英雄」時代的體認。我

們可以說，張深切的自由思想，博雜而幾乎看似矛盾，並非純粹是西方啓蒙思想與自由主義的產物，但它卻是自由主義「思想自由」、理性自主精神的最佳典範。

附錄一　1920 年《台灣青年》創刊到 1927 年《台灣民報》第 166 號，有關殖民地自治、地方自治、民主代議政治、言論自由、出版自由、獨立自主、個人主義與群體、人權與民權思想等自由主義概念的文章

作　者	篇　名	卷　號	日　期
吉野作造、木下友三郎、植村正久等	祝辭	《台灣青年》創刊號	1920／7／16
蔡式穀	〈權利之觀念〉	《台灣青年》創刊號	1920／7／16
黃伯薫	〈台灣自治制之感想〉	《台灣青年》1‧2	1920／8／15
下村宏	〈將新發佈之自治制度論〉	《台灣青年》1‧2	1920／8／15
張棟樑	〈對台灣官制改革希望及自覺〉	《台灣青年》1‧3	1920／9／15
林慈舟	〈地方自治概論〉	《台灣青年》1‧3	1920／9／15
泉哲	〈台灣自治制評〉	《台灣青年》1‧3	1920／9／15
蔡敦曜	〈對於律令權之疑義〉	《台灣青年》1‧3	1920／9／15
林慈舟	〈改正台灣地方制度概論〉	《台灣青年》1‧4	1920／10／15
記者	〈六三問題之沿革〉	《台灣青年》1‧5	1920／12／15
林慈舟	〈六三問題之運命〉	《台灣青年》1‧5	1920／12／15
平沼淑郎	〈台灣人及施政方針〉	《台灣青年》2‧1	1921／1／15
記者	〈六三問題之沿革(續)〉	《台灣青年》2‧1	1921／1／15
記者	〈就台灣議會設置之請願而言〉	《台灣青年》2‧2	1921／2／26
梁啓超	〈個性與組織〉	《台灣青年》2‧2	1921／2／26
黃天民	〈就台灣議會而言〉	《台灣青年》2‧3	1921／3／26
記者	〈米國新大統領瑕殿氏之就任演說〉	《台灣青年》2‧3	1921／3／26
記者	〈關於法律第卅一號改正案之論議〉	《台灣青年》2‧3	1921／3／26

高格勞博士	〈民主主義為世界平和之眞基礎〉譯文	《台灣青年》2・4	1921／5／15
錫舟	〈台灣之民選議會運動〉	《台灣青年》2・5	1921／6／15
林呈祿	〈改正台灣統治基本法與殖民地統治方針〉	《台灣青年》3・1	1921／7／15
下村宏	〈非理法權天〉	《台灣青年》3・1	1921／7／15
姉崎正治	〈就「內地延長」而言〉	《台灣青年》3・1	1921／7／15
永井柳太郎	〈近代政治之理想〉	《台灣青年》3・2	1921／8／15
劉明朝	〈社會連帶論〉	《台灣青年》3・3、3・5	1921／9／15 1921／11／15
羅萬俥	〈述米國今期大統領當選之原因經過與東洋之關係〉	《台灣青年》3・4	1921／10／15
記者	〈眾議院思想政策之質問〉	《台灣青年》4・2	1922／2／15
編輯員	〈台灣議會設置請願評論〉	《台灣》3・2	1922／5／11
稻垣守克	〈人種平等論〉	《台灣》3・3	1922／6／12
KO 譯	〈獨立自尊之眞意〉	《台灣》3・3	1922／6／12
島田三郎	〈宜改革統治台灣之方針〉	《台灣》3・5	1922／8／8
占部百太郎	〈英國之殖民政策〉	《台灣》3・7	1922／10／6
米田實	〈民族主義與人種平等〉	《台灣》3・7	1922／10／6
野村淳治	〈民眾政治之意義與價值〉	《台灣》3・9	1922／12／1
蔡一舟	〈關於請願台灣議會敬告島內同胞〉	《台灣》4・1	1923／1／1
泉哲	〈少數民族之保護與民族自決〉	《台灣》4・1	1923／1／1
醒民	〈提倡要求機會均等〉	《台灣》4・2	1923／2／1
楊肇嘉	〈義務與權利並行論〉	《台灣》4・3	1923／3／10
蒲田丈夫	〈台灣議會不採擇〉	《台灣》4・4	1923／4／10
南枝生	〈羅素之理想鄉〉	《台灣》4・4	1923／4／10
劍如	〈世界政治的新傾向〉	《台灣民報》1・1	1923／4／15
黃呈聰	〈論個人主義的意思〉	《台灣民報》1・3	1923／5／15
論評	〈德克模拉西的實現〉	因東京大地震燒毀未出版	
論評	〈德克模拉西的實現——歐洲十九世紀的中心思潮〉	《台灣民報》1・8	1923／10／15

學術	〈地方自治概論〉	《台灣民報》1．9、1．10、1．11、1．12、1．13	1923／11／11～1923／12／11
黃呈聰	〈法律的社會化〉	《台灣民報》1．12	1923／12／1
島田三郎	〈治台之誤謬〉	《台灣民報》1．12、1．13	1923／12／1、11
論評	〈諮問機關要改爲代議機關〉	《台灣民報》1．13	1923／12／11
劍如	〈新時代的植民政策〉	《台灣民報》2．4	1924／3／11
施文杞	〈哀威爾遜的死〉	《台灣民報》2．4	1924／3／11
永井柳太郎	〈植民地統治的方針〉	《台灣民報》2．6、2．7	1924／4／11、21
下村宏	〈新領土的參政權問題〉	《台灣民報》2．6	1924／4／11
下村宏	〈新領土與參政權〉	《台灣民報》2．10	1924／6／11
劍如	〈對護憲內閣的希望——要更新植民地的統治方針〉	《台灣民報》2．11	1924／6／21
評論	〈可決自治案的印度議會〉	《台灣民報》2．11	1924／6／21
錫舟	〈論立憲的教育〉	《台灣民報》2．14	1924／8／1
劍如	〈街庄制更新的好機〉	《台灣民報》2．15	1924／8／11
南溟	〈自治制改善之急物〉	《台灣民報》2．15	1924／8／11
錫舟	〈論代議士的資格〉	《台灣民報》2．15	1924／8／11
紀錄	〈台灣議會期成同盟會治安警察法違反嫌疑的公判〉	《台灣民報》2．16	1924／9／1
劍如	〈希望改正新聞紙令〉	《台灣民報》2．19	1924／10／1
紀錄	〈台灣議會期成同盟會治安警察法違反事件第二審公判〉	《台灣民報》2．23	1924／11／11
紀錄	〈清瀨法學博士的辯論——痛論帝國對植民地的方針〉	《台灣民報》2．23	1924／11／11
評論	〈要求參政權的問題〉	《台灣民報》2．23	1924／11／11
張我軍	〈田川先生與台灣議會〉	《台灣民報》3．3	1925／1／21
卷頭辭	〈豈有不許言論自由的善政嗎〉	《台灣民報》3．3	1925／1／21
錫舟	〈確信台灣議會設置的實現〉	《台灣民報》3．4	1925／2／1
評論	〈尊重植民地的國民性就不是同化主義了〉	《台灣民報》3．6	1925／2／21

評論	〈主張施行完全的自治制於台灣〉	《台灣民報》3‧9	1925／3／21
評論	〈普選的實現和台人的自覺〉	《台灣民報》3‧12	1925／4／21
主張與批評	〈新聞的使命是什麼？〉	《台灣民報》3‧12	1925／4／21
評論	〈台灣問題與過去的總督統治〉	《台灣民報》3‧15	1925／5／21
評論	〈欲絕滅警察非人道的拷問〉	《台灣民報》第66號	1925／8／23
林呈祿	〈最近五年間的台灣統治根本問題〉	《台灣民報》第67號	1925／8／26
陳芳園	〈帝國主義是什麼〉	《台灣民報》第67號	1925／8／26
論評	〈台灣人機關報紙的必要〉	《台灣民報》第70號	1925／9／13
浪花	〈論言論自由〉	《台灣民報》第70號	1925／9／13
永井柳太郎	〈劃時代的植民政策〉	《台灣民報》第73號	1925／10／4
論評	〈植民地的參政權問題〉	《台灣民報》第77號	1925／11／1
論評	〈拷問的野蠻手段不容存在於今日〉	《台灣民報》第78號	1925／11／8
論評	〈論新聞的使命〉	《台灣民報》第80號	1925／11／22
小川市太郎	〈真的自治與假的自治〉	《台灣民報》第80號	1925／11／22
論評	〈御用新聞的讀法〉	《台灣民報》第82號	1925／12／6
張我軍	〈看了警察展覽以後〉	《台灣民報》第83號	1925／12／13
論評	〈急宜施行完全自治制度〉	《台灣民報》第84號	1925／12／20
何景寮	〈設立台灣人報紙的意見〉	《台灣民報》第84號	1925／12／20
陳弗邪	〈論言論自由〉	《台灣民報》第85號	1925／12／27
卷頭辭	〈年頭先打自由鐘〉	《台灣民報》第86號	1926／1／1
陳芳園	〈台灣的財政自治論〉	《台灣民報》第86號	1926／1／1
論評	〈假裝民意機關的州協議會開幕〉	《台灣民報》第87號	1926／1／10
卷頭辭	〈古今未聞的言論壓迫策〉	《台灣民報》第88號	1926／1／17
虞淵	〈檄日本留學生創設言論機關〉	《台灣民報》第88號	1926／1／17
論評	〈力爭台灣議會〉	《台灣民報》第91號	1926／2／7
論評	〈假自治真運用〉	《台灣民報》第92號	1926／2／14
楊春榮	〈島人政權需要觀〉	《台灣民報》第92號	1926／2／14
論評	〈台灣議會與日本國民〉	《台灣民報》第93號	1926／2／21

論評	〈首倡植民地議會〉	《台灣民報》第 94 號	1926／2／28
論評	〈不可解的新聞政策〉	《台灣民報》第 95 號	1926／3／7
國琦	〈立憲政治與台灣民權問題〉	《台灣民報》第 97 號	1926／3／21
卷頭辭	〈報紙的中毒〉	《台灣民報》第 99 號	1926／4／4
浪花	〈論憲法與植民地關係及關於台灣議會問題〉	《台灣民報》第 100 號	1926／4／11
劉生	〈人民是什麼東西〉	《台灣民報》第 100 號	1926／4／11
浪花	〈台灣議會與輿論〉	《台灣民報》第 101 號	1926／4／18
論評	〈東大矢內教授的日本植民政策評〉	《台灣民報》第 102 號	1926／4／25
羅素著，芳園譯	〈自由思想與公開宣傳〉	《台灣民報》第 104、106、107、111、112、114、115、116 號	1926／4／11～1926／8／1
論評	〈只怕警察眼〉	《台灣民報》第 106 號	1926／5／23
論評	〈怎樣才能實現民眾政治〉	《台灣民報》第 116 號	1926／8／1
論評	〈論台日紙的暴論〉	《台灣民報》第 117 號	1926／8／8
卷頭辭	〈言論的評價〉	《台灣民報》第 119 號	1926／8／22
論評	〈要行善政須徵真民意〉	《台灣民報》第 120 號	1926／8／29
卷頭辭	〈宜急許可台灣人刊行報紙〉	《台灣民報》第 121 號	1926／9／5
論評	〈街庄協議會員的人選〉	《台灣民報》第 123 號	1926／9／19
論評	〈政治運動與民眾〉	《台灣民報》第 128 號	1926／10／24
論評	〈集會與警察〉	《台灣民報》第 131 號	1926／11／14
評論	〈台灣人的政治生活〉	《台灣民報》第 133 號	1926／11／28
評論	〈台灣議會與參政權〉	《台灣民報》第 134 號	1926／12／5
評論	〈唯有台灣議會一路〉	《台灣民報》第 135 號	1926／12／12
論評	〈過去現在的台灣政治運動地方自治考察〉	《台灣民報》第 138 號	1927／1／2
論評	〈台灣議會與台灣憲法〉	《台灣民報》第 142 號	1926／1／30
論評	〈自治精神何在〉	《台灣民報》第 145 號	1926／2／20
論評	〈似是而非的立憲政治〉	《台灣民報》第 147 號	1926／3／6
論評	〈多尊重些民意罷〉	《台灣民報》第 151 號	1927／4／3
評論	〈須速廢止警察居留權〉	《台灣民報》第 164 號	1927／7／3
卷頭辭	〈政治結社與言論機關〉	《台灣民報》第 166 號	1927／7／22

附錄二　以言論自由為題的《台灣民報》社論（卷頭辭）

篇　名	卷　號	日　期
〈希望改正新聞紙令〉	《台灣民報》第二卷第十九號	1924／10／1
〈豈有不許言論自由的善政嗎〉	《台灣民報》第三卷第三號	1925／1／21
〈古今未聞的言論壓迫政策〉	《台灣民報》第八十八號	1926／1／17
〈報紙的中毒〉	《台灣民報》第九十九號	1926／4／4
〈言論的評價〉	《台灣民報》第 119 號	1926／8／22
〈宜急許可台灣人刊行報紙〉	《台灣民報》第 121 號	1926／9／5
〈政治結社與言論機關〉	《台灣民報》第 166 號	1927／7／22
〈台灣的思想言論比朝鮮壓迫得很〉	《台灣民報》第 211 號	1928／6／3
〈言論集會的取締〉	《台灣民報》第 286 號	1929／11／10
〈御用紙的暴論〉	《台灣民報》第 303 號	1930／3／8
〈台灣要有真正的輿論〉	《台灣民報》第 370 號	1931／6／27

第四章　日治時期台灣社會主義思想的流行與張深切的「道德文學」主張：從馬克思通向老莊

　　和五四啓蒙一樣，日治時期台灣啓蒙運動，在啓蒙者短暫的群策群力之後，便分裂爲主張自由主義民主制度的右派與標榜社會革命的左派，互相激盪或對峙攻訐。研究日治時期啓蒙左派對社會主義思想的引介與活動的情形，因此是了解日治時期啓蒙思想全貌所不可或缺的工作。而張深切的啓蒙思想，同時受到自由主義與社會主義的深刻影響，在討論日治時期的自由主義思想後，我們必須進入日治時期啓蒙者對社會主義思想的引介、耙梳社會主義者流派間的差異、其活動概況與社會主義對張深切思想的影響等等，才能眞正掌握張深切與其他日治時期啓蒙者的思想全貌。將在本章詳述之。

第一節　從西方社會主義到日治時期社會主義的流行與張深切

　　西方社會主義的理念，可遠推至十六世紀的莫爾（Thomas More 1478～1535）空想社會主義的烏托邦（Utopia 1516），甚至是紀元前第四世紀柏拉圖的理想國（The Republic）。但更正確地說來，社會主義和自由主義一樣，都是啓蒙哲學的產物，對個人自由、理性思維、科學主義等，有同源的理念基礎。只是，社會主義的全面發展，在於自由主義之後，主要是在自由主義的自由經濟理論造成資本主義資產階級對無產階級無情剝削後，爲了對社會經濟與文化進行結構性的改革或加以修正而產生的思想理論；其追求階級的平等性

與計畫經濟更甚於啓蒙思想中對個人主義與自由傳統的推崇，也質疑民主代議制度的本質只是資產階級的統治工具。十七世紀以來，由於工業革命造成歐洲資本主義發展蓬勃，資產階級對無產大眾剝削日益加劇，造成社會嚴重貧富不均、階級矛盾日深、個人異化〔註1〕的情形。爲解決資本主義的自由經濟體制對無產大眾的剝削問題，在知識份子的策動與工人團體的推動下，歐洲出現了林林總總以平均社會財富與權利、消滅資產階級對無產大眾剝削爲目標的社會主義〔註2〕，並一直到十九世紀中後期，達到了發展的高峯。十九世紀社會主義的流派眾多，從主張溫和改良路線走議會路線的議會社會主義〔註3〕、以唯心論人道主義爲依據的英法空想理想主義（Idealistic Socialism）〔註4〕、以重建封建時期榮耀對資本主義進行批判的英法封建社會主義〔註5〕、主張基督教即共產主義的基督教社會主義〔註6〕、以新康德主義爲核心的德國倫理社會主義〔註7〕、以小農經濟爲依據的俄國農民社會主義〔註8〕、以資產階級改良者爲核心的英國費邊社會主義〔註9〕、到馬克思以唯物史觀爲依據主張暴力革命改造社會經濟結構的科學社會主義（Scientific Socialism）、主張反國家反政府形式徹底實現個人自由的無政府主義（anarchism）、結合無政

〔註1〕 此處的「異化」引用馬克思的 alienation，指的是勞工在資本主義工廠生產線機械化的分工下，被化約爲支離破碎的人，失去創意與整體勞動能力的現象。

〔註2〕 在此，社會主義的流派分類，參考徐覺哉。《社會主義流派史》。上海人民出版社，1999。

〔註3〕 19世紀90年代，議會社會主義思潮在歐洲各國盛行，西歐各國紛紛成立合法的社會主義政黨。

〔註4〕 19世紀空想社會主義者，以法國聖西門（Claude Henri de Rouvroy Saint-Simon 1760～1825）、傅立葉（Frangois marie Charles Fourier 1772～1837）與英國歐文（Robert Dale Owen 1771～1858）爲代表。

〔註5〕 19世紀，一群想重建封建貴族榮耀與特權的青年，成立「青年英國社」，批判資本主義，旨在恢復舊日英國的封建主義。

〔註6〕 基督教社會主義，19世紀，在法、英、德均蔚爲風潮，有：天主教社會主義、新權社會主義、英國聖公會社會主義等，主張以基督教精神指導社會主義運動。

〔註7〕 德國倫理社會主義，在19世紀末達到高峯，主張回到康德的倫理學，做爲社會主義的道德與價值標準。

〔註8〕 農民社會主義，是以小農經濟爲依據的小資產社會主義思潮，18世紀末出現在英國，而在19世紀發展於俄國，主張俄國的農民村社和手工業合作社，爲社會主義的自然胚胎。

〔註9〕 費邊社於1884年成立，爲小資產階級的學者、文人、慈善家、新聞記者等所組成，旨在將資本主義傳統的自由民主政治與社會主義傳統結合。主要受邊沁功利主義、孔德實証主義哲學、斯賓塞的社會進化論影響。

府主義的法國工團社會主義等等。進入二十世紀，社會主義依舊流派眾多：列寧對馬克思主義的發揚、結合馬列主義與中國農民革命的毛澤東思想、反對「機械唯物論」以盧卡奇（Georg Lukacs）葛蘭西（Antonio Gramsci）爲代表的總體性社會主義〔註10〕、以托洛斯基理論爲核心極左派的托派社會主義、以社會福利爲最高指標的瑞典職能社會主義、放棄共產黨專政的南斯拉夫自治社會主義、1970 年代以後興起於西歐的歐洲共產主義等等，不一而足。而儘管社會主義流派甚眾，對唯心唯物觀、道德宗教觀、對資產階級與民主代議政治的態度及改造社會手段與路線，也都各有不同的主張，但它們都同樣從反對資本主義所造成的社會不公與資本主義對人性的扭曲出發，主張消滅資產階級對無產大眾的剝削，對社會進行質變的改造。

　　十九世紀以來，在社會主義各個流派中，以無政府主義與馬克思的科學社會主義與共產革命思想，對世界社會主義革命的推展最爲有力。但無政府主義者，終因缺乏嚴密的組織與核心領導，而無法成功推翻既存政經體制達成革命。馬克思主義則成爲國際工人運動的指導理念；馬克思與恩格斯所提出的共產黨領導革命的概念，更進一步爲列寧發展爲共產黨的民主集中制，共產黨成爲世界革命的推動者。馬克思與恩格斯首先於 1848 年，爲第一個建立在科學共產主義基礎上的國際無產階級秘密政黨「共產主義者同盟」起草宣言，在倫敦出版本德文版的《共產黨宣言》，公開宣稱「至今一切社會的歷史都是階級鬥爭的歷史」（42），指出資產階級對其他階級的宰制剝削，以及機械文明對個人所造成的異化（alienation）現象。書中也批評了當時的其他社會主義流派的無力和虛僞：封建社會主義、小資產階級社會主義、空想社會主義等，並且主張無產階級以暴力推翻現存制度的革命運動：「總之，共產黨人到處都支持一切反對現存的社會制度和政治制度的革命運動。／……／共產黨人不屑於隱瞞自己的觀點和意圖。他們公開宣佈：他們的目的只有用暴力推翻全部現存的社會制度才能達到。讓統治階級在共產主義革命面前發抖吧」（83）。在共產主義的引領下，馬克思於 1864 年領導成立歐洲勞工運動組織，即爲第一共產國際。而後，第一共產國際因 1871 年法國巴黎公社的失敗，終於瓦解。而 1889 年，恩格斯領導第二共產國際時，西方資本主義國家已獲得龐大的殖民利益和世界市場，資本主義國家的勞工運動也逐漸進入非暴力的發展階段，各國無產階級政黨先後成

〔註10〕如盧卡奇便認爲工人運動若只片面強調經濟因素與經濟運動法則，會削弱無產階級對整個資本主義現實的洞察力。

立，無產階級革命運動趨於緩和。1895 年，恩格斯去世以後，第二國際更由反對無產階級革命、主張經濟鬥爭的考茨基取得主導，採溫和漸進的經濟鬥爭路線，並對被殖民地的無產者採取漠視的態度。直到列寧於 1919 年成立第三共產國際，國際無產階級才又持續其暴力革命路線。列寧的第三共產國際，策劃全世界殖民地與次殖民地無產階級反抗帝國主義與資本主義的聯手剝削，扶植歐亞非各個被殖民與次殖民地共產黨仿效俄國的共產黨民主集中制，計畫成立以蘇聯爲核心的各國蘇維埃政府。第三共產國際，成爲扶植全世界被殖民地與次殖民地無產階級革命的搖籃。

　　1920 年代，是無政府主義與共產主義在東亞盛行的年代，第三共產國際正積極地主導各殖民地與次殖民地的民族與階級解放運動。1921 年，中國共產黨在第三國際的扶植下成立〔註11〕。1922 年，日本共產黨也接著成立〔註12〕。社會主義與馬列主義思想，迅速成爲進步青年追求社會正義與社會革命的最佳選擇。而在 1920 年代中期以後的台灣，西方社會主義思想透過中日進入，逐漸興盛，被普遍視爲進步的思想趨勢。台灣在逐漸資本主義化的情況下，隨著資本家與無產階級的產生，不可避免地也被捲入社會主義運動的洪流裏。整體而言，與自由主義相較，社會主義思想：包括無政府主義、第二共產國際的無產階級運動與第三共產國際馬列主義的民族與階級解放運動，雖然幾乎同時經由《台灣青年》與《台灣》被引介入台灣，卻較晚造成流行，但有後來居上之勢。1920 年代中期至 30 年代早期，共產主義思想，在左翼知識份子與台共的推廣教育下，成爲農運與工運的思想基礎，成爲當時席捲整個政治社會運動進步的潮流趨勢。我們可以說，分析日治時期社會主義思想進入台灣的情形、當時社會主義不同流派與共黨派系之間在台灣政治社會運動角力的狀況、社會主義思想對台灣日治時期啓蒙者的影響、與 30 年代「台灣文藝聯盟」對公式化階級文學的批判等層面，是了解日治時期台灣啓蒙運動與思想的全貌，不可缺少的一環。

　　而透過 1920 年代早期的接觸，並身處於 1920 年代中期以來熱烈的社會

〔註11〕1920 年四月第三共產國際批准俄共派員，在上海與北京分別會晤陳獨秀與李大釗，於八月及十月，分別成立兩地的共黨組織。1920～1921 年春天間，武漢、長沙、廣州、濟南等各城市，也有共黨組織成立。1921 年，中共第一次全國代表大會在上海召開，正式宣告中共的成立。.

〔註12〕1922 年 7 月 15 日，「日本共產黨成立大會」中，選出堺利彥、山川均、荒畑寒村、德田球一等七位中央委員。1922 年十月於「共產國際第四屆代表大會」上，日共正式被允許加入第三共產國際，成爲「共產國際日本支部」。

主義熱潮中，年輕熱血、個性衝動的張深切自然深受影響。張深切對無政府主義及馬列主義都有涉獵，也經歷了身體力行的廣東事件（1926～7）解放民族革命時期，雖然他最終放棄無產階級革命的階級性，走向文化民族主義的啓蒙路線，但馬克思科學社會主義的科學主義、唯物史觀、辯證法與平等博愛的主張，在他整體思想卻留下深刻的痕跡。儘管張深切並未確切或系統地闡釋自己對歷史唯物論與唯物辯證的理解，但他對馬克思思想的理解與詮釋，無論如何，卻影響其核心思想「道德文學」理念的建立，成爲「台灣文藝聯盟」機關雜誌《台灣文藝》的編輯方針與文藝路線。張深切究竟如何理解與詮釋馬克思的歷史唯物論與唯物辯證？與當代台灣社會主義者與馬列主義者之間對馬克思思想的理解與詮釋，其異同的情形、之間的關聯又如何？我們則必須進入當時台灣左翼社會政治運動的語境，並還原日治時期社會主義思想——尤其是馬克思主義——被引介與詮釋的情形，將張深切對馬列思想的詮釋與運用，放置於當代的語境中，才能確實地加以釐清。

第二節　台灣 1920 年代中期至 1930 年代初期，左翼社會政治運動概況及各流派間的理念差異與衝突鬥爭

　　日治時期啓蒙運動與社會政治運動派系林立，不但左右派之間路線衝突嚴重分裂，就是兩大陣營之間，也是流派眾多，爭鬥不休。尤其是左派份子之間，派系對立的情形更是嚴重。1920 年代初期的台灣，隨著被殖民地資本主義社會的成型，社會主義思想主要透過留日、留中學生，被《台灣青年》、《台灣》與《台灣民報》引進台灣的啓蒙運動中，適時地協助因資本主義化被製糖會社奪取土地或強迫種植甘蔗而成爲無產階級的蔗農推展農運，做爲對抗日本殖民統治的依據。而繼蔗農運動首先發難之後，爲蕉農與米農叫屈及洋灰場工人罷工等農工運動，也在社會主義思想的鼓舞下，更形蓬勃發展。當時流行於台灣的社會主義思想，以無政府主義與馬克思主義爲主；無政府主義者與共產主義者，最初都依附在台灣文化協會，前者主要以新劇與文化劇做爲活動方式，後者以扶助農運工運進行無產革命爲務。獨行俠的無政府主義者范本梁，早期留學日本時受日本無政府主義者大杉榮的影響，並於 1922年在北京組織無政府組織「北京安社」創辦《新台灣》雜誌，成爲傳播台灣

無政府主義的先鋒。反國家、反政府形式的無政府主義者小澤一、王詩琅、吳滄州、吳松谷等，成立「黑色青年聯盟」，主張推動暴力革命途徑，1927 年1 月遭到逮捕判刑〔註 13〕；另一個由張乞食（張維賢）、黃天海等所組的無政府主義組織「孤魂聯盟」，則以新劇做為宣揚無政府主義與解放無產階級的理念，與馬克思主義者在左翼陣營中形成對立。根據《台灣總督府警察沿革誌》的記載，其他無政府主義者還包括蔡禎祥、陳崁、王清實、鄭水河、賴昆炎、郭炳榮、杜有德、陳長庚等。無政府主義者主張無政府共產主義，反對共產主義者精英式的領導方式。根據《台灣總督府警察沿革誌》的記載，1926／6／17 無政府主義者即以「在中國台灣無政府共產主義聯盟」之名，刊印〈六‧一七台灣島恥紀念宣言〉，附口號：「六‧一七是我們的反抗行動／迅速起來參加革命／解放必須依靠自己／勿依賴一切有野心的政黨／不斷實行暴動、暗殺、直接行動／顛覆強盜日本帝國主義政府／消滅私有財產制度／建設萬人快樂的社會／無政府共產主義萬歲」（《台灣社會運動史（1913～1936）第四冊：無政府主義運動、民族平民運動、農民運動》37）。這段口號，明白指出以無政府主義的暗殺暴動方式、而非共產黨式的精英專制領導無產階級運動方式，達成共產主義的目的。1928／11／30 在彰化天公廟舉辦的文化協會演講中，無政府主義者與共產主義者曾發生激烈的對罵。1929／9／24 文化協會彰化特別支部的無產青年派還故意延遲會議通知，使無政府主義者全部落敗。無政府主義者與共產主義者，在日治時期左翼社會政治運動中的路線衝突與對立的激烈，由此可知。

而信奉馬克思主義者，以無產階級革命、推翻帝國主義資本主義的雙重剝削為目標，主要以台灣農民組合、各個勞工組合、1927 年分裂後的新台灣文化協會、台灣民眾黨，做為活動的組織。1925 年開始展開的農運與 1926 年以後零星的工運，一開始本為草根性、自發性的農民與勞工運動，後來在日本勞農黨、啓蒙左翼知識份子與台共的支持下，逐漸形成具有社會主義階級革命意識的社會運動。無產的農民與勞工，為了集結力量抵抗在台灣總督府支持下的資本家的壓榨，連結日本勞農黨與工運人士的力量，在各地成立農民與勞工組合，

〔註 13〕根據《台灣總督府警察沿革誌》，1927 年 1 月，台灣黑色青年聯盟成員遭逮捕，1927 年 10 月判刑終結。小澤一、王詩琅與吳滄洲（求刑三年）徒刑一年六個月、吳松谷（求刑三年）徒刑一年。見《台灣社會運動史（1913～1936 年）第四冊：無政府主義運動、民族平民運動、農民運動》。台北市：創造出版社，1989,6 月。

爭取勞農階級生存的空間。農民運動肇始於 1925／6／28 李應章醫生集合 400
名蔗農組成的「二林農民組合」。1925／10／6，因該組合向林本源製糖會社交
涉提高甘蔗收購價格未果，23 日 93 名參加騷亂者遭檢舉，即爲「二林事件」。
日本勞動農民黨派麻生久、布施辰治來台辯護、指導。這個事件，造成簡吉、
楊貴（即楊逵）等人對整個台灣農民際遇與農村經濟的思考，而思想日益左傾，
簡吉日後加入台共，楊貴則受日本社會主義者山川均的影響成爲馬克思主義
者。1925／11／15 以簡吉爲首，在鳳山成立「鳳山農民組合」，1927 年勞農黨
幹事麻生久、布施辰治又受文協左派幹部邀請來台，在日本勞動農民黨的指導
下，「鳳山農民組合」再進一步發展爲「台灣農民組合」，組織全島的農民運動。
除麻生久與布施辰治外，勞農黨黨員古屋貞夫律師，也來台四處演講並在台中
開業，反對總督獨裁、反對出兵中國、反對重稅、主張制定最低工資法等，對
台灣勞農運動有一定程度的啓發和影響。而勞農運動，普遍獲得啓蒙知識份子
的同情與支持，本身並非眞正共產主義信徒的王敏川、連溫卿、賴和等人，進
一步與無政府主義者與共產主義者聯盟，加入啓蒙左派的勢力。

　　而在工運方面，台灣的勞工運動，發展較慢，是在左傾後的文協與台灣
民眾黨的扶植下，才漸漸發展蓬勃的。台灣文化協會進入 1920 年代中期以後，
逐漸爲同情工農無產階級的連溫卿與王敏川等社會主義派所把持〔註 14〕，並
於 1927／1／3 正式分裂，在 1927／10／14 文協的宣言書裡，文協已明白指
稱其爲聯合無產者與小資產階級的戰鬥團體：「文協永遠是農、工、小商人及
小資產階級的戰鬥團體」（《台灣社會運動史（1913～1936）第一冊：文化運
動》277 ），排除大資產階級、採取聯合戰線，但尚未是無產者領導的革命團
體。而另一方面，文協右派人士出走後所成立的台灣民眾黨，在蔣渭水的帶
領下，也積極介入勞工運動。在文協與民眾黨的指導下，台灣勞資爭議在 1927
年躍昇爲 69 件。文協也於 1928 年日本共產黨台灣民族支部（台共）於上海
成立後〔註 15〕，成爲其外圍組織。在左右派之間向來主張中道的蔣渭水，則

〔註14〕　當時文協可分爲右派民族派，有林獻堂、林幼春、陳逢源、蔡培火、韓石泉、
　　　　王受祿等代表地主資產階級利益的議會派；支持無政府主義與馬克思主義階
　　　　級運動的左派社會主義派，有王敏川、連溫卿、洪朝宗、王萬得等；支持全
　　　　民改革運動路線的中間派，蔣渭水、石煥長等。
〔註15〕　1927 年 11 月，林木順、謝雪紅成立「上海台灣聯合會」，做爲建黨的籌備會。
　　　　12 月下旬，謝雪紅被召去東京，自渡邊政之輔接受政治綱領和組織綱領（由
　　　　渡邊起草，於 1928 年 1 月中旬由日共中央常任委員討論確定）。1928 年 4 月
　　　　15 日，在上海霞飛路的一家照相館樓上，召開台共建黨大會，台共正式成立。

在上海大學畢業的秘書陳奇昌的影響下，領導民眾黨於 1929 年以後明顯左傾，蔣渭水的論調也從以三民主義「全民運動」為宗旨的國民黨左派理念，有段時間變為言必稱馬列的情形。總體而言，整個 1920 年代晚期到 1930 年代初期，台灣的勞農運動日益左傾，為馬列主義與第三共產國際持續積極發揮影響力的時期。除了在文協與民眾黨取得掌控外，在第三共產國際指導下的台共，還直接積極介入工運與農運當中，吸收教育農民組合與工運的核心幹部，在各地成立讀書會推動馬克思主義理念，使本為草根性、自發性的農民與勞工運動，轉變為以馬列主義為理論依據的無產階級革命，台灣啟蒙運動與農工運動，也因而成為國際無產階級革命運動中的一環。簡吉、趙港等這些農工運動者與台共謝雪紅、林木順、潘欽信、蘇新等，依循第三共產國際的路線，著重實踐無產階級革命理念與農工運的現實議題，而較不強調對馬克思的歷史唯物論與唯物辯證等哲學議題的研究。

不幸的是，這些啟蒙左派團體強調階級性的結果，與走民族主義議會路線的啟蒙右派產生嚴重的路線衝突，導致日治時期台灣文化啟蒙運動與政治社會運動力量的削弱。而各左翼流派之間：無政府主義者、溫和的奉行山川主義「左翼社會民主主義者」與激烈的奉行福本主義的馬列主義基本教義派、透過日共受第三共產國際指揮走「左右合一」「漸進論」的台共謝雪紅派與受中共中央瞿秋白極左激進路線影響的蘇新、王萬得等台共上大派、農民組合的台共派（以簡吉為首）與山川主義派（以楊貴為首）等，各流派不同路線的衝突拉扯，使左派力量日益分散，更幫助台灣總督府在 1930 年代初期，能有效地撲滅這些左翼運動的火焰。但無論如何，日治時期啟蒙左翼社會主義思想對帝國主義資本主義的批判、其強調均富與平等的理想性、其建立新大眾文化的主張，透過這段轟轟烈烈的抗爭時期，已成為日治時期台灣啟蒙運動與思想不可分的一部分。

第三節　1920 年代台灣社會主義思想的引介與傳播：以《台灣民報》為研究

如同所有革命運動「思想先於行動」的歷程一樣，日治時期社會主義的傳播，先於農工運與台共的階級革命社會改造運動，報章雜誌，尤其是《台灣民報》和《台灣大眾時報》，被用做推動社會主義革命最佳的利器。而思

想傳播受到社會主義共產主義者重視的情形，可從 1930 年代在左翼運動全面受到壓制的情況下，仍有壽命短暫的普羅文學雜誌：《伍人報》、《台灣戰線》、《洪水報》、《明日》、《現代生活》、《赤道》、《新台灣戰線》等，前仆後繼宣揚階級革命理念的盛況，看出一斑。這些發行量小、壽命短暫的報章雜誌，有助於逐步引介社會主義與共產主義均富的理想、階級意識、階級革命、社會改造等基本理念，宣傳中日與歐美社會運動與勞工運動的情況，並介紹俄國革命與第三共產國際等；在知識份子的帶領下，逐步組織起企圖對抗帝國主義資本主義的農工無產階級運動的力量。

　　日治時期最早提到共產主義的，事實上，應是李春生在 1909 年出版的《東西哲衡》。有「台灣茶葉之父」之稱的李春生（1838～1924），可被稱為台灣的第一位啟蒙思想家，他是基督教長老教會教友，學貫中西、深具啟蒙思想的意識。1900 年李春生 63 歲時，曾與黃玉階等發起「天然足會」，主張解放婦女纏足的陋習。1909 年，李春生 71 歲時著《東西哲衡》，他從基督徒的觀點評論西洋近代思潮。在這本書中，「共產」一詞首先出現，但李春生對無產階級革命的正當性，則採取完全否定的態度，反對共產均富的主張：「試問：今使富均其所富于貧，而貧者果利乎？若果利也，均之未嘗不可；若不利也，則均之反使以害之。……／原貧者為境遇所因者必少，為怠懈蕩檢，不安於分者多。今一旦有富可均，是不但使為境遇困者有利，且還使平日勤劬耐勞、胼手胝足之有作為者，從而效怠懈蕩檢、不安於分者，謂我無慮，我有富可均」（68）。李春生寫這本書時，資本主義制度在台灣尚未全面建立，資產階級對農工階級結構性的剝削並未完全成形，李春生從傳統勤儉的美德出發，認為貧者只有少數人是境遇的緣故，大多數貧者為怠惰放蕩所致，因而反對共產主義的均富主張。社會主義內涵的正式引介，事實上仍有待於 1920 年代，於台灣被殖民地帝國主義資本社會漸臻成熟之後。

一、《台灣青年》與《台灣》對社會主義與共產主義思想梗概的引介

　　李春生之後，真正肇始社會主義思想的傳播是《台灣青年》與《台灣》。從 1921 年到 1924 年期間，《台灣青年》與《台灣》共刊載了十一篇社會主義相關的文章（見附錄一），初步介紹社會主義與共產主義均富的理想、階級對立的存在、歐美與中國無產階級運動的情形、台灣無產階級所受的剝削情形、勞資之間的協調問題、如何擺脫個人資本社會對人性的傷害回復個人人格與

個性價值等社會主義的面向。蓋觀而言，這十一篇文章，雖然提到俄國革命，但仍大致循著第二共產國際的勞資協調路線，介紹歐美勞資協商的情形，強調勞資之間的協調。最早介紹社會主義共產主義的，是彭華英在 1921／5／15《台灣青年》第二卷第四期所刊載〈社會主義の概說〉。在這篇文章中，彭華英將社會主義與共產主義形容爲「大慈大悲」的思想主義，首度以正面的意義，將社會主義與共產主義引介入台灣。彭華英介紹俄國無產階級革命的成功、批評歐美國家資產階級對無產階級造成的痛苦、並介紹社會主義在中日發展的情形，目的在導正視聽，消除群眾對社會主義的誤解與恐懼。他定義社會主義爲「資本以及社會一切物品都歸社會化、萬人共同因幸福的目的共同勞動，以建立人類的理想社會。其心腸，實爲大慈大悲，其目的手段，也是爲了救苦救難」（「資本並に社会一切のものを社会化に歸せしめ、萬人が萬人共皆勞働して人生の目的たる幸福を萬人共にするという人類の理想的社会を建設するに在る。其心腸は實に大慈大悲の心腸であり、其の目的手段は乃ち救苦救難の目的手段である」）（55）。文章中，彭華英並宣揚共產主義「個人所得報酬大小，以其所需決定」的理念，主張以教育去除人類自私的劣根性，使共產制度變爲可能。彭文可說是，日治時期最早試圖全面簡介社會主義共產主義梗概的文章。同期漢文部尚有蔡復春的〈研究救恤貧乏問題〉，以「均富主義」定義社會主義：「夫欲救細民之貧窮。藉國家之權能。把富豪『飽食終日無所用心』之享受。――供給於細民。增進其福利者。此稱爲社會黨。其主張即各國今日活潑進行之社會主義是也」（17），也點出貧富階級之間的對立意識。如此，1921／5／15《台灣青年》的這兩篇文章，初步介紹了社會主義均富與濟貧的理想，首先將社會主義與共產主義的目標引進台灣。這篇文章之後，黃朝琴登載在 1923／4／10《台灣》（第四卷第四號）的〈改造運動大勢〉，繼續指出階級對立的問題。他強調現在世界改造的大趨勢，根源於無產階級對有產階級的反感日深，主張必須打破資本主義，才能根本改造社會：「目今雖有偉大睿智的人物，除非訴將資本主義打破而外，用強力壓迫，萬萬不能根絕改造社會的聲氣，也不能根本的打擊改造社會的論理」（14）。黃朝琴提出社會主義才是現今改革大趨勢之所在，要以強力打破資本主義，才能眞正改造社會。

除了引介社會主義與共產主義理想性之外，《台灣青年》與《台灣》，又進一步探討：階級運動的意義、勞資協調問題、台灣無產階級的苦狀、英國

與中國的社會主義思想、建立新文化恢復勞動者被資本主義扭曲的人格尊嚴
等議題。《台灣青年》與《台灣》進一步探討階級問題的文章，有蔡復春在
《台灣青年》第 3 卷第 4 號的〈階級鬥爭の研究〉、林石樹在《台灣》第 4
卷第 5 號的〈勞働者ご資本家ごのの協調問題に就て〉、與小池經策在《台
灣》第 5 卷第 1 號的〈英國勞働黨に就て〉。蔡復春的文章，粗略從對歐洲
階級鬥爭歷史的觀察——從早期的奴隸制度、封建制度到資本主義——，主
張應廢除私有財產制，停止資產與無產階級之間的對立。林石樹的文章，則
探討知識份子在勞資協調中，所扮演的角色。林石樹從協商主義出發，主張
知識份子協助勞動階級向資產階級爭取權益，同時避免資方的壓榨與勞方的
怠惰。而小池經策的文章，則介紹經由選舉制度產生的英國勞工黨，如何促
進社會階級平等的具體主張與內容。這三篇有關階級問題的文章，均未提及
以暴力革命達到社會階級平等的做法，而走第二共產國際的溫和協商路線。
另外，討論台灣無產階級苦境的文章，有當時就讀上海大學社會科學系的許
乃昌（筆名秀湖生）的〈台灣議會と無產階級解放〉（《台灣》第 4 卷第 7 號）
與布施辰治的〈台灣統治問題所感〉（《台灣》第 5 卷第 1 號）。許乃昌的文
章，批評台灣議會代表資產階級的利益卻未曾批判日本資本主義，無法達到
全體台灣人的解放。而曾來台爲「二林事件」辯護的日本勞動農民黨幹事布
施辰治，則在〈台灣統治問題所感〉中，指出在被殖民情境下，台灣無產階
級受到二重、三重剝削的問題。許乃昌與布施辰治的這兩篇文章，首度指出
台灣無產階級革命路線與議會路線，所代表的不同階級的利益，預告了日後
啓蒙左右派的分裂。許乃昌另外也在 1923／5／10 的《台灣》第四卷第五號
刊出〈歐戰後の中國思想界〉，介紹中共陳獨秀、社會主義者江亢虎、社會
政策派胡適、梁啓超等人的思想，敘述當時中國思想界左傾的情形。

　　而有關社會主義欲恢復被資本主義破壞的個人價值與尊嚴的面向，則有
北澤文次郎的〈勞働運動及新文化之創造〉與帆足理一郎的〈民眾文化の哲
學的根據〉。北澤文次郎刊載在《台灣青年》第二卷第五號的〈勞働運動及新
文化之創造〉，指出勞働運動（即無產的農民與勞工運動）「其眞正的目的。
在乎改造今日之不合理的社會組織。以更新創造人類均得有價值生活之社會
焉」（26），主張確立勞動者的人格尊嚴，將勞動者「理解爲自由獨立之生產
者」（26）。而勞働運動的目的除改善勞工待遇外，也在求創新文化，救資本
主義文化之停滯：勞働運動「不但以改善勞働者之雇傭條件。要在今日多缺

陷本質的社會組織。以改造爲自由獨立生產者增得有價值生活之社會組織」（28）。早稻田大學教授北澤文次郎，雖未明確指出資本主義文化的停滯，即爲馬克思所稱的在資本主義機械化生產模式下，勞動者勞動能力與人格支離破碎的異化（alienation）現象；但他欲將勞動者改造爲自由獨立的生產者，即依照馬克思欲改正異化的觀念而來的。根據馬克思，異化是一種社會畸變與心理畸變的狀況，是勞動者在資本主義機械化生產模式下所產生的社會與心理畸變，也就是馬克思與恩格斯在《共產黨宣言》所批評的：在資本主義社會裡，「由於推廣機器和分工，無產者的勞動已經失去了任何獨立的性質，因而對工人也失去了任何吸引力。工人變成了機器的單純附屬品，因求他做的只是極其簡單、極其單調和極容易學會的操作。」（50）。科學社會主義的目的之一，即在改造資本主義社會對個人人格尊嚴與創造力的桎梏，使人擺脫經濟力量與「拜物教」束縛，獲得眞正的自由。另外一篇討論革新資本主義文化的文章，帆足理一郎的〈民眾文化の哲學的根據〉，也同樣批評資本主義所造成的對人性的傷害，認爲單從廢除資本主義制度並無法去除資本主義社會對人性所造成的傷害，呼籲提升整合心靈、建立重視人格與個性價值的民眾文化，以避免革命與流血。這個呼籲也同樣基於改正資本主義對個人所造成的異化現象，強調必須提升個人擺脫資本主義造成的物化與拜物教，以愛使自己與他人的心靈融合，達到提升人性的目的：「人格化的要素是發展愛。而愛是指一個人的人格與他人的人格及心靈的融合，人類也在自己的生活圈內他人生命的愛裏表現，藉此其人格也因而向上」（「人格化の根本要素は愛の發展である。愛は一人格と他の人格との靈的融合であって、人間は愛に在りて他の生命を自我の生活圈內に活現し、之によりて其人格的の向上を遂げる」）（15）。

綜觀《台灣青年》與《台灣》這十一篇有關社會主義與共產主義思想的文章，已涵蓋西方社會主義傳統與第二共產國際及第三共產國際最基本的思想梗概；社會主義與共產主義均富的理想性、階級鬥爭或階級協調的觀念、社會主義與共產主義企圖打破資本主義的拜物教與異化現象、對國際社會主義流行或施行情況的引介、解放台灣無產階級的呼籲等，都已被囊括其中。而在經過《台灣青年》與《台灣》對社會主義與共產主義的思想基礎被初步引介之後，在《台灣民報》的階段，則比較不探討理念的議題，而多止於將這些基本社會主義與共產主義理念，發揮在社會實際的勞農問題與階級衝突上。

二、《台灣民報》時期有關農工運動的文章：從勞資協調到馬列主 義

　　相對於有關自由主義的文章，在 1927／1／3 文協正式分裂以前，《台灣民報》有關無產階級運動與社會主義思想的文章，數量就顯得少得多了，約略有四十多篇（見附錄二）。事實上，整個 1923 年，《台灣民報》直接有關社會主義思想的文章，可說只有 1923／7／15 出刊第一卷第四期江亢虎的〈解決工潮之三策〉。文章中，江亢虎提出解決工潮的上、中、下策，其上策即爲資產公有、社會消滅階級、勞資合一、利害從同等共產主義思想。江亢虎主張至少資方必須與勞方協商，承認工人要求、嚴懲軍警干涉、杜絕政客之利用，才能止息工潮。而除了江亢虎的這篇文章以外，從《台灣民報》1923 年 4 月出刊到 1925／8／16 的第 72 號之間，並無明顯社會主義與共產主義思想的文章。約十篇有關農民運動的文章，只是單純爲蔗農與蕉農叫屈、要求提高蔗農與蕉農收益、報導蔗農與蕉農自救活動與知識份子對農運的支持，卻尚未有以無產階級之名進行的社會改造運動。階級意識從第三卷第十八期（1925／6／21）的大阪朝日社論的譯文〈重大之台灣農民運動〉起，才開始在字裏行間滲入：「台灣農民不論何時起肯爲資本家僕從。而其爲搾取之對象乎」（10）。但階級意識的對立，此時仍未被明顯的挑起。到第 72 號（1925／9／27）的社論〈土地問題與無產者〉，無產革命與農民運動才被連結一起。文章中指出，俄國農民是因爲受到「不人格的待遇」而響應列寧的土地政策，呼籲正視土地被徹底資本主義化的問題。而隨著「二林事件」的發生，農民運動越來越熾熱之際，無產黨的概念也被介紹進來。《台灣民報》第 82 號〈電光的農民勞働黨〉（1925／12／6），介紹了成立 24 小時即被禁的日本農民勞働黨，並宣揚「現代無產階級的覺醒運動、是世界社會史上的中心問題」（1）。這之後的整個 1926 年，是無產階級意識逐漸茁壯的一年。是年，《台灣民報》文章出現無產青年（南山〈無產青年公開狀〉第 116 號）、無產小學（玉鵑〈無產農民學校問題〉第 123 號）、馬克思唯物論（SM〈社會革新與青年〉第 124、125 號）等概念與用語，階級鬥爭的聲音開始出現，言論逐漸往共產主義階級革命理念靠近。一直到 1926 年底陳逢源與許乃昌、蔡孝乾的論戰中，第三共產國際的民族與階級解放路線，被許蔡兩人明確地讚許宣揚，第三共產國際的主張被正式引進台灣〔註16〕。

〔註16〕由《台灣民報》所顯現的「無產階級意識並非自發性產生的」事實，可以映

　　1926 年 10 月到 12 月，許乃昌、蔡孝乾與陳逢源，從《台灣民報》第 126
號（1926／10／10）到 139 號（1927／1／9）連載的文章，就中國改造問題
進行「發展民族資本」與「進行社會主義改造」路線之辯。這個論戰，可被
視為台灣改造路線之爭與左右派分裂的先聲，文章中並少見地以馬克思歷史
唯物論做為論戰的起點，透露當時啓蒙知識份子對馬列思想熟悉的程度。這
場論戰起源於，陳逢源在第 120 號（1926／8／29）登載的〈我的中國改造論〉。
文章中，屬文協右派民族派的陳逢源提出當時的中國仍為封建社會，並將馬
克思歷史唯物論解讀為社會進化論：「……馬克思的立論，分明是採取社會進
化主義、他對於資本主義的開剖、也不得不承認資本主義非達到極點、斷沒
有社會主義的實現了」（8）；因此，陳主張中國和俄國國情不同，必須先走向
資本主義，才能接著到達社會主義階段：「我們的中國改造論、雖說出許多的
話、總講兩句、不外是由資本主義這條路跑去便是了」（9）。陳逢源的這篇文
章，先引起許乃昌激烈的反駁，在《台灣民報》第 126～129 號（1926／10／
10 ～1926／10／31），登載〈駁陳逢源氏的社會改造論〉。首先，許乃昌認為
陳逢源對馬克思歷史唯物論一知半解，指出陳只是拾中國官僚學者張東蓀、
京都帝大教授河上肇的牙穢，誤以為馬克思為進化論者。許乃昌舉出馬克思
的德文原文加以翻譯，指出馬克思主張社會革命而非社會進化：「社會的物質
生產力，在其發達的某種階段、便和自己以前在那裡面工作的、那現在的生
產關係相衝突、那些關係初是生產力的發展外形、而後變成桎梏、於是社會
xx【此指「革命」】的時代便開始了」（第 126 號 10）。許乃昌認為河上肇與陳
逢源都把馬克思公式化了，並非一定需要資本主義發達到極致才會有社會主
義革命，在帝國主義剝削的半殖民地，其實可以直接進行無產階級革命：「……
須知道唯物史觀是決定論、不是機械論。唯物史觀解釋世界歷史的進行、以
為是有順應純經濟過程的一定的原理原則。但因各國的純經濟過程、不是絕
對的一種，所以沒有說社會形式的發展、在各國都是同一圖形……有時還可
以跳越一定的階段而入較高度的社會」（第 128 號 10）。許乃昌這種主張各國
可依照國情，直接跳入另一較高發展階段的說法，其實就是遵循列寧所主張
的世界所有民族勢必均按照不同發展形式與順序走向社會主義的觀念：「世界

　　　證《台灣總督府警察沿革誌》所說的，日治時期台灣的農工運：「並非自然發
　　　生的組織運動，而是在台灣知識階級的民族主義與共產主義的指導機關指導
　　　下急速發展起來的」（《台灣社會運動史（1913～1936）第五冊：勞動運動右
　　　翼運動》34）。

歷史發展的一般規律，不僅絲毫不排斥發展階段在發展的形式或順序上表現出特殊性，反而是以此為前提的」（〈論我國革命〉690）。許乃昌並且從第三共產國際的觀點，指出中國社會型態並非封建社會，而是「帝國主義時代殖民地式中間型態」，工商業多為帝國主義列強所扶植把持，本國資本則前途黯淡，因此不可走發展資本主義的路線，而必須走解放民族與階級的路線。

　　許乃昌的這篇文章，獲得後來加入台共與中共的蔡孝乾的支持。蔡孝乾在《台灣民報》第134號所登載的〈駁芳園君的「中國改造論」〉中，支持許乃昌對馬克思歷史唯物論的解讀，主張「馬克斯的學說不是進化的，而是革命的」。但許乃昌的說法也引起陳逢源長篇分期登載的反駁，而在第130～139號刊載的〈答徐乃昌氏的駁中國改造論〉，針對許乃昌所提的論點一一加以駁斥。陳逢源首先澄清與許乃昌的歧異，並非片段譯文之爭，而是蓋觀馬克思著作整體的解讀所致，並另舉河上肇對馬克思《唯物史觀》的譯文片段，說明馬克思所認為的「新生產關係必須慢慢脫胎於舊社會的母胎」，乃為進化論的思想：「新的、更高級的生產關係、非待其物質的存在條件、懷孕於舊社會的母胎內期滿了以前、決不會發生」（第 130 號）。這種詮釋實為河上肇對馬克思歷史唯物論的解讀，陳根據河上肇的說法指出馬克思思想的矛盾性，認為馬克思在《唯物史觀》與《資本論》裡面，持進化主義，而在《共產黨宣言》裡，則是持革命主義。有關發展中國社會資本主義方面，陳逢源則清楚列舉歷年來在中國各國紡紗廠的數量與生產數據的變化，說明中國資本仍佔最大的成長空間，因此發展民族資本並非如許乃昌所認為的前途黯淡。另外，陳逢源認為俄國並非無產階級專政而是共產黨專政，俄國革命只是政治革命而非社會革命：「照俄國的現狀，只有政治革命的事實，卻沒有社會革命的內容。……除掉（一）土地的分配農民（二）主要工業的國有（三）貿易的管理而外，還有什麼異於資本主義國？」（第135 號，8）。陳主張中國的現狀沒有實施共產主義的條件，必須先解放民族再解放階級。因此，他反對第三共產國際指導下的民族與階級革命與共產黨專政，認為中國的燃眉之急是全民革命、徹底實行民主、發展民族工業、走出不同於俄國的改造路線，因而贊成蔣介石的國民會議路線。

　　繼陳逢源的這篇文章後，許乃昌又為文〈給陳逢源氏的公開狀〉，分 142 與 143 號登載在《台灣民報》上，許乃昌否定列寧革命路線以外對馬克思歷史唯物論的解讀。他指出福田德三的倒述史觀、高田保馬的經濟史觀、梁啟

超的宿命論、蔡元培的物質萬能主義現實主義等各家對馬克思歷史唯物論的詮釋均不可信，並認爲馬克思一方面是進化主義，一方面是革命主義，是完全沒有矛盾的，並舉出河上肇也持相同的見解。有關馬克思歷史唯物論爲進化主義與革命主義並存這點，許乃昌的辯駁（相容說）與陳逢源的見解（矛盾說），事實上並無不同。只是許乃昌辯駁眞正的目的，在低調處理馬克思進化主義主張的一面、高舉馬克思歷史唯物論贊成革命路線的大旗，以列寧第三共產國際的民族與階級解放路線爲師，推行其無產階級革命理念：「……我們相信無產階級將要出來創造新的歷史，我們一切的主張、都要以無產階級的利益爲前提」（第 142 號 11），而並未對陳逢源所提出有關中國資本發展的相關事證加以辯駁。這點可能是許乃昌根本無法反駁陳逢源所提出的事證所致。但無論如何，經過這場論戰，馬克思主義的相關詞彙——歷史唯物論——與第三共產國際的民族與無產階級革命的路線，已被明白詳細地廣泛介紹進台灣。

而這個論戰進行到尾聲時，1927／1／3 在台中公會堂召開的文協「臨時總會」，選出的臨時中央委員除林獻堂、林幼春、蔡培火等少數右派以外，大多屬連溫卿一派。文協事實上已爲總合無政府主義者與共產主義者勢力的連溫卿、王敏川等左派人士所主導，日治時期台灣啓蒙運動與社會政治運動的左右分流，此時大致已經完全成形。以馬列主義與第三共產國際爲指導的農工運動，逐漸變爲左翼社會政治運動的主流，1928／4／5 台共於上海成立以後，台灣的無產階級運動更進一步成爲第三共產國際民族解放運動中的一環。但儘管如此，文協的機關報《台灣民報》，卻仍繼續爲文協右派所掌控，因此在編輯上仍反映全民的運動路線；有關自由主義、民主主義、議會設置與勞農運動的文章，均被登載在《台灣民報》中。《台灣民報》並非只是爲無產階級革命發聲的機關報。例如，《台灣民報》第 176～178 號（1927／10／2～10／16）登載保守派韓石泉與王受祿、及具社會主義思想的彭華英與主張中道的蔣渭水等，在台南就台灣社會改造所做的演講內容〈台灣社會問題改造觀〉，這些演講均未標舉以無產階級革命爲改造途徑。王受祿只含糊提及台灣社會改造問題是民族與貧民問題，彭華英主張階級運動應先從政治運動到社會運動，蔣渭水則介紹馬克思、恩格斯、考茨基等人的民族觀，三人均未主張以無產階級領導社會革命。韓石泉更在思考台灣改造該走馬克思或孫中山路線時，明白表示反對階級鬥爭：「不可以誤用階級鬥爭，自相殘蹈，被外

人恥笑，最好以勞資協調，求目的之實現」（第 176 號），主張溫和的勞資協調社會改造路線。而眞正以無產階級社會改造爲宣揚目標的報刊，則必須等到 1928 年《台灣大眾時報》的出現。

第四節　做爲無產階級革命先鋒的《台灣大眾時報》

　　文協左傾以後文協右派繼續掌控文協的機關報《台灣民報》，新文協另外於 1928／5／7 創刊《台灣大眾時報》，做爲機關刊物，目的在教育大眾，傳播左翼思想，到 1928／7／9 前後發行十冊。而在 1929 年文協第二次分裂連溫卿一派被趕出、文協走向台共極左路線〔註 17〕之後，又有《新台灣大眾時報》月刊（1930／12／11）共五期，做爲機關刊物。《台灣大眾時報》事實上是左翼共同戰線的刊物，其領導人兼編輯部主任王敏川，主編蘇新，記者蔡孝乾、李曉芳、莊泗川，特約記者翁澤生（駐上海）、蘇新（駐東京）、楊貴、賴和，營業部主任連溫卿等，幾乎是當時台灣信奉馬克思主義的左翼各流派信徒的大集合。賴和爲同情無產階級農工運動的左傾小資產階級新文學作家，本身稱不上是馬列主義的信徒。王敏川雖然傾向社會主義、盡心盡力扶植左翼勢力的成長、並付出身繫牢獄的代價，但本身也屬於小資產階級，並未加入共黨組織，翁澤生等台共上大派借重他的聲望，凝聚文協內左派勢力。連溫卿與楊貴，皆信奉日本山川主義，連溫卿因認同超越民族與信仰的「世界語」（Esperanto）〔註 18〕理念，而接觸山川均，認同其擺脫第三共產國際秘密非法結社的途徑，支持其成立合法「無產政黨」的主張與強調發展群眾組織。山川均因其主張，被走純粹馬列主義徹底鬥爭路線與主張發展列寧式精

〔註 17〕根據台灣總督府警察沿革誌第二篇，1929 年 2 月農民組合被檢舉的前後，文協解散問提已由一部份台共黨員所提倡。他們主張各階級應有自己的團體，聯合各階級的文協之存在只會妨礙反帝國主義鬥爭：「殖民地運動的主要鬥爭是反帝國主義鬥爭。成立農業無產階級及都市階級的反帝國主義鬥爭團體，是當前的急務。文協倘若存在，甚至反會妨礙反帝國主義鬥爭」（〈農民組合解散論的依據〉359）。王敏川則主張保留文協。1929 年第三次代表大會後，台共對文協指導權加深，將無政府主義者與所謂左翼社會民主主義者連溫卿一派逐出文協。1931／1／5 第四次代表大會，文協通過支持台共，公然成爲其外圍組織。

〔註 18〕Esperanto 爲波蘭眼科醫生 Zamehof 進行十年所創作初的人工語言，於 1887 年創立此語言基礎，被定爲國際間的輔助語言。目前仍有 1000～2000 以此爲母語的人，能流利使用的人有 10～200 萬人之間。

英政黨的福本主義者視爲落伍的「左翼社會民主主義者」。楊貴則是參與「台灣農民組合」、主張走山川均合法政黨路線與發展群眾組織的馬克思主義者。蔡孝乾、翁澤生、蘇新、李曉芳均爲台共份子，走列寧式精英政黨的路線，翁、蔡兩人且兼具中共黨員身分，受老師瞿秋白影響甚深，他們都是接受列寧第三共產國際指導的極左派馬列主義者。

做爲左派社會改革者聯合戰線的刊物，《台灣大眾時報》以教育民眾促進民族與階級解放運動爲目標，所登載的文章目的同樣在促進實際農工無產階級社會運動：倡導婦運、登載台灣無產階級受剝削的情狀、農民組合與各地工運活動的情形、闡釋「五一勞動節」與共產國際的關係、將台灣與世界無產階級革命做連結等等。而正因爲《台灣大眾時報》是以促進階級鬥爭運動爲目的的宣傳，因此在社會主義與共產主義哲學理論與文化議題方面的文章，十分缺乏。如《台灣大眾時報》第四號（1928／5／21）的文章，均與左派社會運動相關，而無關哲學文化議題：社說〈五一的回顧〉、評論〈三萬餘甲農民的竹林〉、〈治安維持法變本加厲〉、〈五一的各地爭報〉、時事〈上海被捕台灣學生押回了〉、〈中國資產階級投降於帝國主義勢力下的一幕〉、〈帝國主義的代辯者訪問〉、〈監禁郭常君兩月多日〉、〈台南州下的農民大會〉、〈交涉委員報告蔗農大會〉、〈包圍鹽水港製堂會社〉。即使僅從這些文章標題，便可得知《台灣大眾時報》目的在宣傳與支持被殖民地台灣無產階級社會運動理念，也同時可看到這份雜誌對文化藝術與道德議題的缺乏。

而事實上，對社會政治實務問題的側重，並非《台灣大眾時報》所特有的。綜觀整個 1920～1930 年代左派陣營的文章，社會政治鬥爭重於抽象哲學思考，社會政治實務議題重於文化道德議題；即使是無產文學、普羅文學，也多以宣揚社會主義理念，描述無產階級的苦狀，攻擊日本帝國主義與資本主義聯手對無產大眾的剝削爲目標。除了 1920 年代早期北澤文次郎的〈勞働運動及新文化之創造〉與帆足理一郎的〈民眾文化の哲學的根據〉對大眾文化議題加以討論之外，幾乎看不見其他左派有關文化道德議題的討論。而確實討論馬克思歷史唯物論的文章，也僅有陳逢源與許乃昌之間的論戰。在社會主義共產主義思想與道德宗教議題間，尋求日治時期台灣啓蒙左右派連結途徑的，張深切可算是第一人。

第五節　張深切與日治時期啓蒙左翼的關聯與廣東台灣獨立革命時期（1926～7）

　　如第二章所述，在 1920 年代中期社會主義思想在台灣被普遍視爲進步改革思想之前，年輕氣盛的張深切，即已受到無政府主義與馬列主義的影響，但他終究沒有成爲無政府主義者或共產黨員。經過「廣東事件」入獄服刑三年後，張深切將馬克思主義的影響收納爲思想的核心部分，以做爲回歸老子道德觀的思想基礎，主張超越啓蒙左右翼陣營之爭，以眞實的態度分析台灣社會，爲台灣找出最合乎自然法則的運動路線。1920 年，17 歲的張深切因擊劍事件而民族意識覺醒，欲以工業報國，從豐山中學轉學至東京府立化學工業學校，遭到父親反對爲節省開支以免被斷經濟支援，住進高砂寮。當時他便常與台灣最早具有社會主義思想的彭華英、最早的無政府主義者范本梁與後來的啓蒙要角林呈祿等暢談時事，頗受彭、范的社會主義思想論調的影響。1922 年，19 歲的張深切已公開向友人反對在被殖民體制內改革的「議會設置請願運動」，主張解放民族的路線，倡言「台灣是台灣人的台灣」「台灣應該爭取獨立自由」；而這理念實與列寧第三共產國際對被殖民弱小民族的解放主張一致。1923～1924 年，張深切獲得父親同意至上海求學。在停留上海的這段時間，張深切受到三民主義的影響。1924 年，21 歲的張深切入學上海商務印書館附設國語師範學校，校長爲中國無政府主義者吳稚暉。是年，也是他開始試圖將理念付諸行動的一年。張深切與同鄉郭德欽（後來加入台共）、洪紹潭等，合併主張台灣獨立的「上海台灣青年會」與彭華英與許乃昌等人共產主義系統的「平社」，共同創立「台灣自治協會」；在這年六月十七日「台灣始政紀念日」時，張深切與蔡孝乾、洪絹洽、謝阿女（謝雪紅）等共同參與，發表演說攻擊殖民統治。同年十月，張深切在草屯與洪元煌、李春哮等人，成立「草屯炎峰青年會」，演出文化劇，次年（1925）更成立「炎峰青年會演劇團」，以演出新劇方式宣揚啓蒙思想，並一直維持演出到第二年（1926）張深切至上海經商爲止。1926 年，張深切因經商失敗，在失意無顏回台的情況下，奔赴廣州投靠郭德欽、洪紹潭等舊識，準備以身殉革命。張深切與這些台灣同鄉籌組反日團體「廣東學生聯合會」，1927／3／13，又附合黃埔第三期學生林文騰在聯合會立會中的提議，另外籌組革命團體「廣東台灣革命青年團」，該團體出版機關刊物《台灣先鋒》（1927／4／1 創刊），做爲宣揚台灣獨立革命理念的工具。根據張深切在《在廣東發動的台灣革命史略》的說

法，「《台灣先鋒》送到台灣的有兩千餘冊，由此而影響台灣的革命思想也不淺」（95）。在這段時間，張深切接觸的幾乎都是左翼人士，而事實上，自己在思想行動上也隸屬於廣義的社會主義者。

整體而言，張深切參與創造的「廣東台灣革命青年團」受到三民主義與馬列主義影響，是受無產階級革命理念所影響的國民黨左派聯合戰線反日革命團體，與台共、中共、日共或第三國際並無直接關聯。但這個青年團不久也因左傾，在同年 6 月在廣東政府清黨活動中，遭到取締解散。而在「廣東台灣革命青年團」被清黨之前，張深切已回台準備顛覆活動、幕後指導「台中一中事件」。次年（1928），張深切因為這「廣東事件」革命團體，被判入獄服刑至 1930 年。概觀而論，從 1924～1927 年這段期間，是張深切最受社會主義思想影響、而從事政治運動的時期。1930 年，張深切出獄以後，當時台灣的社會政治運動組織，已形成文協、民眾黨、農組三強鼎立的局面，黨派之間鬥爭不斷。而所有抗爭活動，包括左派的農工運與共黨活動，在日警的檢舉與嚴控下〔註 19〕，已日漸被撲滅。在不願加入黨派、無所作為的情況下，張深切轉而從事戲劇、編輯報紙、促成與維繫「台灣文藝聯盟」等，較純粹的文化啓蒙工作。

張深切並非無政府主義者，他在自傳《里程碑》中，清楚表明自己和無政府主義者范本梁理念不同：「老范是一位無政府主義者，他的見解往往過於偏激，和我雖然是很要好的朋友，我卻不贊同他的思想和行為」（《里程碑（上）》255）。但儘管他不是無政府主義者，1920 年代張深切主張暴力革命的途徑及衝動的行事風格與終生對個人思想與行動自由的堅持，卻與無政府主義者雷同；他與范本梁同樣有不結黨派、個人主義與獨行俠的作風。張深切對范本梁記憶深刻，1946 年特別寫下〈記范烈士本梁〉一文，登載在為謝雪紅所支持的《和平日報》上。另外，在張深切自傳《里程碑》中，范本梁是被最為詳細書寫的啓蒙人物，張深切特別以幾頁的篇幅介紹這位無政府主義者的生活點滴與行事風格。文字中，張深切對他魯莽不拘與過激的性格有所批評，但卻也明白地讚揚他高潔不同流的作風：「他【范本梁】有怪癖，不和人家取同一步驟，主張個人行動，自作自受，不願意累及別人，所以他的隱密少有人知道，事實上他在台灣革命史上，確是一位值得欽佩的志士。他不被賞識

〔註 19〕如 1929／2／12 日警以「違反出版法規」之名，對全島農民組合機構進行搜索逮捕，即「二一二事件」，新文協也遭到檢舉。農運受到嚴重打擊。

的另一個原因，是他不服任何人，以爲他的革命主張最純潔，絲毫沒有邪念，別人都有野心，貪生怕死，⋯⋯他毫不留情的攻擊文化協會、民眾黨和自治聯盟⋯⋯」（《里程碑（上）》262）。范本梁這種不同流、衝動的作風，與年輕時曾在討論會裡想衝上前去毆打蔡培火並矢志不加入文協與自治聯盟的張深切，確實頗有類似之處。而張深切發誓做野人，永不加入黨派的個人主義風格，與無政府主義思想及范本梁，也應該不無關聯。張深切並透露一段秘辛，在自傳《里程碑》中提到范本梁曾托他帶回自己所編的無政府主義刊物《新台灣》給蔡阿信，被海關查扣、所幸他快速離開未被逮捕的驚險插曲。范本梁後來遭日警逮捕，在終戰前死於獄中，給張深切帶來相當大的衝擊。而除了與范本梁的關聯外，張深切與無政府主義者的淵源，另外也表現在新劇活動上。張深切分別與友人在 1925 年 7 月組「炎峰青年會演劇團」與 1930 年 8 月成立「台灣演劇研究會」，以文化劇做爲啓蒙教育工具的做法，這與依附在文協的無政府主義者及張乞食（張維賢）的「孤魂聯盟」以新劇進行宣傳無政府主義思想的做法，不謀而合。

　　至於張深切受到馬列主義的影響，則更爲明顯。如第二章所述，張深切讀中學住在高砂寮時（1920、1922 年），便與稍後被日本政府懷疑爲共黨份子加以監視的彭華英經常討論時局與思想問題，這段時期埋下了與馬列思想的淵源。在張深切接觸社會主義思想時，當時社會主義思想尚未在一般社會流行，涉獵的人並不多。在《里程碑》中，張深切提及當時社會主義思想不論在台灣或日本，都尚未普及的情形：「台灣留學生對所謂『主義』的研究，在民國 11、12 年以前還少，日本方面雖然已有幸德秋水、堺利彦、大杉榮、山川均、河上肇、大山郁夫等比較出名，但一般社會還未普遍，涉獵的人不多，假如有人能談一些新思想，就被目爲急進份子了」（《里程碑（上）》190）。接觸了社會主義，使對現實世界深深失望的張深切，找到一個出口，也嚷著要從事社會革命：「民國十一年，我的思想復起一次重大的變化——煩悶、懊惱、猜疑、悲觀，因此好幾次想要自殺。我漸能認識『英雄主義』是古老的封建思想，已經不能適合現代；⋯⋯因失望，遂遷怒於自己的家庭，把對社會無可如何的悶氣，拿到自己封建家庭來發洩。主張什麼即刻要解放奴隸⋯⋯打破迷信、實行新生活等等。說是要實行社會革命前提的家庭革命，鬧得滿家風雨，啼笑皆非」（《張深切全集卷三：我與我的思想》77～8）。在留學上海（1923）的時期，張深切在國民黨尚未左右派分家、國民黨左派也吸收馬列思想的情形下，主要透過對三民主

義的信念，繼續其對馬列解放無產階級革命的支持，但張深切始終沒有加入國民黨。而經歷了1923～1927年試圖將理想實現卻慘遭挫折的考驗後，張深切對一切「主義」產生懷疑，認為「主義思想應規定於國家民族，不得規定國家民族」，而「發誓做一個孤獨的野人」（《張深切全集卷三》79），決定不加入任何黨派。但儘管不加入黨派，張深切當時的思想仍明顯左傾，一直到1930年代早期，張深切都還在馬克思、列寧社會革命思想的影響下，高喊無產階級革命的口號。在1931／6／27登載於《台灣新民報》第370號的〈鐵窗感想錄（二）〉中，張深切雖已企圖將馬列思想與老莊、釋迦、與基督的精神融合一起，與當時的左翼革命運動已漸行漸遠，但他仍努力維持其無產階級革命的基本立場，聲明「一切政權應該歸向蘇維埃，同樣的，一切宗教也應該集中於蘇維埃才對」（《張深切全集卷四》361）。而在他「文藝聯盟」時期（1934～5）公開放棄馬克思主義對階級性的主張、脫離暴力革命的路線之後，馬克思的唯物辯證法、科學主義、唯物史觀與社會主義所堅持的平等觀念，仍然持續對張深切的思想發揮終生的影響力。

事實上，馬克思與列寧思想對張深切深遠的影響，在於他對馬克思歷史唯物論、唯物辯證法與科學主義的詮釋，而非無產階級革命的一面。張深切並不是共產黨員，不曾加入中共、日共、或台共，「廣東台灣革命青年團」也只是國民黨左派的團體，並沒有接受第三共產國際指導。此外，他未曾參與日治時期台灣的農工運之中，即使在1930年代轉向自由主義文化民族主義之前，張深切一直和信仰社會主義的左翼農工運保持距離。嚴格的說，從無產階級的眼光來看，張深切缺乏堅定的無產階級革命意識。他頑強的小資產階級性，可以從他對台共謝雪紅與台灣第一位女醫蔡阿信的評價中，看出端倪：「蔡氏阿信是受過高等教育的醫學士，謝阿女是小學程度的出走姨太太，兩相比較，頗有雲泥之別」（《里程碑（上）249）。張深切並未站在無產階級革命者的立場，從同情被壓迫階級的角度，看待社會底層的養女／姨太太／女性的謝雪紅，還屢次以鄙視的口吻評價日後成為台共份子的謝雪紅、林木順等人。張深切記憶1924年自己在上海與謝雪紅等人疏離的原因：「記得謝阿女和台北師範學校被開除的學生住在一起，……過去我以為我的思想很新，但這次看見謝阿女和青年學生們同宿，渾帳一起，覺得很不順眼，後來一聽見她們要留俄，我恥與為伍，就不願意和她們合污了。／林木順、謝阿女等，她們當時還不懂得主義思想為何物，只是碰巧得了機會，參加留俄的學生組，並沒有主義思想的成分做動機」（《里

程碑（上）》248）。這段話寫在爲了向國民黨自清的自傳裡，不無撇清自己與台共關係的意味在。但如此將謝雪紅描寫爲行爲不檢、教育程度不高的機會主義者，則多少反映出張深切小資產階級的優越感。根據謝雪紅口述的自傳《我的半生記》，謝雪紅反對男女的「杯水主義」（コップ（cup）主義），她與楊克煌之間，應是眞心結合的夫妻。謝雪紅還曾在開會時，公開批評潘欽信、翁澤生、謝玉鵑經常談論並奉行「性的解放」一事（220）。而謝雪紅雖然早年失學、文字能力很弱，但她唸過中共創辦的上海大學社會學系與莫斯科東方大學，受過嚴格的馬列主義思想訓練，是位具有理想性、組織行動能力與馬列理論基礎的革命運動者。張深切對謝雪紅的貶抑，在某種程度上透露自己並非眞正支持共產主義無產階級社會革命的事實。

　　1934 年「台灣文藝聯盟」成立以後的張深切，公開反對階級性與簡易化公式化的馬克思主義。但他對馬克思的唯物辯證法的解讀，卻影響了他最核心的哲學思想：張深切以唯物論與辯證法解讀老子的宇宙觀，發展出將唯物論、科學主義、文明進化論與老子道德觀融合一體的「道德文學」觀，成爲1934 年成立的「台灣文藝聯盟」機關雜誌《台灣文藝》的文藝主張。爾後，張深切持續結合其對馬克思唯物史觀、科學主義、唯物辯證的解讀做爲思考起點，分析人類文明，寫成哲學性文章〈點線面的關係〉（1943）、〈理性與批判〉（1943）、文化觀察《縱談日本》（1966 遺稿出版）、《孔子哲學評傳》（1954）等著作。我們可以說，在日治時期台灣啓蒙運動中，如果台共與農工運實現了馬列主義第三共產國際革命行動的一面，張深切則是運用了馬克思主義哲學思想的一面，結合老莊思想與宗教精神，來解讀歷史與文明，企圖爲當時台灣的文藝潮流與文化哲學思想，找到超越派系、融合東西文化思想的出路，以建立起新的文化主體。

第六節　張深切融合科學主義、辯證法、唯物史觀與老子思想的「道德文學」主張

一、走回舊學的思想轉折：張深切尋找馬克思主義與老莊、釋迦與耶穌思想融合途徑的〈鐵窗感想錄〉（1931）

　　1928～1930 年張深切因「廣東事件」服刑的三年期間，是他從左翼民族社會革命份子轉爲偏右翼自由派文化民族主義者的思想轉折關鍵期。服刑期

間，張深切有了沉澱思緒、重新整理理念的機會。在他回過頭來大量閱讀聖經、佛書、四書五經等多屬涵養心性與性靈的舊學之際，思想出現奇妙的轉折。以苦思宇宙與人類文明眞相爲念的張深切，無法滿足於第三共產國際馬列主義教條式的無產階級革命理念與策略，他試圖將他所理解的馬克思唯物論、科學主義、與辯證法，放置於整個宇宙法則與文明進化的框架中，找出馬列思想與舊學的精神文明相通之處。出獄後，1931 年張深切出版〈鐵窗感想錄〉，紀錄自己這段從革命行動派到企圖融合馬克思主義與東西宗教精髓的思想轉折觀想，分爲五期（第 369～373 號），登載在《台灣新民報》上。在這篇感想文中，張深切雖非以嚴謹的論文方式寫作，但他卻頗具雄心地試圖融合馬克思的唯物論與老莊的宇宙觀，並企圖爲馬克思與耶穌、釋迦、老莊之間，找到融通之處。

　　文章中，張深切仍然站在馬列主義信徒的立場說話，指出自己之所以走回舊學，乃是受列寧的影響：「被關進監獄後，我開始對舊學說有了很大的興趣。或許我的態度趨向反動，而我格外受到列寧之『對舊學說從未間斷的注意』的影響……」（《張深切全集卷四》362）。但這篇文章，與蔡孝乾、許乃昌等人止於在社會運動實踐層次上引介馬克思主義歷史唯物論的做法，已經大爲不同，也與側重農工運動實務經驗的共產黨員，思考角度相去甚遠。其他台灣當代的社會主義與共產主義者，除了後來出家爲僧的林秋梧結合馬克思的共產理想、歷史唯物論與佛教西方極樂世界、因果論教義之外，絕大多數並不思考馬克思主義如何與東方哲學、生命哲學或宗教接軌的問題。因此，社會主義與共產主義被放置於日治時期新舊思想雜拌的台灣所造成的文化衝擊與道德議題，並不在其思考範疇。而張深切將〈鐵窗感想錄〉分爲五個主題：（一）讀書——再讀聖經（A）、（二）讀書——再讀聖經（B）、（三）孔子與老莊、釋迦與佛典、（四）馬克斯和釋迦（五）因果論一二，企圖在馬克思思想與佛陀、耶穌、孔子、老莊思想之間，尋找可以共通相容的途徑，並對簡易公式化的馬克思主義階級論、科學主義與無神論，公然提出質疑。在這篇文章裡，張深切的基本立場總括爲：（一）必須以眞正科學主義的精神與態度尋找社會的病因，並打破一切非科學、庸俗公式化的學說，包括聖經的神話、佛教恐嚇斂財的地獄說、簡易的馬克思階級說；（二）馬克思、老莊、釋迦、耶穌，都反對統治階級對低下階級的政治經濟與文化壓迫。他們都同樣發現了眞正的自然法則，使受傷害之自然恢復自然之原態；（三）

將老莊視爲「唯物史觀哲學創始者」，其偉大唯有馬克思與列寧可與之相比；
（四）在當時無產階級革命階段，回復宗教的平等、博愛眞精神，爲教徒留
下一條血路，仍屬必要；而宗教的存在與社會主義之建設，其實並不互相妨
礙。

　　就第一個立場而言，在〈鐵窗感想錄（五）因果論一二〉（《台灣新民報》
第 373 號）中，張深切將佛教的因果論，與馬列的科學社會主義相提並論，
認爲馬克思的歷史唯物論與列寧的革命理論，都是因果論：「單純的時代變
遷論乃因果時間論（馬克斯），而作用變化論（列寧）乃因果作用論」（《張
深切全集卷四》374）。事實上，因果論被張深切視爲，等同於歷史唯物論的
自然法則、科學法則，也就是老莊所發現的「道」與呈現客觀眞理的科學因
果法則。因此，若要改革社會，找出因果是必要的：「正確之因絕對產生正
確之果，也就是說，在正確的預想之下做的事情，結果一定如初所料……
／……總而言之，我們唯有在不知道正確之因時，才會顯得無能。……只要
確實掌握因，我們就能改變這個世界，甚至整個宇宙。／現時的資本主義社
會之因，已爲馬克斯所發現。倘若這些因都正確，即將看到的果同樣能被正
確地推定。總之，我們由於馬克斯之經濟理論，而知道了現時資本主義組織
之因，同時也知道了如何到達共產主義社會之路了」（《張深切全集卷四》
373）。因此，對張深切而言，佛教的因果論並非庸俗僧人利用斂財的邪說，
而是絲毫與階級鬥爭不相衝突的自然法則；馬克思也是以因果論推斷出歷史
的演進，才能從現在的資本主義社會組織之因，推出社會必然走向共產主義
之果。張深切認爲佛教因果論與歷史唯物論之間，事實上毫無矛盾：「因果
論和階級鬥爭絕無互相矛盾或衝突之處。更何況依歷史觀點而言，資本主義
社會之果乃爲封建社會之因所帶來，而社會主義之果乃由資本主義社會之因
所帶來，所以，如此的歷史唯物論是站得住腳的」（《張深切全集卷四》376）；
只要不將因果論或階級革命公式化或庸俗化，便能加強鬥爭能力，改革資本
主義社會之弊。

　　有關第二個立場，在〈鐵窗感想錄（二）讀書——再讀聖經（B）〉中，
張深切認爲耶穌所做的只是解放階級意識與狹窄的社會道德觀對人自然狀
態的桎梏，使人恢復自然之原態；耶穌的哲學正是祂私生子身分的產物：「祂
的學說之成立也就是祂的自我解放之時！這個情形如同無產階級學說之勝
利，同時也爲無產階級解放之時」（《張深切全集卷四》361）。他揣測耶穌的

語氣：「私生子有何不可呢？私生子也是人，難道和普通人不同嗎？在狹窄的道德觀念裡才要區別誰是誰的孩子，以及誰是誰的父親，然而，以大自然的見地來看，天地萬物皆爲自然所生，因此，自然才是萬物之父，不是嗎？」（《張深切全集卷四》360）。張深切歸結，耶穌的眞精神，不在於聖經所記載的違反科學法則的神蹟，而在其「一切順乎自然」的中心思想，使人從階級壓迫與狹隘道德觀之中，解放出來。而對於佛陀，張深切也把他描述爲厭惡富人階級生活、發現人類自然原態的偉人。但因爲被奉爲神，張深切認爲「他非被置於較老莊不利的立場不可」（《張深切全集卷四》367），因而不及老莊的思想偉大。如此，張深切從無神論者的觀點，將耶穌、釋迦、老莊、馬克思都以偉大哲人的身分，相提並論。雖然張深切對他們評價各有高低，但認爲他們都是使被壓迫的個人，得以從被政經、文化、社會制度、狹隘的社會道德所壓迫的狀態下獲得解放、回復天生的自由與自然狀態的偉大哲學家：「馬克斯發現的是什麼？釋迦諦悟的是什麼呢？老子體會的又是什麼呢？依我的看法，他們致力以求的是將不自然回歸爲自然，使受到傷害之自然恢復自然之原態」（《張深切全集卷四》359）。

有關第三個立場，當張深切直指「在我一輩子讀過的汗牛充棟的書籍裡，使我最受感動的莫過於『共產黨宣言』、『辯證法』和『老莊』」（《張深切全集卷四》365）時，他已將老莊比爲馬克思與列寧，認爲如果將老子比爲馬克思，莊子則「是令人刮目相看的超人！能與他比擬的唯有列寧一人而已！」（《張深切全集卷四》365）。張深切以唯物辯證法詮釋老子道德經，指出他對老子的解讀是個大發現：「我敢說我的看法和向來的一般見解迥然不同，勿寧是標新立異的。我不欲在此處細述這一點，不過，我敢肯定的是，老子乃歷史上非常傑出的唯物論者，同時亦爲非常卓越的辯證法論者」（《張深切全集卷四》363）。張深切認爲老莊可謂「唯物史觀創始者」，最起碼也是「客觀眞理之把握者」：「指老莊爲虛無主義者，這是什麼人說的？說這句話的人太胡說八道了！這一點我當然沒有意思去追究，我卻認爲老莊是貨眞價實的唯物論者，願意奉以『唯物史觀哲學創始者』之美名……。倘若世人不贊同奉以這樣的稱號，我起碼也要以『客觀眞理之把握者』稱呼他」（《張深切全集卷四》365）。言詞犀利、批評人相當直接的張深切，對老莊學說卻推崇備至：「對於老子和莊子的學說，我可以說佩服得五體投地，半句批評的話都不敢說出來」（《張深切全集卷四》365）。1934 年張深切爲《台灣文藝》

所尋求的文藝路線，即是繼續擴充這個以馬克思唯物史觀與唯物辯證法解讀老子道德哲學的做法，發展成為超越流派與主義路線、回歸自然原態的「道德文學」觀。雖然，張深切並非唯一以唯物論解讀老子的人，如蘇聯漢學家多以唯物論解讀包括老子的中國古代哲學，1958 年中國的張岱年的《中國唯物主義思想簡史》也將老子列為唯物論者等；但在 1930 年代的台灣，張深切以馬克思歷史唯物論與唯物辯證法解讀老子，的確可說是一種「標新立異」的創見。

　　至於第四個立場，如前所述，張深切站在唯物論者無神論的基本立場說話，以將耶穌與釋迦視為偉大哲學思想家的方式，解讀佛陀教義與聖經。他反對聖經所記載的神蹟，認為它們是違反科學的欺瞞詐騙手法，也感嘆佛陀「出發於如托爾斯泰之人道主義……，後來失去人道主義而滑進神道主義之中」（《張深切全集卷四》367）。但張深切主張宗教之必要，認為「自從有歷史以來，人類從來沒有和宗教生活分離過。那是因為人類需要精神糧食，如同需要物資糧食一樣／解決現實生活問題當然是我們的當務之急，然而，祈求精神生活之安寧，這也是我們所企盼的事情」（《張深切全集卷四》369～370）。張深切對人類宗教需求的重視，事實上已異於無神論的馬克思主義者與大多數共產主義流派。他因為面對整個宇宙的幻變與生命終究死亡的事實，探測到馬克思主義者與共產主義者對宗教問題與生死議題的迴避與極限，而開始對僵化公式化的馬克思主義階級論與科學主義產生懷疑。他以一連串的問題，做為〈鐵窗感想錄〉的結語：「誰能論斷因果論是具鬥爭性的論調呢？誰說因果論乃非階級性，非社會主義的呢？誰能以非科學性否定宗教呢？誰能斷言宿命論會破壞人生呢？對所有這些，我都持著懷疑的態度」（《張深切全集卷四》371）。張深切並由這些問題出發，1934 年發展出主張超越黨派、回復自然原態的「道德文學」觀，與社會主義與共產主義思想漸行漸遠，終致分道揚鑣。

二、張深切的「台灣文藝聯盟」時期（1934～1935）：融合馬克思科學主義、唯物史觀和辯證法及老子道德觀的「道德文學」主張

　　1930 年代，台灣左右派社會政治運動逐漸被消滅，文藝團體成為繼續對抗總督府壓迫的唯一啟蒙工具。倦於主義與派系惡鬥的偏右翼啟蒙文藝家，紛紛成立純藝文團體，提倡超越主義與黨派的文藝路線。1931 年，「南音社」在台

中成立，提出超越左右派觀點的「第三文學」文藝觀。1932 年，台灣第一個藝術結社「台灣藝術研究會」在東京成立，排除左翼文人，倡議整理鄉土藝術、創造眞正台灣人的新文藝。1933 年，另一個走超越派別路線的文藝團體——「台灣文藝協會」在台北成立，也鼓吹文藝大眾化。而也就是在這樣一片主張依照台灣眞實情況來反映生活啓蒙大眾爲文學路線憑據的氛圍中，張深切與賴明弘、賴和等人，於 1934／5／6，在台中組成團結全台文藝人士的「台灣文藝聯盟」，倡議走眞實不奉行主義的路線，創刊《台灣文藝》爲機關雜誌。根據賴明弘的回憶，當時的文學組織多不脫同人社的性質，「台灣文藝聯盟」是第一個串連全島文人的總匯：「『台灣文藝』雜誌其內容水準姑且不論，可說是空前的大觀，也可說是台灣文化界人士的總匯。文藝聯盟成立以前，雖然在東京，在台北，在南部有若干文學小組織，但這些都脫不出同人性質的範圍」(63)。在團結的意識下，《台灣文藝》的文藝路線主張，特別具有影響全台文學走向的指標性意義。反對主義掛帥的階級文學，實爲絕大多數文聯成員的共識；有關這點，從《台灣文藝》有關文藝主張的文章，可加以證實。在 1934／11／5 的創刊號中，就有邱耿光的〈創作動機與表現問題〉，反對文學爲單純唯物觀點；吳劍亭的〈誠實的自己的話〉，談寫作態度出發點要有獨立個人的見解；黃得時的〈孔子的文學觀及其影響〉，推崇歐美的個人主義與創作自由，反對孔子的道德文藝觀；堅如的〈文藝大眾化〉，反對階級差別的文藝觀，主張藝術與機械合流的機械主義。在 1935／1／1《台灣文藝》第二期中，繼續有吳鴻爐的〈創作與哲學〉，主張思想與哲學爲文學的本質；林克天的〈清算過去的誤謬〉，批評過去文藝偏離眞正的無產大眾，必須眞正確立大眾化；芥舟的〈文藝大眾化〉，談論文藝大眾化具體可行的方式，主張利用中國舊有的說書、演義、連環圖畫、唱片，並創造各種新形式等。由此看來，張深切超越黨派走眞實與大眾文學路線，是當時盛行的趨勢。但張深切登載在 1935／2／1《台灣文藝》第二期第二號的〈對台灣新文學一提案〉與 1935／4／1 第二期第四號的〈對台灣新文學一提案（續篇）〉，卻是其中對當代日本與台灣文藝現狀討論最爲完整、並最爲有哲學思想依據而系統化的文藝路線主張，也事實上整合了整個「台灣文藝聯盟」的文藝路線。

在這兩篇文章中，張深切延續其在〈鐵窗感想錄〉的思考點，從馬克思的唯物辯證、唯物史觀與科學主義解讀老子的道德觀，得出超越階級與主義、走眞實路線的「道德文學」主張，以台灣眞實現狀與需求爲依歸。〈對台灣新文學

一提案〉，爲有系統的文藝路線的探討，就中日台文學的現狀與變革路線應該如何，加以分析探討，分爲：A.過去的文學路線　B.中國的文學路線　C.日本（與歐美）的文學路線　D.台灣的文學路線　E.文學路線的根源　F.新路線的根據，等六個部分。受馬克思唯論史觀對文明演進觀念的影響，張深切由宏觀歷史演進的角度，陳述新文學的發展，如何是仿效歐美科學與經濟制度之後的新社會產物。他指出東亞新文學的誕生是緊跟著新科學、新物質文明而來，這包括明治維新以後的日本文學，而中國與台灣新文學亦然。張深切認爲日本文學對台灣新文學發展的影響較中國文學爲深，因而仔細分析自明治維新以來日本文學社會與文學的發展和各個流派：純文藝派、新感覺派、普通文藝派、偵探派、大眾文藝派、通俗文藝派、普羅文藝等等。張深切指出日本文壇派系眾多，互相影響互相攻擊的情狀，而總結：「這許多派，猶可再分爲布爾喬亞文藝派與普羅列塔利亞文藝派。而這兩派的分別又異常靈奇，左右兩派時時刻刻互相影響，右轉左，左轉右，變化無常。……自稱左派的時常攻擊其他左派，右派的也是一樣，雖說日本的文學莫盛於今，同時也是莫亂於今」（《張深切全集卷 11》173）。分析這樣的亂象之後，張深切指陳從《台灣青年》以來台灣社會與新文學的發展，有走向日本普羅文學路線的意味；接著，在 E.F.的部分，他從探討根本的「道德」爲何物出發，做爲重新思考台灣新文學路線的根據。在這個部分，張深切充分展露其將馬克思唯物辯證與老子道德經結合的思考方式。張深切認爲在建立新文學路線以前，必須先了解道德，才能進而審判人類之善惡，進而知道褒貶之道，最後匡正人類道德觀念，達成文學的目的。他觀察歐美近代的「文學道德」分爲兩種，一種爲主觀道德主義的「人道主義」，另一種爲受馬克思科學社會主義影響產生的所謂階級的道德文學。張深切認爲兩種主義的道德均不完全，都不能無條件地予以贊同，因爲前者抽象、平面，後者偏袒、機械、狹義，反而成爲反動文學。文學「若祇爲純階級的工具，則容易陷於千篇一律的毛病；若祇爲個人的工具，則容易陷於造作的無稽之談」（《張深切全集卷 11》179）。張深切所主張的新道德「是要分析社會上一切科學……以分析人類的生理組織與社會組織，及經濟組織和地理歷史等爲最緊要」（《張深切全集卷 11》180）。這個新道德堅持馬克思科學社會主義的「科學」分析法分析社會，但卻不似傳統馬克思主義者多限定在分析社會經濟政治層面的階級文學，而分析了包括幾乎人類生命的所有面向：生理組織、社會組織、經濟組織、地理、歷史等。如此，張深切主張以「科學常識」與「道德經的虛心去審判社會人類，不

必拘束於既成的形式、內容、取材、描寫等……自由自在地去進展，這正是吾人亟要主張的新文學的路線」（《張深切全集卷 11》180～1）。至此，張深切已將馬克思的「科學」社會主義的基本客觀分析態度，與道德經寬廣、渾沌的「道德」觀，或自然法則觀，結合爲一種審視人類好壞的新道德。至此，馬克思主義對階級性的主張，對張深切的影響，可說已蕩然無存；他以將道家之「道」解釋爲原始唯物論的方式，審視萬物之道：「凡一切的有機物與無機物，生死存滅各有其道。我們從原子電子以前的似『無』之間，而視所謂似『有』之物，而查其所生，審其所成，識其所形，知其所能，則我們雖欲不知『道』，也自然不得不知『道』吧」（《張深切全集卷 11》180）。

在〈對台灣新文學一提案（續篇）〉中，張深切繼續闡述其「道德文學」的意涵。他延續在〈鐵窗感想錄〉的想法，從馬克思唯物論與辯證法，解讀老子道德經；將「道」解釋爲萬物生死存滅演進之所依據的「自然法則」，發現道的法則後順其法則演進或行動，便是「道德」，而將道德施行在文學上，則成道德文學。張深切不斷回返馬克思的唯物論與辯證法，來解讀老子道德經。他認爲老子道德經比較對照而論相對性、而論是非的敘述方式〔註20〕，「即物則言理，離物則引證舉例，頗有史的唯物論的辯證法」（《張深切全集卷 11》185）。但對張深切而言，「道德」所代表的對自然法則的實現，卻又比馬克思唯物辯證侷促於對人類經濟、社會與文明變遷的觀察，更顯寬廣，可直窮宇宙與天地之理，充塞宇宙萬物：「道德是屬於森羅萬象的自然法則，無物不在，無理不存，出自有無之間，而生育萬物，而創造萬理，有無由之，論小無物不有其道，論大直窮宇宙之無限，得其法則，實得其理耳，得其理而應用於科學，則成爲科學。應用於哲學，則成哲學」（《張深切全集卷 11》186）。張深切認爲將此合乎自然法則的道德實行在文學上，則自然就沒有左右派之分，「確實好的文學，自然會超越這兩大派……。所以古今的偉大文學，都是歷萬古而不變……」（《張深切全集卷 11》187）。於此，張深切站在馬克思的方法論上，否定與反對馬克思主義最基本的立場——經濟決定論與階級鬥爭。在分析過去文學所注意的兩個因果論——生理因果論和經濟因果論，對個人的影響孰輕孰重時，張深切認爲「雖然一口難能說明清楚，不過咱們如果只限於人的立場來說——人的身體好

〔註20〕在文章中，張深切舉老子道德經的片段，將其敘述法與馬克思的唯物辯證法相比擬：「天下皆知美之爲美，斯惡矣。皆知善之爲善，斯不善矣。故有無相生，難易相成，長短相形，高下相傾，音聲相和，前隨相隨……」

壞美醜強弱的確是他性格的基本要素，而築在經濟上的一切社會環境，纔是補助其性格個性的一端，或思想意志的一部分。……決不能說經濟影響比生理影響更大，同時也不能以生理因果爲獨尊，兩者缺一不可」（《張深切全集卷 11》187）。張深切在此否定了階級文學對階級性的獨尊，認爲就個人而言，生理因素對個性的影響先於經濟與社會環境，在文學上對生理因果與經濟因果，應該同樣重視。另外，張深切雖不否認人類歷史確實充滿階級鬥爭，但道德鬥爭更是歷史的眞貌，而在科學昌明的當代，則必須以眞正科學的方法，分析出眞正的道德，才能找到正確的路線：「階級鬥爭，雖然是人類歷史上的一個血痕，然而道德鬥爭更是歷史上的全篇血跡！……現在科學逐漸發達起來，社會上、政治上、思想上、經濟上的許多惡劣虛僞逐步被咱們分析發現出來……科學的先鋒隊已迫近道德的路線了，在眞正科學的解剖刀下，一切的虛僞邪說是無從逃避的」（《張深切全集卷 11》188）。這裡的「一切的虛僞學說」，自然包括僵化的馬克思主義、失去活潑辯證性的第二與第三共產國際的階級革命主張、與以主義掛帥公式化的階級文學路線。

　　從張深切在《台灣文藝》刊登討論文學路線的文章來看，張深切以馬克思科學社會主義的哲學基礎：科學主義、歷史唯物論、唯物辯證法爲思想基礎，維護其科學分析、歷史宏觀、活潑辯證性與唯物論的部分，加上「道德經」寬廣、渾沌的宇宙觀與道德觀，而依此獲致否定僵化的馬克思主義經濟決定論與階級鬥爭論的結論。如此一來，張深切一面保留馬克思思想的對人類歷史做活潑的唯物辯證的解讀，以客觀眞實而非意識形態的科學態度，來審視台灣社會的現狀；一面卻否定馬克思主義階級鬥爭與經濟決定論，進而也否定了左派階級文學主張與階級革命運動。如此，雖然仍深受馬克思思想的影響，張深切這個不分左右派系的「道德文學」主張，正式宣告了他與台灣社會主義及共產主義運動關係的結束。

第七節　結語：張深切的創見──從新馬克思主義看張深切的「道德文學」主張

　　在 1920～1930 年代日治時期啓蒙左派熱鬧地走上第三共產國際教條式的革命鬥爭理論與行動之際，張深切因爲在獄中三年研讀聖經、佛書與四書五經，表面上看似走回舊學，有轉變成溫和的保守派之嫌。但事實上，張深

切這個轉變卻爲當代台灣的啓蒙左派馬克思哲學思想注入新的活力。張深切由於走回舊學，思考宗教、生命與道德的問題，對教條式馬克思主義理論的階級鬥爭說與經濟決定論產生質疑與反省。他試圖融合佛教、聖經、老莊思想與馬克思思想的基本共通處，歸結出無物不覆的自然法則，進而創造出融合馬克思唯物史觀、唯物辯證、科學分析態度的哲學思想，與老子道德經的道德觀及宇宙法則觀的「道德文學」主張。張深切在馬克思、列寧與老莊的哲學裡，找到唯物論與辯證法的融通處：他將老子的道解釋爲「玄之又玄」的原始唯物論，以「道」無所不包的自然法則，補足馬克思主義對經濟結構、生產方式、經濟價值、社會階級、階級性等議題過度的偏好與專注；而他在道德經對萬事萬物相對、互動的關係敘述中，發現了等同於馬克思唯物辯證的法則。馬克思唯物辯證法所關注的，正是所有兩極對立的不恰當：辯證法反對因果兩極的對立，贊成互動關係的形式。根據唯物辯證法的概念，歷史整體的廣大過程，均以互動關係進行，一切是相對的，一切事物沒有絕對；而事物本身內含的內在緊張與矛盾，即是發展的動力與根源。張深切挖掘道德經的相對敘述語言，與對所有事物表象底下所蘊含的矛盾的陳述：「天下皆知美之爲美，斯惡矣。皆知善之爲善，斯不善矣。故有無相生，難易相成，長短相形，高下相傾，音聲相和，前隨相隨……」（《張深切全集卷11》185），發現道德經裡這種視萬物爲相對矛盾與互動消長關係的觀念，與馬克思的唯物辯證法，正好互相吻合。但張深切的道德文學主張，事實上已有異於傳統馬克思主義的部分：他主張以科學分析眞實的態度，分析出生命各個面向的因果：經濟、社會、生理、地理、歷史……，而不以公式化馬克思主義的經濟決定論與無產階級優越性取代眞正的科學眞實分析。他甚至主張對個人而言，生理影響可能大於經濟影響，這點更已經背離第二及第三共產國際堅持階級性的基本教義。

　　張深切晚年本有計畫寫專書評論老子《道德經》，只可惜他在繼出版了哲學專書《孔子哲學評論》（1954）之後，沒有機會寫下對老子《道德經》的評論與觀想，便撒手人間，因此不得而知張深切是否會繼續從馬克思唯物史觀、唯物辯證與科學分析態度，來詮釋老子的道德經。但無論如何，從張深切1930年代對馬克思基本哲學觀點——唯物史觀、唯物辯證、「科學」社會主義——的堅持與對其經濟決定論及階級性的反對，可以看到一種針對第二、第三共產國際失去辯證活力的馬克思主義的大膽修正。不可諱言，張深

切從未清楚解釋自己對唯物史觀與唯物辯證法的認識爲何，也未曾針對馬克思的資本論加以分析；而他在提到唯物論時，也未說明老子的唯物論與馬克思唯物論的差別，或清楚說明自己因果論的說法與唯物辯證的關聯。另外，他將道德經施用於森羅萬象的「道」與馬克思的歷史唯物論都解釋爲自然法則，也有將「原子論」唯物論〔註21〕與經濟決定論的唯物論混爲一談的弊病。與但我們仍可以將 1930 年代張深切修正第二、第三共產主義教條化馬克思主義的做法，與 1920 年代以來發展出來的新馬克思主義（或稱西方馬克思主義）相互比擬。

　　二十世紀 20 年代以來，包括法蘭克福學派（Frankfurt School）、新左派（New Leftist）與其他馬克思的繼承者等，反對第二共產國際考茨基與第三共產國際列寧、史達林使馬克思主義失去辯證的活力，變爲實證自然科學與公式化的教條主義，因而主張找回馬克思唯物史觀眞正的辯證活力，並依據馬克思唯物辯證史觀，發展出「文化批判」理論與研究。雖然，這些代表新馬克思主義的先驅盧森堡（Rosa Luxemberg）、盧卡奇（Georg Lukács）、科西（Karl Korsh）與法蘭克福學派的霍克海默（Max Horkheimer）、阿多諾（T.W. Adorno）、馬庫色（Herbert Marcuse）等學者，都各有關注的議題且分別發展出自己的思想體系；但他們的共同點，是反對東方馬克思主義〔註22〕對馬克思哲學所採取的教條主義態度，也多反對第三共產國際所發展出的共產黨精英式的專制領導。例如，柯西（Karl Korsch）重新探討黑格爾哲學與馬克思思想的連結，找回馬克思主義變成科學社會主義之後所失去的辯證活力；盧卡奇認爲異化（alienation）是馬克思從黑格爾哲學得來的觀念，這論點使馬克思的思想兼具主觀與客觀精神，不致成爲僵硬的自然科學；韋伯（Max Weber）強調歷史的相對性，反對以單一的原則，如唯物論、理性主義，來解釋歷史；霍克海默與阿多諾在《啓蒙辯證》（Dialectic of Enlightenment）一書，則從大眾文化的商品化、文化工業、啓蒙運動神話及其內在的毀滅性，反對實證主義的科學與技術的絕對化，反對教條式的階級劃分與科學的經濟決定論，以辯證的文化批判方式，討論啓蒙的歷史問題。霍克海默與阿多諾，主張確實進入歷史脈絡，分析所有相關的外在環境與主觀精神因素，尋找物

〔註21〕「原子論」唯物論爲古希臘唯物論者 Democritus 對世界生成的解釋，認爲物質世界的來源爲微細看不見的原子。

〔註22〕東方馬克思主義，指的是東歐、中國與蘇俄發展出來的馬克思主義。西方馬克思主義，即指西歐、北美所發展出來的新馬克思主義。

質與精神、客體與主體、實踐與理論等對立物之間的協調途徑，以確實掌握人類文化的眞相。

法蘭克福學派的學者們這種歷史與文化批判的主張，與張深切的「道德文學」觀念，其實非常接近。他們對史達林與第二、第三共產國際將馬克思思想「實踐」簡單化、教條化的做法，都同樣持反對的態度。而張深切以不獨厚經濟因素的研究方法，反對以經濟的因果論凌駕生理的因果論，做爲文學解釋人生與人類文明的唯一標準。他應用道德經對道德的解釋，虛心觀照此森羅萬象自然法則——「道」，將其用在分析台灣社會與個人上，從而得出一種從生理組織、經濟組織、社會制度、地理氣候、歷史民情風俗等所有人生面向做客觀分析判斷的「道德文學」路線；這個路線主張，實與霍克海默與阿多諾等進入歷史脈落確實分析人類生活的各個主客觀面向的文化研究方法類似，也與韋伯、盧卡奇、柯西打破主客體、強調歷史相對性的研究方法相近。張深切認爲這種依恃活潑辯證法則的「道德」，「靈活自在，絕沒介滯，雖欲死板板地保持其公式化機械化，我想猶不可得呢」（《張深切全集卷 11》186），這種靈活的辯證活力，正是法蘭克福學派上述的學者們所希求的。整體觀之，張深切這種「道德文學」主張，雖然尚未有系統完整深入的提供文化與文學批評理論，但其提倡重視分析與個人相關的主客觀所有面向，持唯物論、辯證法、科學分析的基本態度，以眞實虛心不偏倚的方式，觀察人生創作文藝，這些特點都與法蘭克福學派學者們的「文化批判」理論，十分契合。

張深切不是共產黨員或眞正的社會主義者，但他在 1930 年代對馬克思主義的反省，卻是對第三共產國際教條式馬克思主義的一種饒有創見的修正。只可惜，在特重社會政治運動的日治時期，張深切應用馬克思哲學對文化議題深層的省思，卻只被歸類爲超越黨派偏右翼的文學路線主張，並未獲得啓蒙左翼社會主義者的注意與呼應，而得到繼續被思考發展下去的機會。對日治時期台灣啓蒙思想的發展而言，這也不能不說是一種遺憾吧！

附錄一　《台灣青年》與《台灣》有關社會主義的文章

刊　名	篇　名	作　者	出版卷號	出版日期
《台灣青年》	〈社會主義の概說〉	彭華英	第 2 卷第 4 號	1921／5／15
《台灣青年》	〈研究救恤貧乏問題〉	蔡復春	第 2 卷第 4 號	1921／5／15
《台灣青年》	〈勞働運動及新文化之創造〉	北澤文次郎	第 2 卷第 5 號	1921／6／15
《台灣青年》	〈階級鬥爭の研究〉	蔡復春	第 3 卷第 4 號	1921／10／15
《台灣》	〈改造運動之大勢〉	黃朝琴	第 4 卷第 4 號	1923／4／10
《台灣》	〈勞働者ご資本家ごのの協調問題に就て〉	林石樹	第 4 卷第 5 號	1923／5／10
《台灣》	〈歐戰後の中國思想界〉	秀湖生	第 4 卷第 5 號	1923／5／10
《台灣》	〈台灣議會と無產階級解放〉	秀湖生	第 4 卷第 7 號	1923／7／10
《台灣》	〈台灣統治問題所感〉	布施辰治	第 5 卷第 1 號	1924／4
《台灣》	〈英國勞働黨に就て〉	小池經策	第 5 卷第 1 號	1924／4
《台灣》	〈民眾文化の哲學的根據〉	帆足理一郎	第 5 卷第 2 號	1924／5

附錄二　1927／1／3 文協分裂前《台灣民報》相關社會主義及無產運動的文章

篇　名	作　者	卷　號	出版日期
〈解決工潮之三策〉	江亢虎	1・4	1923／7／15
〈提倡農民的教育〉	醒	2・7	1924／4／21
〈台灣勞農問題一面觀（一）〉	醒民	2・13	1924／7／11
〈論蔗農組合設置的必要〉	黃呈聰	2・20	1924／10／11
〈台北製糖所的橫暴〉	雜錄	3・4	1925／2／1
〈由產業政策上觀察的蔗農問題〉	黃呈聰	3・5	1925／2／11
〈就南部某製糖會社與農民間的問題而言〉	警鐘子	3・6	1925／2／21
〈絕對不採取經濟榨取的方針〉	社論	3・7	1925／3／1
〈台灣的農民運動〉	今村義夫	3・14～15	1925／5／11，21
〈蔗農組合的準則如何？〉	雜錄	3・17	1925／6／11
〈重大之台灣農民運動（譯大阪朝日）〉		3・18	1925／6／21

〈日糖會社在台灣工場的利益〉	論評	第 60 號	1925／7／19
〈竹林問題的眞象〉		第 62 號	1925／7／26
〈芭蕉的自由移出問題〉	論評	第 63 號	1925／8／2
〈再論芭蕉自由移出的問題〉	論評	第 65 號	1925／8／16
〈倡設台灣經濟研究會〉	論評	第 68 號	1925／9
〈土地問題與無產者〉	社說	第 72 號	1925／9／27
〈小港庄農民的慘狀〉		第 73 號	1925／10／4
〈林糖今年度買蕉的價格〉	論評	第 79 號	1925／11／15
〈電光的農民勞働黨〉	社說	第 82 號	1925／12／6
〈蔗農們大憤慨〉	社說	第 83 號	1925／12／13
〈小農民十大苦況〉		第 85 號	1925／12／27
〈不合時的台灣農會〉	論評	第 90 號	1926／1／31
〈勞働農民黨之前途與台灣〉	社說	第 96 號	1926／3／14
〈產業組合大會與農村〉	論評	第 96 號	1926／3／14
〈「五一」和民族運動台灣運河開通了〉	論評	第 104 號	1926／5／9
〈芭蕉農民的死活問題〉	論評	第 107 號	1926／5／30
〈提倡組織農民組合〉	論評	第 111 號	1926／6／27
〈無產青年的公開狀〉	南山	第 116 號	1926／8／1
〈無產農民學校問題〉	玉鵑	第 123 號	1926／9／19
〈社會革新與青年〉	SM	第 124 號	1926／9／26
〈蘇維埃教育〉		第 124 號	1926／9／26
〈社會革新與青年〉	SM	第 125 號	1926／10／3
〈駁陳逢源氏的『中國改造論』〉	許乃昌	第 126～129 號	1926／10／10
〈答許乃昌氏的駁中國改造論〉	陳逢源	第 130, 131, 133,135,136,137,139	1926／11／7～1927／1／9
〈駁芳園君的『中國改造論』〉	蔡孝乾	第 134 號	1926／12／5
〈過去台灣之社會運動〉	連溫卿	第 138 號	1927／1／2

第五章 理性時代的宗教觀：張深切與日治時期啓蒙者的宗教思考

　　如同西方啓蒙思想傳統重視理性信仰態度，明治啓蒙、五四啓蒙與日治時期台灣啓蒙，都將改革迷信與倡議理性宗教觀，視爲啓蒙運動的重點。因此，如欲掌握日治時期台灣啓蒙思想的完整面貌，分析討論日治時期的宗教改革部分，也是不可缺少的面向。東西方的啓蒙者，面對宗教時，或持信仰或者非信仰的態度，都以啓蒙理性精神爲基礎，對民間信仰與舊宗教的迷信部分，加以攻擊，致力改善迷信所造成的種種浪費、鋪張、恐懼、愚民等惡事。而從五四啓蒙與日治時期台灣啓蒙對理性宗教觀的建立，可以看出中台啓蒙者，接收翻譯西方啓蒙思想傳統時的差異。不同於五四啓蒙者所持的無神論調，日治時期台灣啓蒙者，對建立理性宗教觀，展現相當的熱心，不但全力推動改良社會迷信的風氣，不少啓蒙者同時也是虔誠的教徒。他們以理性的宗教態度與濟世的熱心，同時兼具啓蒙者與宗教信仰者的身分，推動文化啓蒙事業，以期貢獻台灣社會。其理性的宗教觀，其實有助於平等、博愛、和平等啓蒙價值觀與世界主義的確立。

　　張深切本身並非虔誠的教徒，但他的理性宗教態度與對宗教信仰問題的重視，相當能反映其他日治時期啓蒙者的理性宗教觀，而其對鬼神與地獄的著迷，成爲張深切身爲理性信仰者的非理性破綻處。它透露出一種不可知論者、面對死亡時的惶惑與恐懼，而也正反映出無神論啓蒙者的理性精神所不能及之處。有關日治時期啓蒙運動對宗教的改革，與張深切及日治時期其他啓蒙者的理性宗教觀，本章將詳述之。

第一節　從西方到東亞：五四啓蒙與日治時期啓蒙的理性宗教觀

西方啓蒙思想是以人類理性爲基礎，所發展出來的龐大文化哲學思想體系，與反對迷信、教會的濫權與神權對思想的壟斷，有很大的關聯。如洛克、笛卡兒、培根、康德等啓蒙者，均反對教會專斷、主張理性的信仰觀。但十九世紀以前的啓蒙思想家，絕大多數並非無神論者。與中世紀神權思想不同的是，啓蒙理性時代的宗教觀，只是不再依賴神的概念，來證明哲學與科學的合法性與正當性，而是依據科學與哲學的內容，來決定神的概念。誠如 Ernest Cassirer 所言：「啓蒙運動的最大理智力量並不在摒棄信仰，而毋寧在它所宣告的新型態的信念，在它所體現的新型態的宗教」（_The Philosophy of the Enlightenment_ 134～135）；理性時代的宗教批判，「基本的目標，並不在解消宗教，而在解消其『超越的』（transcendental）證明與根據」（135）。培根、笛卡兒、洛克、康德等啓蒙思想家，都反對迷信與教會的腐敗，而持理性態度，探索神的存在與信仰的問題。

而十九世紀以來，理性與懷疑論的發展極致，導致科學唯物論凌駕宗教信仰之上，普遍造成不可知論或無神論瀰漫的時代氛圍。許多西方哲學家，持不可知論的保留態度，甚至否定宗教的眞實性，例如，孔德（Auguste Comte 1798～1857）提出「人類的宗教」（Religion of Humanity）一詞，主張以科學主義及愛代替宗教；達爾文（Charles Robert Darwin 1809～1882）的《物種起源》（<u>On the Origin of Species by Means of Natural Selection</u>）提出物競天擇適者生存的進化論，徹底摧毀《聖經》上帝創造天地生靈的神話；馬克思（Karl Marx 1818～1883）與恩格斯（Fredrick Engels 1820～1895），於 1847～8 年共同發表《共產黨宣言》（_The Communist Manifesto_），提出「物質生產爲精神生產基礎」的說法，物質與階級鬥爭被指爲歷史演變的推動力。事實上，十九世紀以降至歐戰前後，西方哲學思想普遍瀰漫不可知論或無神論的論調，轉而以科學與理性信仰代替宗教信仰。羅素、赫胥黎等哲學家，更堅定地公開宣佈以科學理性取代宗教信仰。

西方啓蒙思想中，這樣的理性宗教觀，尤其是十九世紀以來的實證主義與科學唯物論所隱含的俗世性，傳播到以儒學爲文化核心的東亞時，與儒學固有的「不知生，焉知死」的現世態度，可說是十分的契合。但由於事實上中、日、台各地，眞正統治俗民社會宗教信仰的，並非儒學，而是佛、道（中

國）、神道（日本）與種種的巫術信仰，因此，啓蒙者主要批判的對象，是佛道的宗教神話與民間種種的巫術信仰。以中國與台灣的封建社會爲例，通俗佛教與道教、民間多神教的鬼神論、占卜、通靈、扶乩、陰陽五行、風水、地獄說、泛靈論、符咒術等，不一而足的民間信仰，充斥民俗社會。啓蒙理性精神的傳入，包括 19 世紀以來的不可知論與無神論，大大鼓舞五四啓蒙者與日治時期台灣啓蒙者的理性態度，造成一片對民間迷信的討伐聲；而具有宗教信仰的啓蒙者，同時也對基督教與佛教，進行以人本爲中心的理性批判。在中國，持不可知論或無神論的五四左右派啓蒙者，主要受英國經驗主義傳統、法國實證主義傳統、科學唯物論、科學社會主義等西方思想家：培根、笛卡兒、伏爾泰、邊沁、孔德、達爾文、赫胥黎、霍爾巴哈、雨果、馬克思、克魯特泡金、羅素、杜威等等的影響，認爲人類歷史上的宗教爲武斷、非科學、非理性的，是利用人類對未知的恐懼與需求「不朽」的弱點，以迷信爲基礎而建立的。許多五四啓蒙者持不可知論與無神論，大力批評民間信仰的迷信與佛、道、基督宗教神話。如陳獨秀否定《聖經》神話的超越性，以偉人的方式，讚美耶穌的人格；蔡元培提倡以美育代替宗教；而胡適則以理性實證代替宗教，以「社會不朽」代替「靈魂不朽」〔註1〕。

　　胡適的宗教觀，可說是五四啓蒙無神論者的科學理性精神之最佳代表。在他的自傳《四十自述》中，胡適提到自己在十一、二歲時，已因爲司馬溫公家訓的一句話，否定死後有地獄的存在，成爲無神論者：「形既朽滅，神亦飄散，雖有剉燒舂磨，亦無所施」（39～42）。在十三歲時，胡適即差點丟擲石頭搗毀神像，而被長工和姪子勸止住，才未釀成軒然大波。胡適的這個無神論態度，在接觸西學後，又進一步受赫胥黎、杜威與羅素思想的影響而確立，終其一生不改變其否定宗教的立場，主張以理性與客觀實證，面對宗教與靈魂的問題。雖然他於日後對禪學產生興趣，也是以實證考據做爲研究著眼點。在 1952／12／5 台大的一場演講中，胡適批評一些從事自然科學的人，面對宗教時，並未貫徹其理性的科學實證態度，說他們：「出了實驗室……穿上禮拜堂的衣服，就完全換了一個態度」（《胡適演講集（一）》15）。胡適特別讚許英國科學家／人道主義者赫胥黎（T.H. Huxley 1825～1895），在喪子之

〔註 1〕有關五四啓蒙者的宗教態度，參考周策縱著。周子平等譯《五四運動：現代中國的思想革命》。江蘇人民出版社，1996。頁 445；張灝。〈重訪五四：論五四思想的兩歧性〉。《五四新論——既非文藝復興·亦非啓蒙運動》。台北市：聯經，1999。頁 41～54。

痛時，仍然堅持理性尋求證據的方式，拒絕著名社會小說家金士理（Charles Kinsley 1819～1875）要其考慮靈魂不朽的可能性；胡適引述赫胥黎當時對金士理的回答是：「靈魂這個說法，我並不否認，也不承認，因爲我找不出充分的證據來接受它。……我的年紀愈大，越感到人生最神聖的一個舉動，就是口裏說出和心裏覺得『我相信這件事情是眞的』」（16）。

　　整體而言，在五四啓蒙運動中，採取無神論與不可知論的五四啓蒙者，佔有主流的思想位置。但在另一方面，具啓蒙意識的宗教信仰者及新儒家，如信仰基督教的唐君毅與深受佛教影響的熊十力，與反宗教的啓蒙者一樣，也是吸收西方啓蒙理性精神的養分，反對民間信仰的種種迷信，建立起合乎良心自由與理性的宗教觀。持有神論的啓蒙者，從柏格森的直覺哲學、心理學與哲學家詹姆斯（William James 1842～1910）的「信仰意志」說（"the will to believe"）、托爾斯泰（Leo Tolstoy 1828～1910）反資本主義與唯物論的宗教信念、康德的道德律令等等思想汲取養分，建立新的理性宗教觀。

　　而和五四啓蒙運動的情形類似，在日治時期台灣啓蒙思想中，西方啓蒙思想理性宗教觀的影響，也佔有一席之地。和五四啓蒙者一樣，日治時期許多台灣啓蒙者，受到西方啓蒙理性精神與科學方法的影響，對宗教的態度，多持理性批判的態度。他們對民間信仰的大拜拜、建醮、觀落陰、占卜、扶乩、求籤、求符水、鬼神論等不合乎啓蒙理性思維與實證科學的信仰，以迷信視之。早在《台灣青年》第三卷第五號（1921／11／15），即有笑岩的〈就普渡而論〉一文，批評台灣民間社會中元普渡的迷信與鋪張浪費，但尚未引發全島啓蒙者的熱烈響應。直到1924～1925年間，因爲稻江、萬華迎神賽會的鋪張浪費與台灣總督府的鼓勵態度，蔣渭水、黃呈聰、李炳祥、簡順福、張我軍、王敏川、施文杞等人，在《台灣民報》爲文，針對鋪張浪費與總督府及各大報與有力人士鼓勵迷信的做法，加以大肆抨擊，才肇始了啓蒙者大規模地對迷信、宗教與政府愚民政策等議題的討論，與各地方反普渡、節葬、反燒紙錢與反大拜拜等活動。從1924～1932年間，台灣民報共有約兩百篇左右有關迷信與宗教議題的文章、地方通信與時事短評等〔註2〕。1926年以前，

〔註2〕根據王美惠〈台灣新文學「反迷信」主題的書寫——以賴和、楊守愚比較爲例〉中的統計，1924～1932年間，《台灣民報》共有149篇文章與新聞，攻擊迷信惡習、官方愚民政策與報紙及有力人士的鼓吹，以及推動改良迷信的運動報導。但筆者實際查證的結果，發現王美惠所列的目錄，並不完整。以1928～9年間爲例，第213、214、228、250、263號即多篇有關破除迷信的報導，

有抨擊總督府的愚民政策與宗教及迷信的理論討論，之後除了第 258～267 號連載林秋梧的〈唯物論者所指摘的歷史上宗教所演的主角〉，有宗教與唯物論之糾葛的理論探討以外，則多著眼在推動破除迷信的相關實務活動宣導與報導上。有關宗教改革與佛、儒、道思想的議題，則另有 1923 年由「南瀛佛教會」所創刊的《南瀛佛教》，倡議正信佛教與適合現代世界的佛教義理，並涉及齋教、道教思想與宋明理學在現代世界的詮釋與應用。

但和胡適的無神論與不可知論不同的是，日治時期台灣啓蒙者（尤其是被歸爲右派的啓蒙者）的攻擊，鮮少涉及宗教信仰本身，而是抨擊迷信與官方的愚民政策及鼓吹迷信的人士和報紙。事實上，日治時期台灣啓蒙者，有宗教信仰者，並不在少數。在這些抨擊迷信的《台灣民報》撰稿人當中，黃呈聰即爲虔誠的基督徒。日治時期這些具有宗教信仰的啓蒙者，反對迷信，而支持建立在良心自由與理性之上的宗教信仰。受啓蒙思想影響而改革的基督教與日本佛教，主要透過日本、中國的佛教與基督教，及來台的各國天主教與基督新教傳教士，傳入台灣，影響了黃呈聰、韓石泉、王受祿、蔡培火、連橫、賴和、林秋梧等啓蒙知識份子。其中，黃呈聰、韓石泉、王受祿、蔡培火成爲虔誠基督教徒，而連橫、賴和、林秋梧等人，則皈依佛教。這些啓蒙者的宗教信仰，並沒有與他們的啓蒙理性互相衝突，還往往成爲他們整合混亂思維，從事啓蒙運動以啓發民智的動力。佛教的空性幫助連橫，在東西、新舊思想文化衝突矛盾下，得以整合自己支離矛盾的思想，獲致富含理性與自由思想的世界主義。蔡培火也因爲受到日本自由主義者牧師植村正久的影響，皈依基督教，於 1928 年出版《與日本本國民書》中，更能以站在全人類平等的立場上，向日本人要求平等待遇。而具有左派思想的林秋梧（1903～1934），於 1927 年出家爲僧，更將阿彌陀佛的西方淨土世界，與馬克思的共產世界理想視同一物，成爲將共產主義理念與佛教義理互相支援的有趣案例。

張深切爲徹底擁護自由思想與理性精神的啓蒙者，對他而言，人生必遭遇的宗教超越性與死亡、靈魂的問題，也是探討生命眞相所不可缺少的一個面向。由於養母與生母，都篤信種種的民間信仰，張深切從小便熟悉扶乩、觀落陰、風水、師公、喪葬禁忌等等民間信仰與習俗。在他 1946／11／16～18 登載於《和平日報》爲生養的父母所做的〈四篇小誄詞〉中，張深切特別

未被列入。這些被遺漏的文章，加上宗教議題的文章，約略有兩百篇左右的文章、短評與地方通信。

提到生母與養母因爲到處拜拜，而成爲莫逆之交的情形：「……實在你們要拜的神太多了。在每個小鄉鎮，最少都有十個以上的神明，如大道公、帝爺公、媽祖婆、有應公、大樹公、石頭公、文昌公、城隍爺、太子爺、土地公、孔子公等等，甚至連蛇神野鬼都是」（《張深切全集卷三：我與我的思想》276）。張深切接著自云，自己可能童年跟著拜得太多，及長除了祖先以外，便什麼都不拜了。由這段文字敘述可知，張深切和日治時期其他啓蒙者一樣，對民俗社會多神教和泛靈論的巫術信仰，抱持理性批判的態度。但童年跟著母親到處拜拜的經驗，卻使得張深切密切接觸了宗教，並終生持續關懷宗教的議題：1922～3 插班就讀基督教青山學院中學部時，對聖經故事的質疑；1928～1930 年入獄期間，大量閱讀四書五經與宗教書籍；1931 年在《台灣民報》登載〈鐵窗感想錄〉，探討耶穌人格與佛教思想，形成綜合馬克思主義、耶教、佛教、老子、墨子思想的新宗教觀；1935 年於《台灣文藝》2 卷 7 號發表劇本〈落陰〉，以觀落陰的民間信仰爲題；1957 年電影劇本《人間與地獄》中，以李世民遊地府爲體裁；1964 年〈殺犬記〉中，對靈魂存在的思考等等。另外，張深切也多次提到建立中國宗教的見解。宗教議題可說是在張深切偏向理性科學唯物主義的思想中，不斷回返重現的魅影，也映照其恐懼地獄、非理性的內心深處。

　　究竟張深切的宗教觀如何，在他啓蒙思想中扮演何種角色？他的宗教觀，是否與其重視俗世性的民族運動與民主自由議題、及其科學實證的理性思維，產生衝突？而張深切是否如胡適般，明確宣稱自己爲無神論者，並自始至終信守理性、實證科學原則？還是如日治時期信仰宗教的啓蒙者，基本上借助具啓蒙思想的宗教思想，支持自己對啓蒙理性與良心自由的信念，而獲致以全人類爲關懷單位的世界主義？另外，張深切的宗教觀與其他日治時期啓蒙者宗教觀的關聯與異同又爲何？這些問題，都有待透過挖掘張深切著作中有關宗教的言論，並將其放置於日治時期社會的宗教氛圍中，才能清楚地加以釐清。

第二節　日治時期台灣民俗社會的宗教生活、各種宗教信仰及宗教改革概況

　　日治時期，尤其是 1920 年代以前的日治初期，宗教信仰與活動是台灣漢人民俗社會的核心，台灣民眾以村廟、土地公廟等公廟，做爲社區日常生活

的中心。根據 1929 年受聘台灣總督府做宗教調查主任的增田福太郎所做的研究，1934 年台灣寺廟多達 3662 座，而這尚未包括家廟（《台灣宗教信仰》109～111）。宗教活動與民間日常生活緊密結合，不但一年之中的各個節令有廟會，各方神明誕辰的日子，也會有大拜拜或神明繞境。民間信仰是民眾心靈的寄託：生病、諸事不順或許願時，到廟裏求籤、改運、收驚、求符、安太歲、安光明燈、安斗等等。心神不寧者，卜卦算命；思念過世親人者，則觀落陰進冥府與死去的親人溝通。民眾早晚祭拜祖先，每月初一、十五，拜土地公、媽祖、恩主公等等，逢年過節、神明誕辰，更是早早張羅，籌錢出力，準備牲禮、香燭、紙錢、祭典儀式、廟會活動、扮仙演戲、舞龍弄獅、大拜拜、賽神豬等等。為了向各方鬼神精靈祈福，民眾可說是從早忙到晚，從年頭拜到年尾。而要拜的神明，實在太多了。根據姜義鎮的歸類，這些神明，多是伴隨著中國閩越移民的信仰而來，包括（一）古代自然崇拜、庶物崇拜、靈魂崇拜等原始宗教：如城隍爺、三官大帝、東嶽大帝、土地公、司命灶君、地母、石頭公、大樹公、有應公、百姓公、地基主等等（二）道教、通俗佛教、多神教：如孚佑帝君（呂洞賓）、註生娘娘、玉皇大帝、太上老君、媽祖、清水祖師、保生大帝、觀音菩薩、文殊菩薩、彌勒佛、阿彌陀佛、地藏王菩薩等等（三）儒家思想：包括孔子公、文昌帝君、制字先師等〔註3〕。除了姜義鎮的這三個分類外，筆者認為應再加上（四）地方與族群守護神：如開漳聖王、開台聖祖（鄭成功）、廣澤尊王（泉州人奉祀）、義民廟（客家人奉祀）與（五）神格化的中國歷史傳說人物：如盤古大師、神農大帝、水仙尊王（夏禹）、哪吒太子、巧聖先師（魯班）、關聖帝君（關羽）等。日治時期的台灣社會，民間信仰的影響無所不在，台灣民眾生活在人鬼神共治、靈影幢幢的氛圍裡，不但個人私密的心靈寄託，依賴民間信仰，地方社區的公眾活動，也是以宗教活動做為軸心。在社區公眾活動方面，村廟裡，有文武子弟組織的設立，文館掌管傳統南北館的戲曲練習與演出，武館則掌管廟會時舞龍、舞獅、扮仙和演戲等。村鎮的廟會由大村庄的幾個角頭，輪流主辦；熱鬧時，還會有連庄組織舉行連庄的廟會活動〔註4〕。

　　賴和在 1934／12／18 登載於《台灣文藝》第 2 卷第 1 號的短篇小說〈善訟的人的故事〉中，有一段敘述，描寫日治時期地方廟街的景象，充分捕捉

〔註 3〕參考姜義鎮編著。《台灣的民間信仰》。台北市：武陵出版有限公司，1985。
〔註 4〕參考林美容。《台灣人的社會與信仰》。台北市：自立晚報，1993。頁 157～214。

住日治時期台灣民眾日常生活，以村廟為活動核心的情景，也間接佐證廟宇與民間信仰，為日治時期台灣民俗社會日常生活中心的事實：

> 觀音亭，恰在市街的中心，觀音亭口又是這縣城第一鬧熱的所在；
> 就在這個觀音亭也成為小市集。由廟的三穿進入兩廊去，兩邊排滿
> 了賣點心的擔頭，『鹹甜飽巧』，各樣皆備，中庭是恰好的講古場：
> 嘆服孔明的，同情宋江的，讚揚黃天霸的，惋惜白玉堂的等等的人，
> 常擠滿在幾條椅條上；上殿頂又被相命先生的棹仔把兩邊占據去，
> 而且觀音佛祖又是萬家信奉的神，所以不論年節是長年鬧熱的地
> 方。後殿雖然也鬧熱，卻與前面有些不同，來的多是有閒功夫的人，
> 多屬於有識階級，也多是有些年歲的人，走厭妓寮酒館，來這清靜
> 的地方，飲著由四方施捨來的清茶，談論那些和自己不相干的事情；
> 而且四城門五福戶的總理，有事情要相議，也總是在這所在，就是
> 此現時的市街更有權威的自治團體——所謂鄉董局也設在這所在，
> 所以這地方的閒談，世人是認為重大的議論，這所在的批評，世間
> 就看做是非的標準。

（《賴和全集：小說卷》215～6）

廟街是小市集所在，滿足民生需求。而村廟不只是社區的信仰中心，同時也是社區各個階層民眾聚集，從事娛樂、交際、議事、斷是非之所在。廟宇與民間信仰，可說是日治時期台灣民俗社會中，社區民眾最重要的日常生活重心。即便今日，廟宇與民間信仰，雖不復往昔的盛況，但依舊是許多台灣民眾的精神寄託所在。

　　日治時期以前，除了通俗佛教〔註5〕、齋教〔註6〕、道教、原始泛靈崇拜、祖先崇拜、庶物崇拜的民間信仰之外，已有小部分漢人和原住民，信仰外來的天主教與基督教。基督新教於 1627 年曾隨荷蘭人進入台灣，而天主教西班牙道明會的玫瑰省會士，則在 1626～42 年間，隨西班牙軍隊，由三貂角登陸，在台灣北部發展〔註7〕。17 世紀，基督新教與天主教，都在短暫發展後沉寂，

〔註 5〕 日治時期以前的佛教，為由福建傳來的曹洞宗與臨濟宗，屬禪宗體系。在日
　　　　治時期以前，多是佛道不分，僧侶尼師也兼唸咒、算命、看風水。

〔註 6〕 齋教為明朝中期羅祖改革佛教通俗化而成的民間新興宗教，清朝時傳入台
　　　　灣，主要在家吃齋修行，混合儒、釋、道三家思想。日治時期在家修行的齋
　　　　教，分先天派、龍華派、金幢派。

〔註 7〕 參考古偉瀛。〈台灣天主教中的多國色彩〉。《東西交流史的新局——以基督宗
　　　　教為中心》。台北市：東大，2005。頁 391～418。

一直到鴉片戰爭之後，才眞正開始積極活躍。1861 年，西班牙傳教士郭德剛神父創建萬金天主教，成爲台灣現存最古老的教堂。而在基督新教部分，有「台灣宣教士之父」稱號的馬雅各醫生（Laidlaw Maxwell 1836～1921），於 1862 年抵打狗港，開始有了台灣長老會。1867／6／7 第一位長老會李庥牧師（Rev. Hugh Ritchie 1840～1879）來台，他與 1871 年抵達淡水的馬偕（George Leslie Mackay 1844～1901），相約以大甲溪爲界，做爲蘇格蘭長老會與加拿大長老會宣教區的分界。基督新教與天主教，在傳教的同時，也都帶來西式的教育文教與醫療。1868 年，台南新樓醫院的建立，爲教會行醫之始。1873 年，繼有淡水馬偕醫院的建立。在教育文教方面，李庥牧師於 1876 年在府城成立大學，教授舊約概論與天文學，1879 年並由牧師娘，向英國母會女宣道會申請女宣教師來台辦理「女學」〔註 8〕。1884 年，蘇格蘭基督教長老會巴克禮牧師（Rev. Thomas Barclay 1874～1935）自英國帶來台灣史上第一部印刷機，以羅馬拼音的方式，印行《台灣府城會報》，爲台灣史上第一份報刊〔註 9〕。這些天主教傳教士與基督教長老會宣教士，除宣教外，都致力改良台灣民俗社會的纏足、吸食鴉片、壓迫婦女等固陋風俗，並帶來現代化的教育與醫療，對建立台灣的現代性，有開風氣之先的貢獻。而也因爲基督教傳教士，來自多國的文化背景，也帶進了多元文化的因子。因此，基督教早在日治時期之前，便透過宗教，將西方啓蒙理性自由平等博愛的精神與科學理性，帶進了台灣。

　　而日治時期，隨著日本殖民者的到來，所帶來的新宗教與派別，則有日本神道教、日本基督教、日本佛教曹洞宗與臨濟宗等。根據日治時期學者增田福太郎的說法，神道教十三教派中，傳來台灣的有天理教、金光教、神習教、御嶽教、大社教、扶桑教、實行教、神性教、神道本局；日本佛教來台者，有臨濟宗、曹洞宗、淨土宗、眞宗本院寺派、眞宗大谷派、日蓮宗、本門法華宗、顯本法華宗、眞言宗、天台宗等；而日本基督教來台者，則有日本基督教會、日本組合教會、日本聖公會、日本哈里斯特正教、日本聖教會、救世軍等（《台灣宗教信仰》94～95）。其中，日本神道教祭祀日本天神地祇與歷代皇靈，推崇天皇的天神地位，已被轉化爲皇國神話，高於一般宗教之上，境內各種宗教信徒，都必須到神社祭拜。台灣總督府延續日本內地採取

〔註 8〕參考鄭仰恩主編。《台灣教會人物檔案》。台南市：人光，2001。
〔註 9〕參考中央研究院台史所林清修整理。網站：
　　　http://thcts.ascc.net/template/sample10.asp?id=rd/5～01015

神社國體的概念，共建立了 68 個神社，推動皇國神話的思想〔註10〕。而除了日本神道教之外，日本佛教與基督教，也有配合台灣總督府宗教政策，改造台灣宗教界，輔助殖民統治的功能。台灣總督府的宗教政策，採取漸進式的控制。在發生與齋教徒有關的「西來庵」事件（1915 年）之前，台灣總督府對台灣宗教的管理，大致採取自由的態度，主要著眼在民俗改革與文化同化方面。「西來庵」事件之後，台灣總督府內務局丸井奎治郎，負責展開全島性的宗教調查。1921 年，在丸井奎治郎的召集與日本和尚東海宜城的影響下，代表佛教與齋教界的江善慧、沈本圓、陳火、黃堅、林德林、鄭成圓等，在台北萬華龍山寺前的艋舺俱樂部，舉行「南瀛佛教會」創會式，為日治時期最重要的佛教組織。而事實上，根據學者李世偉的研究，由日本佛教連結台灣本土佛教與齋教流派的組織，便有「台灣佛教青年會」、「台灣佛教道友會」、「南瀛佛教會」、「台灣佛教龍華會」，後兩者且接受台灣總督府的補助，具有一定的官方色彩（《台灣宗教閱覽》12〜31）。這些組織推動台灣佛教界的革新，其宗教革新事業，與和官方關係密切的日本佛教，有相當的關聯。

　　日治時期，台灣佛教界的革新，是在日本佛教的推動與影響下進行的。清朝統治時期的佛教，流傳自福建地區的禪宗各派，但普遍缺少佛學的義理研究，並且與民俗信仰混雜不清，僧侶尼師也兼幫人堪輿、看風水、算命等。而於 1895 年領台之初，總督府即協助成立聯合台灣佛教界的「大日本台灣佛教會」，並於次年由佛教曹洞宗佐佐木珍龍倡議，發行《教報》，做全島宗教調查。從此，日本佛教即扮演改造台灣佛教推手的角色，影響現代佛教義理的研究，並積極進行社會事業與教育事業。1916 年，台灣佛教界在台灣總督府舉辦月餘的「台灣勸業共進會」中，佛教徒林學周與長老教會牧師陳義的演講會，成為宗教批判大會〔註11〕，更因而促成台灣新佛教運動。1917 年，「台灣佛教中學林」在曹洞宗「台北別院」第七任佈教總監日人大石堅童的催生下成立，招收本地學生正式上課，目的在加強現代佛學義理的研究，宣揚正信佛法以消除迷信。創校典禮，由日本曹洞宗總本山，派遣致力現代佛學研究的學僧忽滑谷快天代理管長前來主持〔註12〕，並每年補助經費一千圓。後

〔註10〕根據陳玲蓉在《日治時期神道統制下的台灣宗教政策》（台北市：自立晚報，1992）的說法，日治時期共建了 68 座神社。

〔註11〕參考江燦騰。《20 世紀台灣佛教的轉型與發展》。淨心佛教基金會。頁 26〜30。

〔註12〕忽滑谷快天師，為受過歐美現代教育的學僧，也是日本現代佛學研究的拓荒者，著有《四一論》，即信一佛不信餘佛、奉一教不奉餘教、行一行不行餘行、

來推動新佛教運動饒有貢獻的李添春、林德林、高執得、曾景來等，都畢業於佛教中學林；佛教中學林的創立，對建立台灣現代佛學研究與推展，有很大的貢獻〔註13〕。1921年，「南瀛佛教會」的成立，更串聯台灣佛教界的力量，加速推動破除迷信的大乘佛教。1922年，「台灣佛教中學林」擴建校舍，改稱「私立曹洞宗中學林」。而另外，在日治時期台灣佛教界所推行的社會事業方面，則包括講經、祭典、婦女會、青年會、主日學校、人事協談所、職業介紹所、寄泊所、慈愛醫院（日僧東海宜誠創辦）等。台灣僧侶受日本佛教的影響下，有積極的入世、勞動與改造、服務社會的精神，並且部分僧侶冠俗姓，如沈本圓、江善慧，而未以「釋」爲姓，更有少部分僧侶，主張採取日本佛教吃葷娶妻的做法〔註14〕，如有「台灣馬丁路德」之稱的林德林，一生心儀日本佛教曹洞宗駒澤大學校長忽滑谷快天師，並於1932／2／15，在日本和尚保坂玉泉師的證婚下娶妻生子。

　　1921年成立的「南瀛佛教會」，爲日治時期最有影響力的佛教組織，推動各種研習會、研究會與演講會，致力推動現代的佛學義理研究與宣揚。「南瀛佛教會」並且出刊探討現代佛學的《南瀛佛教》，對去除迷信、推動革新台灣佛教與佛教義理的現代化方面，不餘遺力〔註15〕，當時影響台灣新佛教運動甚深的忽滑谷快天和參與台灣新佛教運動的丸井奎治郎、林德林、林秋梧、許林、李春生、曾景來等，均爲之撰稿。《南瀛佛教》創刊號（1923／7）中，井上俊英所寫的〈佛教之光明〉，便明白指出「南瀛佛教會」的創立，旨在推動佛教的理性宗教信仰觀，目的「爲去除舊來之迷信，而宣揚眞正之信仰」，而因爲「多數會員中不無有心知本會之精神，而爲習性所制墨守舊來之陋習者，又或全不了解本會之趣旨，而依然墮落迷信者，亦

　　證一果不證餘果，專心求一法門的解脫之道。他反對死守戒律、執著經文，主張走入社會，了解時潮。他爲《南瀛佛教》撰寫的〈現代社會之純理性批判與佛教之黃金世界〉，批判現代世界之物質主義、軍國主義、利己主義等，主張反戰與和平，建設慈悲平之「靈之王國」，可充分代表他入世批判、建立佛教義理的現代佛教思想。

〔註13〕有關「台灣佛教中學林」的創立，與忽滑谷快天的思想，參考釋慧嚴。〈忽滑谷快天對台灣佛教思想界的影響〉。《華梵大學第六次儒佛會通學術研討會論文集──上冊》。台北：2002／7。頁369～387。

〔註14〕日本佛教娶妻葷食的做法，爲明治維新之後才有的。在受西方啓蒙思想影響之前，日本佛教與傳統佛教的做法一致，均素食而單身。

〔註15〕參考江燦騰。《台灣近代佛教的改革與反思──去殖民化與台灣佛教主體性確立的新探索》。台北市：東大，2003。頁1～16。

復不少」(8～9)，因此創刊《南瀛佛教會會報》，用以破除迷信，宣揚大乘佛教。另外，在《南瀛佛教會會報》第一期第二號的〈卷頭辭〉中，許林也指出該會舉辦講習會、以破除迷信宣揚大乘佛教的用心：「佛教前途、雲深霧重。而一般釋子，如癡如聾，如盲如啞，如病夫如死人⋯⋯則現今成立之南瀛佛教會⋯⋯每年二回開講習會。募集本島有志者四十名以上臨時講習，欲使其發揮大乘佛教之趣者」(1)。爲了宣揚大乘佛教的正信，1921～1936 十五年之間，「南瀛佛教會」一共開辦了 16 次講習會。而除了台灣佛教各宗派爲日本僧人所滲入改革外〔註 16〕，日治時期佛教的改革，事實上也包括了通俗佛教的齋教。例如，齋教先天教派導長暨台北大稻埕區長黃玉階，1900 年與基督徒李春生發起「台北天然足會」，主張解放婦女纏足的陋習，並於 1914 年在其所編著的〈台灣本島人宗教約束章程〉中，提出一個全島性宗教組織的方案，1916 年並與江善慧、沈本圓等，共同計畫設置佛教中學林。日治時期台灣宗教的改革，受到透過日本佛教傳播而來的西方啓蒙思想影響，由此可見。

整體而言，在日治時期，台灣民俗社會，雖然依舊盛行多神教與泛靈論的種種巫術信仰，並且涉入種種的祭典與信仰活動，但台灣通俗佛教與齋教，已透過日本佛教的現代佛學，破除民間信仰的各種迷信，進行改革，變得更適合於啓蒙理性宗教的精神。影響所及，當時尙爲年輕的中國近代佛教改革家太虛法師（1890～1947），於 1917 年，受靈泉寺江善慧法師之邀來台，主持靈泉寺的法會，曾與「中學林」的教師晤談日本佛教學制與課程，對他日後對中國佛教的改革，也不無影響（江燦騰 32）。而至於基督教，無論是透過中日基督教或先後直接來台宣教者，則因爲本身即是西方文化的產物，在介紹西方科學方法、理性宗教觀、平等、博愛的啓蒙思想與推展社會文教與慈善事業方面，自有其重要的貢獻。然而，除了理性宗教觀的建立外，從另一方面來看，日治時期宗教界在經歷這些改革後，事實上已逐漸被收編入日本帝國的統治。

〔註16〕台日佛教的合作，有長谷慈圓與陳傳芳所共同促成的台南開元寺、台北觀音山凌雲禪寺、台南白河大仙岩併入日本臨濟宗妙心寺派、東海宜誠擔任高雄龍泉寺、大仙寺、鼓山元亨寺等住持。

第三節　日治時期台灣啓蒙者反迷信的態度與具宗教信仰的啓蒙者之理性信仰

　　日治時期台灣總督府對台灣民間信仰的政策，可大致分爲三個階段：明治時期（1895～1910 年）的自由放任政策、「大正民主」時期（1911～1925年）的尊重拉攏政策、與昭和時期至終戰（1926～1945 年）間逐步嚴格的控制管理政策。「大正民主」時期，台灣總督府採取國家神道與固有宗教互不干涉的原則，對民間信仰的態度，在不違背將其收編入「大日本帝國」的原則下，採取拉攏的態度。加上廟會活動可能振興市況的考量，上自台灣總督下自地方郡守與知事，在迎神建醮時，不但不阻止其鋪張浪費或指斥迷信行爲，除了派警力支援、加開火車班次配合等種種便利措施外，甚至親自蒞臨參與盛會或擔任主祭，表示尊重宗教自由之意。而台灣總督府這種對尊重民間信仰的政策，招致了啓蒙者的抨擊。1924／11／1，台北媽祖廟慈善宮建醮，在大稻埕舉行盛大祭典，其鋪張浪費與官方的鼓勵態度，引起啓蒙者一片嘩然，黃呈聰、蔣渭水、王敏川、張我軍、郭文杞、簡順福、前非、李炳祥等人，在《台灣民報》上，爲文攻擊，呼籲破除台灣民眾迷信的迫切性，肇始了啓蒙者對迷信與宗教議題的熱烈討論。以 1924～5 年爲例，《台灣民報》有關宗教與迷信文章，前後共達十餘篇（見附錄），除了較少數有關宗教與迷信思想性的討論以外，主要針對台灣民間建醮迎神的鋪張浪費與官方的愚民態度，加以抨擊。包括這些文章在內，一直到 1932 年之間，《台灣民報》有關迷信、宗教與政府愚民政策的討論文章與破除迷信活動的相關新聞報導評論，將近有兩百篇。《台灣民報》第三卷第十七號（1925／6／11），即以〈宜速破除迷信的陋風〉爲社說，攻擊官方鼓勵迷信的態度，嚴正呼籲同胞自覺：「……地方有力者這樣的愚妄、利用迷信、爲政者就該指導他才是、雖然說是信仰自由、若有毒害人群的進步、都該加以限制或指導、怎樣毫無付與注意、而返竭力援助？豈眞要傚固陋政治家使民愚易治嗎？……像內田前總督、在台南求雨的一事、很足表現他的治臺的伎倆、多謝他種下許多迷信的種子、使臺人不能忘懷呀！」啓蒙者反對群眾迷信與官方鼓勵迷信的做法，清楚可見。

　　1924 年《台灣民報》反對台北慈善宮建醮的迷信與鋪張浪費的文章一出，引起全台有志之士的迴響，自此至 1930 年代初期，啓蒙者發動一波波的反迷信革新運動。反對迷信的啓蒙者，發起節葬與反中元普渡、反迎神、建醮、燒紙錢、大拜拜等活動，目的在改革迷信所造成的民生困苦與愚民的現象，

主張將這些迷信的花費，轉用在社會福利事業上。從《台灣民報》的地方通信欄、論評與文章中，可以看到各種反迷信運動在台灣各地蓬勃開展；民眾黨、文協、農民組合、各地方青年會與勞工組織、各地維新會等，均推動破除迷信的宣傳與活動，至 1930 年代初期，已有一些成效。以反普渡運動為例，新竹、苗栗、竹南、台北、台南、基隆、汐止、清水、斗六、豐原、桃園等地，均有反普渡的新聞傳出。如「赤崁勞動青年會」有〈反對普渡宣言〉（《台灣民報》第 273 號）、「台北維新會」與「基隆艋舺勞動青年會」也有反普渡演講與宣傳等。而有關節葬方面，宜蘭、汐止、豐原、草屯、大甲、高雄，均有響應節約葬禮的範例。《台灣民報》第 264 號（1929／6／9）並且報導了蔡惠如葬禮，採用佛式、糕果以外牲體與其他祭品一律不用，廢除一切轉柩、跪行、哭呼、葬禮酒食、牲禮餞盒鋪張浪費的陋習。而蔣渭水於 1927 年父親蔣老蕃過世時，簡化葬儀，於 1929／9／24 母親李綱逝世出殯時，更把「放銀紙」的習俗，改為印發宣揚破除迷信的傳單，蔣渭水還將奠儀收入捐給台灣民眾黨、台灣工友會總聯盟、台灣維新會等社會組織（莊永明 39）。

但日治時期啟蒙者儘管反迷信，整體而言，他們並非反對宗教信仰本身，而是與培根、霍布斯等西方啟蒙者類似，站在科學理性的精神，區分宗教與迷信的差異。他們陳述迷信的虛妄與大拜拜對社會經濟、民智、衛生與窮人之害，譴責總督府與各大報（《台灣日日新報》、《台灣新聞》、《台南新報》）及民間有力人士的鼓吹態度。《台灣民報》少數有關宗教與迷信的理論與思想探討，多半集中在上述 1924～5 年間的幾篇文章與 1929 年林秋梧連載十號的〈唯物論者所指摘的歷史上宗教所演的主角〉（第 258～267 號）。1924～5 年間，《台灣民報》有關迷信的文章，大多數著力在抨擊官方與報紙鼓勵迷信的愚民政策，接著一直到 1930 年代，則大多是有關各地方破除迷信事例與運動的報導。在這些初期討論有關宗教與迷信理論的少數文章中，啟蒙者站在科學與理性的角度，解剖迷信的虛妄，以圖喚醒民智。如黃呈聰在〈對稻江建醮的考察〉一文中，以啟蒙思想的科學與理性的立場，解析迷信的荒謬，「凡科學未發達都有迷信，迷信盛了，科學便不發達，若是科學發達了，迷信自然就會衰下去的，科學是腳踏實地要求出一種因果關係來，造成一種條理整然的智識，始理性能得首肯。迷信只是恍恍惚惚拿些不相干的事情聯合在一個地方，誤認作有因果關聯，或者空空洞洞捏造什麼王爺現身，媽祖顯靈等的鬼鬼祟祟出來，不加合理的考驗，便認做實在的東西來崇

拜，似此科學和迷信全然是不能相容的」（《台灣民報》第二卷第二十四號 4）。黃呈聰根據啓蒙理性精神，堅持信仰必須合乎科學與理性，若未通過科學的因果關聯原則與理性考驗的信仰，則只是裝神弄鬼的迷信。黃呈聰於發表這篇文章後的次年成爲基督徒，本身其實並不反對宗教，而只是反對將迷信與宗教混爲一談。張我軍在〈駁稻江建醮與政府和三新聞的態度〉的話，也可以印證日治時期啓蒙者反對迷信不反對宗教的態度：「一般的人，動不動便把宗教與迷信混爲一起，這是極可笑的事。要記得，宗教和迷信是二件東西。當然宗教裡頭含有不少迷信分子。然而這是宗教的缺點，不能以此證明宗教和迷信是不可離開的」（《台灣民報》第二卷第二十五號 5）。和黃呈聰類似，張我軍同樣不否定宗教，而反對迷信，主張迷信爲宗教的缺點，但是可以加以區分的。

而簡順福的〈就此回的建醮而言〉，則更進一步，將宗教生活與道德生活做連結，類似康德，指出宗教與道德爲生命意義與價值之所在，及生命中不可缺少的部分。簡順福並將迷信與宗教清楚區分開來，認爲宗教即生活，抨擊台北媽祖廟建醮浪費造成民眾負擔、違反生活，已違反宗教的意義和價值：「信仰生活，或者是我們人的生活不可少的東西，社會生活上固然有宗教存在之必要，宗教與我們人類生活固然有很密切的關係，這都是我們一般所共認的事，然而你要說這回的建醮其實有宗教價值沒有？就宗教見地而言有宗教上的意義嗎？宗教本旨其實要導人以智，不是要教人爲愚爲蠢的東西，依基爾唏呢爾的定義所說：『宗教是我們人類感著無限的生存，欲得基礎的生活依道德生活一致努力的東西』。道德生活即是宗教生活，依這樣看來宗教也是生活，那麼，我們生活有一致有適合才算是有意義和價值，反我們的生活就沒有宗教的意義和價值，是不用說的」（《台灣民報》第二卷第二十五期 7）。簡順福以充足的啓蒙理性宗教觀，認爲宗教爲人類面對無限時的體悟，爲道德的基礎，是要啓人以智，幫助人生活，而非致令人愚蠢的東西，他並且根據這個理性宗教觀的標準，檢驗媽祖建醮的宗教價值。

整體觀之，從《台灣民報》這些探討迷信、科學與宗教理性的文章，我們可以歸納出一種符合西方啓蒙思想的「反迷信、不反宗教」、「智信而不迷信」的理性宗教信仰態度。這態度接近有神論的笛卡兒、培根、洛克、康德，而不似赫胥黎與羅素的不可知論；和五四啓蒙者的不可知論與無神論傾向相較，日治時期啓蒙者，對宗教的態度顯然溫和許多。

　　而事實上，日治時期的啓蒙者中，不乏有宗教信仰的人。最早期配合台灣總督府對台灣民俗社會的迷信與陋習進行改革者，即有基督徒李春生與齋教先天派導長黃玉階。而 1910 年代晚期以來的啓蒙運動中，黃呈聰、韓石泉、王受祿、蔡培火等，爲虔誠基督教徒，連橫、賴和、蔡惠如、林獻堂等，則均有與佛教相關的事蹟記載，左派啓蒙者林秋梧甚至出家爲僧，並同時繼續參與啓蒙運動。黃呈聰、韓石泉、王受祿與蔡培火，都是活躍的啓蒙運動者暨虔誠的基督徒。1925 年，黃呈聰在中國逗留期間，成爲「眞耶穌教會」虔誠的教徒。次年三月，黃邀請該會聖工來台宣教，於 40 天內三處教會，並於戰爭期間將十五張犁祖厝改爲教堂。王受祿則於 1929 年，因長子驟逝的傷痛，走向宗教，後來將自宅規劃爲教堂。而與王受祿相同的，韓石泉也於 1929 年，因長子夭折，走入宗教，成爲基督徒，一生致力醫療公益，「韓內科」成爲台南人的共同記憶之一。蔡培火則早於 1920／4／25，即接受植村正久牧師的洗禮，成爲基督教徒，以上帝之力幫助台灣，在日記中，常向上帝禱告。蔡培火與同爲基督徒的韓石泉，一度計畫成立「新生堂財團」，邀林獻堂爲金主，以宣揚基督教與推動公益事業，明白訂定〈新生堂財團約章〉爲（一）經營醫院（二）宣揚聖教（三）普及教育（四）援助政治及社會運動，收益的十分之四充作宣教費，其餘三項則各佔收益的十分之二（莊永明 133）。後來，這個計畫，雖因林獻堂財務困難與蔡培火赴日而作罷，但韓、蔡二人，同時結合宣教、啓蒙運動與社會公益的信念，已獲得清楚的映證。對這些信仰基督教的啓蒙者而言，幫助台灣與實現上帝的意志，其實是不可分的。

　　另外一方面，積極參與啓蒙活動的舊文人連橫，則受佛教影響頗深。連橫與「南瀛佛教會」佛教人士互有往來，並曾爲籌建觀音山凌雲禪寺募款，寫作〈募建觀音山凌雲禪寺啓〉一文，盛讚該寺的興建，爲台灣一大聖事：「法輪長轉，梵宇宏開，塔湧地中，網陳天上。是則婆娑洋畔，頓成璀璨之龍宮，惡濁界間，現出光明之鹿苑。又豈非我台之聖事，而佛法之有緣也哉」（《連雅堂文集》125）。而開創觀音山凌雲禪寺的，正是「南瀛佛教會」創辦人之一的沈本圓。連橫的佛教思想，因而可知是受到台灣新佛教運動的影響，爲反迷信的現代佛教。連橫並公開宣講現代佛學，曾爲「南瀛佛教會」所舉辦的研習會，擔任講師，也在《南瀛佛教》第九卷第二號（1931／2）發表〈觀世音考證〉一文。1924 年間，連橫爲「台灣文化協會」的講座演講過〈六波

羅蜜〉（1924／1／17）與〈釋迦佛傳〉（1924／4／19）。佛法的空性，事實上，幫助了連橫獲致一種世界主義觀，藉以融通東西新舊思想異質性的衝突矛盾，因此，可說是連橫的啓蒙思想中，相當重要的組成部分。而林獻堂及賴和，雖然不及連橫的投入佛法宣揚活動，卻也都與改革的佛教，有若干淵源。1917 年，靈泉寺江善慧法師邀請中國近代著名佛教改革家太虛法師來台主持靈泉寺法會，會後即受邀到霧峰林家，與林獻堂說法（江燦騰 32），由此推測，林獻堂與當時從事新佛教運動的僧侶互有往來。而賴和則曾在筆記本所記的〈僧寮閒話〉（1923／9／15）中，提到自己到東門外的菩提寺，與僧談因果，以解釋鄉人魏老虎霸佔人田園，何以尚未有惡報的疑惑。賴和以頗類似科學的因果律（cause and effect）的方式，談佛教的因果：「要如何判斷，不過處果以求因，明因以知果，由果而生因，循環不息，將何判斷？」而僧人的回應，也具有現代社會科學的法律與階級意識：「汝是以服從爲美德的善良民？這話怕不敢聽。現大千世界裏，有何法律？但有維持特別階級之工具而已，亦不過一種力的表現罷」（《賴和全集：小說卷》5），和尚以法律爲維護特定「階級」工具的概念，已經受到社會主義者言論的影響。如此，賴和和連橫一樣，以理性信仰的態度，汲取現代佛教義理的養分，解答現世的疑惑，建立起自己的啓蒙思想。賴和與當代啓蒙者一樣，同樣反對迷信。1926／1／1，他發表小說〈鬥鬧熱〉（《台灣民報》第 86 號），描述民眾爲了在廟會爭體面，一夜之間虛擲千金、窮人典衫當被與官廳縱容的情形。但賴和終其一生，都具體實踐宗教的博愛精神。根據楊雲萍爲賴和所寫的追悼文，賴和每天看病一百名以上，卻於每年年終燒毀這些窮苦病人的帳冊。而也正因爲他經常爲窮人代墊醫藥費，並捐助各種文化啓蒙活動，賴和死後因此還遺留下一萬餘圓的債務。

　　而在日治時期，將佛教義理與西方啓蒙思想結合的最佳範例，則應首推林秋梧（1903～1934）﹝註17﹞。林秋梧於 1918 年進入「台灣總督府國語學校」，期間常與蔣渭水往來，而萌生抗日與啓蒙思想意識。1922 年，林秋梧因北師抗日學潮事件，差幾天畢業卻遭校方退學。1924 年，林秋梧曾前往廈門大學哲學系就讀，1926 年加入文協活動寫眞部，擔任電影放映的解說辨士，並發行左傾刊物《赤道報》。1927 年，林秋梧在臨濟宗台南開元寺出家爲僧，同年

﹝註17﹞有關林秋梧的生平資料，參考李筱峰。《台灣革命僧──林秋梧》。台北市：望春風文化，2004。

進入日本著名的佛教大學駒澤大學就讀（1927～30），受忽滑谷快天師影響，認為僧侶應積極宣揚佛法，並且關懷社會與弱勢團體。畢業回國以後，林秋梧擔任南部「臨濟宗佛教研習會」與「南瀛佛教會」的講師與翻譯，四處演講授課，科目包括：禪學、佛學、老子、四書、作詩、講演實習等，致力推展現代佛學與社會運動，至 1934 年圓寂為止。林秋梧致力於將台灣建設為人間淨土，而非致力追求來世的淨土。在 1928 年《南瀛佛教會會報》第六卷第六號的〈為台灣佛教熱叫〉一文中，他明白指出這種在台灣建立人間淨土的概念：

> ……西方極樂世界不是踏破鐵鞋就可覓得的，也不是一種的烏托邦一片的觀念，而是有心人、精進者、革命家（不是謀叛者）個個都容易達到的地方。最捷徑的就是省識時務，鼓起四大弘願的大勇氣，站在 400 萬大眾的前隊，把台灣島內一切有形無形的魑魅魍魎消除盡淨的光明大路！可能達到此目的，則台灣就是台灣人的一個安安穩穩、快快活活的極樂世界，又何需向外追求。而我們和台灣的關係好像是魚不能離水一樣，離開台灣是萬不會生活的，怎樣能偏重來世的淨土，而忽略現實的台灣？
>
> （51～52）

林秋梧將台灣的社會改革運動與宣揚現代佛學，視為實現人間淨土的一體兩面，而將之緊密結合一起。他以濃厚的社會主義意識，高唱家庭改革與女性解放，寫作〈佛說堅固女經講話〉，提倡女性平等與女人成佛的思想，並且依照馬克思主義的階級鬥爭概念、「科學」社會主義與共產理想，描繪佛教西方極樂世界的藍圖。林秋梧寫作不少比較馬克思主義理論與佛學思想的文章。1929 年，他在《台灣民報》連載十號的〈唯物論者所指摘的歷史上宗教所演的主角〉（第 258～267 號），澄清唯物論者本意絕非否定歷史上宗教與倫理精神的力量，並且倡議佛教的革新。他指出自己寫作這篇文章「縱使有非難宗教家之嫌——自然這是免不得——而本意決非在於排斥宗教自身。實是要和親愛的青年僧伽，談現代的趨勢，以資改革將來的教式」（《台灣民報》第 258 號 8），其用意在借鏡列寧、考茨基等唯物論者的觀點，思考佛教的改革問題。同年三月，林秋梧在《南瀛佛教會會報》第七卷第二號，發表〈階級鬥爭與佛教〉一文，表達欲以科學建設物質文明，在台灣土地實現現世西方極樂淨土的理想：

極樂淨土卻不限定是西方一處，就是南方北方東方通通都可以有
的，而且人類用自己的力可以建設的……是用科學的理論都可以證
明出來的現世淨土……。

由是觀之，極樂世界的設施，則可謂無所不至其極了，在那邊也有
鐵肋康克力的洋樓可躲，也有亞斯華爾托的大走馬路可以跑，交通
機關的整齊更不用説，衛生的設備也極其周到，一般民眾不但沒有
食衣住的憂慮，閑工的時候，還能任意到水浴場、動物園、音樂堂、
電戲院等等娛樂的地方，去清爽快活，這樣無缺的世界，就是馬克
斯主義在所期待的人人社會，亦不過是如此而已……

（56）

林秋梧在此，以社會主義的理想，做為西方極樂世界的藍圖，認為西方極樂
世界，是為物質充裕、民生樂利、住民精神生活愉快的平等世界。在此，他
所描繪的佛教極樂世界與共產主義的工人天堂，事實上已經無有軒輊。

　　除了結合馬克思主義的共產社會理想與佛教教義，建立他的現代佛學
概念之外，林秋梧對台灣佛教的改革，尚有從 1929／7 開始，連續三年發
起「反中元普渡」的反迷信運動。他與其他《南瀛佛教》的作者，呼應忽
滑谷快天的現代佛學，主張僧侶肉食、自由決定婚姻，反對死守戒律、執
著經文〔註 18〕，更進一步呼籲僧侶改革社會，積極走入社會幫助弱勢者。
因此，除了台南開元寺的僧侶身份以外，林秋梧同時還是「台灣民眾黨」
黨員，並為「台灣工友總聯盟」與「赤崁勞動青年」的成員，1930／10，
林秋梧創刊左翼的《赤道報》，宣揚社會主義理念。而林秋梧這種對現代佛
學的主張，卻也使自己遭到開元寺守舊派的攻擊。

　　身為佛教僧侶，林秋梧自有其鑽研佛學義理的一面。在將佛學思想與社
會主義理念充分結合之時，其思想基礎，事實上，仍在於佛學義理中眾生平
等、個人與世界宇宙為一體的形上哲學觀，他認為每個個體都可以通向宇宙

〔註 18〕《南瀛佛教》有很多呼應僧伽走入社會與關心現代社會與時代潮流的文章，
　　　　如林徹妙的〈現代僧伽勞動的自覺〉（6．6）與第八卷第八號〈卷頭辭〉〈勞
　　　　働神聖〉，主張僧伽從事勞動發揮服務主義慈愛主義：台北正信生的〈帶妻論〉
　　　　（8．1）、釋明雲〈希望僧尼菜姑去實行結婚〉（9．6）等，主張僧尼應以正
　　　　信慈愛的佛教為念，以自由理性自由決定婚姻；忽滑谷快天〈現代社會之純
　　　　理批判與佛教之黃金世界〉（7．5～6，8．1～2），探討自我的食色自保之欲，
　　　　延伸出種種現代社會之物質主義、軍國主義與利己主義，而呼籲需持和平反
　　　　戰，回歸佛陀無欲的慈悲，在現世建立「靈的王國」。

整體與佛：

> 個體即一個一個的生命。由全體的來看，自己與個人是不可分開的。
> 個人集合起來便是社會，在社會中用自己之力來扶助別人，而自己
> 以外一切別人之力卻歸於自己保持我們自己。比社會更大的就是宇
> 宙，宇宙是一個大組織體，和社會的各個個人互相依靠互相扶助而
> 形成整個社會一樣，宇宙中的森羅萬象，人啦、畜生啦、山川樹木
> 啦、鐵啦、金銀啦、布匹啦、地水風火啦，一切皆以整然的秩序而
> 成的。這樣的宇宙，就是一大佛身，一大佛身的一大生命，便是我
> 們所信仰的佛。所以社會中或宇宙中的一與一切，部分與全體，自
> 己與佛，結局是不可分開，即一的存在。

（〈佛學堅固女經講話〉12）

這種以一通向一切、以部分通向全體、以個體通向萬物、從自己通向佛、從
小生命通向大生命的理念，深受忽滑谷快天「四一論」一為一切，一佛為一
切佛，一法為一切法，一行為一切行的觀念所影響。而忽滑谷快天這種對佛
經的解釋，與新柏拉圖主義將宇宙視為一個完整活生生彼此密切相關的有機
體的概念十分類似。根據新柏拉圖主義的創始者 Plotinus（204～270 A.D.）所
創的精神宇宙論（spiritual cosmology），經由默觀，所有宇宙萬物被連結為單
一、無處不在的真實；所有部份彼此相關，此真實本質無所不在而完整。林
秋梧的佛學概念，將佛身視為一大生命，宇宙萬物包括人類，無所不包。而
正因為這種個體與全體緊密相繫的見解，使林秋梧結合佛教與啓蒙運動，而
視啓蒙運動與實現佛教理念，不但不衝突，還能有助於現世人間淨土的建立。

第四節　靈域世界的神秘召喚與張深切的理性宗教觀

在日治時期民俗宗教鬼影幢幢的氛圍、啓蒙者的反迷信思想與新宗教運動
的呼聲中，張深切對宗教議題，終其一生，都保持高度的關切。從青年時期起，
在日治時期日本、中國、台灣啓蒙者普遍的理性宗教觀的影響下，張深切對童
年所經歷的神鬼幢幢的世界，產生理性的批判觀點。1922～3 年就讀日本基督
教青山學院中學部期間，張深切開始接觸基督教、研讀聖經，並且和同學老師
辯論基督教的議題，肇始其對宗教教義做理性的批判與探討。1928～30 年因「廣
東革命事件」入獄服刑期間，張深切藉機沉潛，大量研讀佛教、基督教書籍與
中國的四書五經，對基督教、佛教與中國哲學思想，做更進一步的比較思考，

試圖找出各大宗教最原始的精神與馬克思思想之間的相通性。出獄後，張深切連載在 1931／6／20〜1931／7／18《台灣民報》的〈鐵窗感想錄〉，便是他在監獄中對佛陀、耶穌、老子、墨子、馬克思等人思想思考的結論。他從理性批判的角度，抱持人本的態度，視這些宗教或學派創始者，爲人道主義者，而非具有神秘色彩的神話人物，並且找到這些宗教與思想家的原始自然主義與博愛精神：「馬克斯發現的是什麼呢？釋迦諦悟的是什麼呢？老子體會的又是什麼呢？依我的看法，他們致力以求的是將不自然回歸爲自然，使受到傷害之自然恢復之原態」（《張深切全集卷四：在廣東發動的台灣革命運動史略‧獄中記》359）。自此後，張深切的理性宗教觀大致成形，終其一生，張深切以智者而非神明的態度，看待基督、佛陀、墨子、孔子與老子等，並呼籲建立合乎科學理性時代的新宗教。而整體而言，張深切以明察事理、不輕信神蹟的理性信仰態度，面對宗教、命運與靈魂的議題，並將各個宗教博愛精神與理性科學唯物觀，調和在一起，建立起新的宗教觀。只是，張深切這個理性無神的新宗教觀，卻仍不時有鬼神、命運與靈魂的魅影出沒。靈魂的歸宿問題，死亡後的神秘世界，人類命運的不可測、像不時回返召喚的幽靈，隨著年歲的增長與際遇的艱險，張深切越形關切靈魂歸宿與命運的主題，而顯得徘徊在無鬼神論的理性信仰與相信宿命論及靈魂幽冥世界的矛盾之中。

　　整體而言，張深切是頑強的理性主義信徒，對宗教的態度，在仍有疑惑的情況下，並不肯輕易入教。在自傳《里程碑》中，他提到自己雖受青山學院同學的一番話所感動，卻始終未受洗成爲基督教徒：「『我們切不可因爲瞧不見神，所以斷定神不存在，神確實是存在的，試問你們瞧得見電氣麼？電氣雖然瞧不見，我們不能否認它的存在……神也是一樣，要是你不信他，故意要觸犯他，他也會叫你知道他的實際和厲害……』／這段含有科學哲學的說法，雖然很使我感動，但我始終沒有受洗，也沒有入教」（《張深切全集卷一：里程碑（上）》239）。雖然和當代大多台灣啓蒙者一樣，張深切也「反迷信、不反宗教」，但和黃呈聰、蔡培火、連橫、林秋梧等人所不同的是，他雖然傾向日本佛教的現代佛學，卻始終沒有成爲眞正的教徒。而在本身不入教的情況下，張深切卻仍然主張推展新宗教運動的重要性，可見其對人類宗教需求的體認。在 1931／6／20《台灣民報》第 369 號所登載的〈鐵窗感想錄〉中，張深切於比較佛陀、耶穌、老子、墨子、孔子與馬克思所共有的博愛平等精神、將之歸爲自然主義之後，特別提到當時日本宗教界推動的新宗教運

動，預言新宗教在二十世紀歷史上的重要性：「對今東光等數位宗教界人士所推動的新色彩宗教運動，我正寄予非常密切之興趣及注目。……我深信新宗教運動必定和即將抬頭的新興階級，共同成爲二十世紀末舞台上之最燦爛的兩個角色」（《張深切全集卷四：在廣東發動的台灣革命運動史略・獄中記》362）。張深切和簡順福等啓蒙者一樣，體認宗教的必要性，認爲「人類需要精神糧食，如同需要物質糧食一樣」（同前 369），因而對理性新宗教在二十世紀歷史所扮演的重要角色，做了大膽的預測。而環顧今日之全球社會，各種默觀靈視學說與新宗教團體紛紛興起，對科技世紀的現代人而言，建立適合理性時代的宗教觀之必要與必然，已不言而喻。張深切對宗教必要與重要性的預測，事實上是符合歷史脈動的。

　　張深切對世界各大宗教的批判，與他心目中理想的新宗教，一言蔽之，即是以啓蒙思想的理性實證精神，戳破各個宗教神話與迷信，進而建立合乎理性思維與博愛精神、回復人類自然和諧平等狀態的新宗教觀。和陳獨秀將耶穌視爲偉人的態度一樣，對張深切而言，耶穌當人比當神更偉大：「假如耶穌是人不是神，我以爲他當能比所謂的神還偉大。他無疑是一位熱烈純情的革命家。我希望他確確實實是人，是一個可憐的私生子，而不是神，這樣才會使我們更尊敬他、崇拜他」（《張深切全集卷三：我與我的思想》85）。張深切尊敬耶穌，因爲他勇敢打破社會階級觀念，看出所有人都是上帝之子，所有人：「在這天尊之前，一律平等，一切都不分高下貴賤。由此他認識了他和一般人一樣同是上帝的兒子」（《張深切全集卷三：我與我的思想》85～86）。但當耶穌與他的信徒，編造神蹟、稱自己爲神時：「基督的話可以說和賣春婦或大騙子說的完全一樣，可以說愛怎麼蓋就怎麼蓋」（〈鐵窗感想錄〉。《張深切全集卷四》358）。而對於佛教，張深切也以同樣的理性標準，檢視佛教的神話，認爲佛陀是了不起的人物，能打破世間的所有階級劃分、體悟宇宙萬物平等的道理，可惜「出發於如托爾斯泰之人道主義的他，後來失去人道主義而滑進神道主義之中」（〈鐵窗感想錄〉。《張深切全集卷四》367）。張深切認爲小乘佛教造就鬼影幢幢的世界，扭曲了釋迦最初的慈愛，而日本現代佛教則回復原始佛教的立教精神：「釋迦給我們創設了一個靈魂的歸宿，他原來只有慈愛、而沒有刑罰，但是小乘的佛教，破壞了他的教理，歪曲了他的基本精神，把可親可愛的宗教弄成鬼氣迫人的妖教。早前我所知道的佛教，是最可怕的宗教：他有夜叉百鬼，十八層黑暗的地獄，並且還有人類想不到的

最殘酷的刑具……」《張深切全集卷三：我與我的思想》98）。張深切自云，因為現代佛教日本淨土真宗的影響，自己始能了解釋迦所為人指引的天堂為何物與其普渡眾生的慈心：「釋迦的極樂世界，絕不是為佛教徒或極少數的所謂善人創立的。他為要普渡眾生，而設計了那規模宏大的世界」（同前 98〜9）。張深切並且預言除去鬼魅地獄說法之後的佛教，其價值本身永不會消失（〈鐵窗感想錄〉。《張深切全集卷四》369〜70）。值得注意的是，從張深切使用「創設」、「創立」、「設計」解釋佛陀所說的極樂世界，其所透露出來的訊息是，地獄天堂鬼神，並非本然的實質存在物，而是人類創設出來、使人向善、使生命產生意義的神話。基本上，在此，張深切的新宗教觀，仍是無神論與人本的。

對張深切而言，昔日的宗教家往往利用人類畏懼死亡、期待不朽的弱點設教，甚而成為神棍，編造神蹟或地獄鬼神與天堂之說，不但無法使人安身立命，反而徒增人煩惱，影響理性思維。尤其在科學昌明的時代，人們必須以合乎理性與科學的新宗教，代替舊宗教的天堂鬼神地獄的恫嚇與欺騙，才能說服人類的理性，使人真心信仰，而最有資格擔當創立理性時代新宗教大任的，張深切認為即為中國諸子的哲學思想。在張深切晚年寫作的《縱談日本》（1966 出版遺稿）一書中，張深切猶念念不忘建立一個符合理性精神的新宗教：

> 我們的純粹理性，長年受宗教的惡毒摧殘，被所謂鬼神已鬧得幾乎沒有一日的安寧，我們實在已經忍無可忍，需要另找一個出路求安身立命，否則我們的人生是沒有意義的。我們確實需要宗教，然而宗教雖則無益，亦不該有害，這種新宗教將如何產生出來呢？我固無法預言，不過我想：中國人最有資格參加這一宗教的創作，因為中國自春秋戰國時代，已產生了具有現代性的宗教和學說，如老子、孔子、墨子、楊子，尤其莊子的學說，都很適合新宗教的條件，如果把這些學說加以整理研究，也許能創造一個理想的新宗教，亦未可知。

> （《張深切全集卷六：談日本・說中國》176〜7）

在這段文字中，中國的諸子思想，尤其是莊子的學說，被張深切認為最適合用來建立合乎理性時代的新宗教。而張深切在 1948 年出版的《我與我的思想》一書中，則另外推崇墨子為具有與神同等的人格，卻不自居為神，因而更顯偉大的哲人，張深切並且認為中國自從墨教銷亡後，就在也沒有可以代表中

國的宗教了：「墨子生在這沒有信仰的民族裡，以殉教的熱情，獻身爲人類和平奮鬥；他有與神同等的人格，絕世的智慧，大發明家的才能，然而他不因眾人的崇拜，而像耶穌、釋迦、穆罕默德等自居爲神的化身⋯⋯試問人類史上有幾個像他這麼熱情純潔偉大的高士？偉哉，墨子！」（96）。從這些藉由中國古代哲學建立新宗教的言論，同樣可以推斷，張深切反對鬼神與天堂地獄說，對他而言，宗教神蹟與靈異的部分是建構的，而非生命存在的本然眞相。張深切無鬼神論的觀點溢於言表。

　　然而，張深切的這個無神論的理性宗教觀，卻與他在文藝創作中，對幽冥世界的著迷、命運的感嘆及靈魂歸宿的思索，產生了矛盾。在張深切 1926 年發表於西川滿等發行的文藝雜誌《櫻草》的小說〈兩名殺人犯〉與 1957 年的電影劇本《生死門》中，對命運捉弄的感懷，成爲這兩齣悲劇的主題，這兩個作品也同時透露張深切寬恕慈愛的宗教情感。發表於 1935／7／1《台灣文藝》第 2 卷 7 號的舞台劇本〈落陰〉與 1957 年的電影劇本《人間與地獄》，則意外洩漏張深切對幽冥世界的想像。而張深切在 1931／6／20～7／18 連載於《台灣民報》的〈鐵窗感想錄〉，自云因佛陀而認識靈魂歸宿的說法，與晚年 1964 年〈殺犬記〉中對死亡與靈魂歸宿的思索，則又意味著他對靈魂存在與死後世界眞實性的探索。這些蛛絲馬跡，都洩露出在張深切偏向唯物與現世的科學理性思維體系底下，一股神秘的宗教情感、甚至黑暗曖昧的非理性力量的流動。而也就在這些文藝作品的創作中，張深切最接近宗教的神秘經驗：冥思、默觀、靈視、恐懼、懺悔、祈禱與對永恆及來世的期盼。

　　〈兩名殺人犯〉的主題爲怨恨、懺悔與寬恕。故事描寫兩名殺人犯與吉與山野，與吉因山野的陷害而無辜入獄。與吉出獄前一天，兩個痛苦不堪的人：「一個是因邪念而內心受苛責的人，一個則爲鬱憤而內心無限痛苦的人」（《張深切全集卷 11：北京日記、書信、雜錄》80），在農場工作而相遇。因山野對陷害一事的挑釁，使個性沉默的與吉，在積怨已深、忍無可忍的情況下，出手殺死山野，自己也因而受到獄卒鞭打至遍體鱗傷。而臨終前，山野終於表達出自己對與吉原本說不出口的懺悔。此舉奇蹟式地化解了與吉所有的怨恨，也使山野終能解脫自己的罪惡感，同登寬恕與愛的美妙境界。命運的戲劇性、宗教的懺悔與寬恕，成爲故事的焦點，張深切如是以宗教的情懷，做爲故事的結語：「山野由於淚水奪眶而出，所以感覺眼前一片迷濛。他說的話，與吉也都聽到。聽到山野臨終懺悔時，與吉感覺自己的滿腔憎恨，頓時

變成憐憫之情。他吃力地爬著，靠近山野的身邊。四目交接處，兩方都在對方的眼瞳中看到菩薩心的存在，菩薩心把此刻的兩人緊緊地繫在一起了」（《張深切全集卷 11：北京日記、書信、雜錄》82）。小說刻意安排與吉在出獄前一天死亡的情節，其突顯「命運造化弄人」的企圖明顯，又以懺悔、寬恕爲主題，可知張深切的宗教情懷。而時隔二十餘年後，張深切晚年創作的電影劇本《生死門》，又再次呼應〈兩名殺人犯〉中，命運與寬恕的主題。電影的主角阿英與阿成原爲恩愛的夫妻，因爲太平洋戰爭，阿成音訊全無。終戰後，阿英苦等多年，在誤以爲阿成已死的情況下，也因爲婆婆希望阿英和孫子得到自家人的照顧，而再嫁愛慕自己多年的小叔阿彬，還生下孩子。但就在幾年後，已經殘廢的阿成卻奇蹟式地生還返家，造成全家的衝擊與矛盾痛苦。「命運弄人」的感慨，再度成爲張深切創作的主題，而張深切也賦予劇中人物同樣溫柔寬恕的心。阿成在返家後，雖然深陷妻離子散的痛苦中，還得強顏歡笑扮演無辜稚子的大伯父角色，並接受弟弟生活上的照顧。但阿成在苦痛中，依舊能抱持理解、溫柔感謝的心，承受命運的捉弄，最後抱著成全的心跳崖自盡。值得注意的是，劇中人雖然痛苦，卻未曾出口埋怨政治、戰爭或造化，「寬恕」、「愛」、「感謝」與「宿命」成爲張深切創造《生死門》的核心思想。戰爭期間，阿成寫給阿彬的信，信中的感謝之意，一直持續到阿成臨終前：「阿彬賢弟，接著你的批，知道家中大小平安，很歡喜，我在海外，早晚（朝夕）不能奉侍阿母，實在不孝，請阿母赦免，家中的大小事都靠賢弟一人料理……大概你一定眞艱苦，你阿嫂和俊雄也受你非常照顧，雖然講是兄弟，我對你眞感謝，阿彬我實在眞感謝你……」（《張深切全集卷九：生死門・再世因緣》74）。在張深切充滿宗教情感的筆觸下，劇中人物默默承受命運，毫無怨恨地選擇了愛與寬恕，只有在電影劇終時，留下最後的鏡頭，對命運做無言的抗議。電影的最後一個鏡頭，落在阿成與阿英戀愛的見證，一棵樹皮刻有雙桃的大樹上：「179 場　大樹的遠景——仰望那大樹，俯首下去，感慨無量。雙桃的雕刻大寫，由大漸小，現出大樹全景。大樹好像再俯瞰下界的人間，靜寂無言」（《張深切全集卷九：生死門・再世因緣》284）。就在此時，「命運造化」已經成爲電影眞正的主角。

　　而張深切雖然反對鬼神充斥的迷信世界，但對幽冥世界的想像，卻有意無意地顯露在他劇作的舞台設計與電影畫面的安排上。1935 年張深切爲反迷信而創作的舞台劇〈落陰〉，原本用意在批判民間觀落陰的迷信，與抨擊裝神

弄鬼的扛落陰師。但在這齣一幕二場的短劇中，第二場的舞台設計，卻有完整的陰間景象：奈何橋、牛頭馬面、鬼魂的出現等。在〈落陰〉中，張深切與其他反迷信的啓蒙者不同的是，他分析民眾對信仰的心理需求層面，與迷信何以存在的心理因素，進而拆穿扛落陰師的催眠把戲，而非如賴和的〈鬥鬧熱〉或蔡秋桐的〈王爺豬〉，站在科學或政治社會經濟的角度抨擊迷信的不當。劇中的養女葉青薇因受到後母的虐待，而籌錢找扛落陰師江進義做觀落陰，欲進入冥府尋找生母，並執意留在冥府和生母在一起。而在昏厥無法回魂又遭後母虐打的情況下，葉青薇最後死去。鬼氣森然的舞台設計，卻與反迷信的主題形成矛盾，張深切一面藉由江進義之口，拆解觀落陰的虛妄：「實在合您講，不是魂收不返來，那有甚貨魂……這是一種的催眠術，甚貨扛落陰都是好誚……」（《張深切全集卷 11：北京日記、書信、雜錄》207）；而另一方面，張深切卻在舞台上再現冥府的眞實性，不覺透露出一種對幽冥鬼域的莫名迷戀。雖然在劇本後排演的注意事項中，張深切加列一條「青薇、母、牛、馬爺一概不登場，只聽得聲音而已」，然而在劇本舞台的設計部份，卻清楚地寫下這些冥府鬼魂、鬼差的影像、表情、動作與地理景緻的顏色、煙霧瀰漫的情狀。加列此注意事項，明顯有「避免鼓勵迷信之嫌」的企圖。而在電影劇本《生死門》中，對照前一場（160 場）阿英思念阿成，取出他的軍裝照和兒子二、三歲時的照片觀看，在非劇情必要的情況下，張深切在 161 場裡，又特別安排一幕野台戲「正演包公探陰山。女鬼結紙錢演唱」的場景。森然的鬼氣，與不可知的冥界，似乎被刻意用來襯托電影宿命的主題，但卻與張深切明白的反迷信立場，產生格格不入之感。而在其電影劇本《人間與地獄——李世民遊地府》中，張深切更全然以地獄的景象爲電影主題，在電影畫面上，完整搬映各種陰間地獄懲奸的恐怖景象。張深切將銅柱地獄、冷冰地獄、刀山地獄、火坑地獄、血池地獄、枉死城、奈何橋、蛇窟、吞丸地獄等民間傳說中的地府的地誌，清清楚楚呈現在電影畫面上，目的雖在抒發對現實世界中暴君、惡吏、貪官、奸商、好殺好戰者、不孝父母者、濫殺無辜者、枉殺好人者等等惡人的憤怒，但電影畫面上的地獄景象，卻仍然洩露出張深切童年記憶中，對地獄的恐懼與著迷。從張深切這些電影畫面與舞台設計中，我們瞥見張深切對命運與亡靈幽冥界所做的沉思。這些面對命運與死亡時所產生的恐懼，像倏然飄過的烏雲，暫時遮蔽張深切理性的日光。

張深切極欲去除童年對鬼神恐懼的記憶，建立合乎理性的新宗教，雖未

具體陳述自己心目中理性時代的新宗教爲何，卻指出去除鬼神之後的基督與墨子的博愛及中國諸子的人生哲學，最合乎此新宗教的精神。只是這些現世的博愛精神與理性道德觀，事實上並無法眞正解答張深切對靈魂的歸宿與死後世界的疑惑。面對這個生命未可知的部分，張深切還是必須走到眞正的宗教經驗裡。張深切選擇以佛教做爲「智信」的方向，在 1948 年初版的《我與我的思想》中，張深切回顧在因「廣東事件」入獄期間，現代佛學如何幫他解答靈魂歸宿的問題：「以前（世界的宗教中），我最討厭的是佛教，以爲佛教是最陰慘的宗教，非獨不想研究，而且認爲是仇敵。如今靜靜地在獄裏耽讀它，不覺幡然省悟，意識自己也是一個聞道百以爲莫己若的河伯。……／以前，我所知道的是人的世界，不甚明瞭靈魂的歸宿，雖然曾受過耶穌、老子的啓蒙暗示，約略能窺探其梗概，可是關於靈魂的問題，還是模糊不清，及至閱讀了佛書以後，才逐漸能瞧見其一端」（97～8）。在此，張深切所指的佛學義理，自然並非改革前以「誦經、做法事、爲死人服務」爲主的台灣傳統通俗佛教，而是受西方啓蒙思想影響後所產生的日本佛教。只是，在出獄之後，張深切並未持續其對死亡與來世想像的探索，走向宗教之路；對眞正宗教經驗的追求，他始終徘徊在門外，沒有留下一窺其堂奧之妙的記載。在逝世前一年（1964 年）所作的〈殺犬記〉中，張深切尙未獲得宗教信徒篤定的信心，猶然以一連串的問題，面對生存與死亡的問題：「反正，這世上還有很多不可思議的問題沒有解決，很需要明白的事情沒有明白。例如：到底人需要如何養生送死，才能安心立命？人有沒有靈魂？死後如何？宗教對人類是否有益？有什麼法子去解脫生老病死的痛苦？有什麼方法可以使人類避免戰爭？有什麼理想的制度，能使社會維持良好的秩序，免令人爲生活而爭鬥？有什麼言論能促使我有權力的政治家和學者，醒悟他們所做的事情是錯誤，是製造不幸與禍患？」（《張深切全集卷三：我與我的思想》253）。值得注意的是，在這段文字中，張深切先提出宗教問題，後提出人世問題，洩漏彼時關懷的重心，已從現世問題轉向死亡與來生。而他由撲殺疑似得到狂犬病的家犬美美一事，感懷自己也大限將至，而產生恐懼與悲哀，也顯然缺少佛教徒了悟生死後的坦然與自在：「爲美美這樁事，我覺得很慚愧，我應該要有別的方法救牠，爲什麼忍心把牠殺掉呢？老實說：我在這裡所發的牢騷並不是要爲美美做誄詞，而是像美美的境遇，已經輪到我身上來了，我是否還有生存價值？我爲此憂慮，爲此恐懼，爲此誌我無限的悲哀」（《張深切全集卷三：

我與我的思想》258）。由這篇充滿疑惑與不安的文字推斷，張深切畢竟沒有，如連橫或林秋梧，成爲熱衷的佛教信徒。

第五節　結語：張深切思想中宗教與理性的裂隙及其所代表的現代文明困境

　　整體觀之，1920～1930 年代之間，日治時期台灣啓蒙運動者，建立起「反迷信、不反宗教」的理性宗教觀：反對民眾沉迷於各種宗教儀式、巫咒、迎神建醮等迷信，造成愚昧、浪費與衛生、經濟等社會問題，而發動一波波的反普渡、反燒紙錢、節葬、反大拜拜等反迷信活動；但他們對於宗教界所發動的新宗教運動與去除迷信之後的宗教信仰，則抱持尊重與贊同的態度。身爲教徒的啓蒙者黃呈聰、韓石泉、王受祿、蔡培火、連橫、賴和、林秋梧等，並且依附具有啓蒙理性科學意識的宗教團體，持續其信仰的部分，而能將宗教信仰力量與啓蒙思想結合，更加積極投入啓蒙運動之中。因而，他們啓蒙思想的完整性，事實上，也相當得助於自己合乎理性精神的宗教信仰。在這樣的時代氛圍裡，張深切雖然傾向科學唯物論，在台灣當代這些反迷信運動與新宗教運動的影響下，終究沒有如羅素、赫胥黎、胡適等，以科學信仰代替宗教信仰、否定宗教，而是與日治時期啓蒙者的態度一致，採取「反迷信、不反宗教」的理性宗教觀，反對迷信鬼神，並對童年所恐懼迷惑的鬼神世界，進行科學理性的批判。而與其他台灣啓蒙者類似，張深切對於宗教，非但不加反對，更進一步體認其對人類的重要性，而對新宗教的建立，期待甚深。如前所述，張深切於 1931 年的〈鐵窗感想錄〉中，自云受日本佛教淨土宗的影響，對當時日本東光等人所推動的新宗教運動，感到莫大的興趣，且站在分析歷史文化的角度，預言新宗教與新興階級，將成爲 20 世紀的兩大要角。

　　而以張深切對建立新宗教的熱衷看來，他對日治時期台灣「南瀛佛教會」所推展的佛教改革與正信佛教，不可能無所知悉。在 1948 年初版的《我與我的思想》一書中，張深切談到獄中書籍有限制，只有宗教和四書五經與和日本精神有關的書籍：「讀宗教書是出於不得已的。因爲蟄居在獄裡無所事事，異常寂寞，自然會愛看書；可是獄裡的書籍有限制，監獄藏書中，除了與日本精神有關的藏書外，只有宗教和四書五經而已」（《張深切全集卷三：我與

我的思想》81）。從當時獄中有提供宗教書籍判斷，與總督府關係密切的日本佛教與日本基督教的刊物，應在張深切所能閱讀的書刊之列〔註19〕，也因此張深切對「南瀛佛教會」的新宗教運動應該不至於陌生；林秋梧結合佛教淨土世界與馬克思共產理想的理論，也不無影響張深切的可能。但無論「南瀛佛教會」的理性宗教觀是否影響張深切，他在獄中的閱讀，確實使他能結合基督教、墨子的博愛，孔子的人情，莊子的生死觀，老子的自然主義，佛教的西方淨土世界，與馬克思的共產理想，共同構築出獨特的博愛、平等、自由與自然的理性宗教觀。

而可惜的是，張深切並未曾具體提出他對新宗教的具體方案與教義內容。他所提出的這些合乎啓蒙理性精神的「宗教」信念，雖然幫助他獲致博愛全人類的世界主義眼光，而並不拘泥於一己、一階級、一族、一國之私，基本上卻仍舊屬於富含世界主義的現世、人本的道德哲學思想。而也正因爲張深切在無神論與懷疑論的土壤上，耕耘其新宗教的種籽，而未眞正在宗教對「不朽」與「永恆」的探求領域內，提出新的理性宗教觀，他始終沒有獲得篤定的宗教信仰，以整合其宗教觀與科學理性思想之間的裂隙，撫平面對死亡的不安與疑懼。如此，陷於理性與宗教矛盾的張深切，一方面在理性科學的態度上，接近羅素、赫胥黎、胡適等無神論者，卻缺乏他們對理性的堅定信仰，進而以科學理性信仰代替宗教信仰；一方面對宗教重要性的體認上，雖然接近連橫、林秋梧或蔡培火等啓蒙者，卻又無法如他們一樣，從現代的佛教或基督教中，獲得宗教信仰力量的提昇與助力。只是，無論如何，整體而言，張深切對宗教與哲學的探索與思考，已然幫助他獲致博愛、平等、和平、寬恕的胸懷，能擺脫個人、族群、甚至人種自保的私心與偏狹民族主義的框限，而在其民族思想裡加入世界主義的成分。

張深切陷入科學理性與宗教信仰矛盾的困境，事實上，正代表科學理性時代凡事講求實證理性的人類，所可能面臨的共同問題。科學理性與宗教信仰的衝突矛盾，不只存在十七、十八世紀的歐洲、二十世紀初次殖民地的中國、日治時期被殖民地的台灣，也持續存在二十一世紀的世界。整合科學理性與宗教信仰的議題，一直都是現代哲學思想中的熱門話題，從早期的洛克、培根、笛卡兒、康德等哲學家，持續思索這個議題，到二十世紀初的德國文化理論家齊美爾（Georg Simmel 1858～1918）、德國社會學家韋伯（Max Weber

〔註19〕有關日治時期監獄中圖書的問題，目前尚無發現紀錄資料。

1864～1920）、法國社會人類學家涂爾幹（Émile Durkeheim 1858～1917），從社會學的角度探討宗教在科學理性時代的問題。一直到最近仍有 Ken Wilber 的 The Marriage of Sense and Soul（《靈性修復》）一書，以充足的理性精神爲基礎，試圖補充科學實證理性的不足，將人類知識眼光分爲三種基本類型：肉身之眼（經驗論）、心智之眼（理性論）、默觀之眼（神秘之眼）（55），用以打破科學實證主義所設立的僵化知識典範，結合前現代與現代經驗存在實體的不同方式，而終於達致科學、哲學與宗教的融合。而宗教界本身，不但企圖結合宗教與科學理性，興起一波波的新宗教運動，有的教徒還針對科學理性進行反撲，近年美國基督教甚至有推翻達爾文進化論、在學校教導聖經裡上帝創世紀神話的主張。

畢竟，去除鬼神論、神蹟信仰、教規、儀式、戒律、祈禱、來生的期盼等部份之後，理性時代的宗教，到底還能剩下什麼？而靠著理性、科學實證精神、人本主義，在現代的啟蒙思想的加持下，新的信仰力量是否能眞正被發揮出來？有關這點，在日治時期由前現代甫進入現代社會啟蒙者所營造的濃烈理性氛圍裡，張深切無法眞正從其現世的理性新宗教觀，獲致足以使自己安心立命的解答，而在面對死亡即將吞噬生命的薄暮時刻，依舊感到惶惑與恐懼的事實看來，似乎已經提供我們某種足供判讀的提示了。

附錄　《台灣民報》1924～25 年，有關宗教與迷信的文章

篇　名	作　者	卷　號	日期
〈迷信之種類〉	黃超白譯	第二卷第五期	1924／3／21
〈佛教徒也懂得政治聯盟〉	錫舟（王敏川）	第二卷第十期	1924／6／11
〈迷信也可以獎勵和提倡嗎？〉	文杞（郭文杞）	第二卷第十九期	1924／10／1
〈對稻江建醮的考察（上）〉	劍如（黃呈聰）	第二卷第二十四號	1924／11／21
〈對建醮之感言〉	前非	第二卷第二十四號	1924／11／21
〈對此回的建醮而言〉	簡順福	第二卷第二十五號	1924／12／1
〈對稻江建醮的考察（下）〉	劍如（黃呈聰）	第二卷第二十五號	1924／12／1
〈駁稻江建醮與政府和三新聞的態度——特要望台灣的政府和三新聞的主筆的留意〉	一郎（張我軍）	第二卷第二十五號	1924／12／1
〈可惡至極的北署的態度〉	蔣渭水	第二卷第二十五號	1924／12／1
〈宗教底將來〉	李炳祥	第三卷第一號	1925／1／1

〈吃教者底派別〉	煦良	第三卷第一號	1925／1／1
〈宜速破除迷信陋風〉	社說	第三卷第十七號	1925／6／11
〈看稻江萬華的迎神賽會作的〉	新聞	第六十一號	1925／7／19
〈非命論〉	淚花	第六十七號	1925／8／26

第六章　日治時期傳統文人的啓蒙思想與張深切對中國古代哲學的批判

　　日治時期台灣啓蒙思想最重要的部分，如明治啓蒙與五四啓蒙思想的情形一樣，在於翻轉西方啓蒙思想、使與固有的文化傳統做取捨與接合、以建立新的文化主體的工作。明治時代「明六社」的啓蒙者，以調和主義的方式，爲固有的日本道德、儒家文化與異質的西方文化之間，找出以西方科技文明與民主科學爲實學、以東方道德文化爲虛學，相輔相成而形成新的日本文化主幹。五四左右派啓蒙者，則傾向放棄儒學的心性道德文化傳統，完全以西方的科學理性傳統爲取捨標準，重新挖掘與詮釋中國諸子百家哲學文化思想，建立出新的文化主體。而在日治時期台灣啓蒙運動中，溝通中西文化橋樑的傳統文人，大體上採取明治啓蒙的文化調和模式，引介翻譯西方啓蒙思想，爲東西文化找出融通之路。

　　在日治時期傳統文人與五四啓蒙者的影響下，張深切以對唯物科學與理性批判的信念爲基礎，加入重新建立中國哲學傳統的行列。而不同於五四啓蒙者的是，張深切以日治時期啓蒙者調和主義的方式，指出迷信科學與理性的不當，其對中國哲學的詮釋，不同於梁啓超、胡適、馮友蘭等當代中國哲學家，可被視爲張深切身爲文化啓蒙者，最爲圓熟獨創的貢獻。本章將詳述之。

第一節　日治時期舊文人與啓蒙運動的關聯及張深切對文化哲學議題的關切

　　十九世紀以來，在被帝國主義侵略的古老國家的啓蒙運動中，西方啓蒙思想挑戰傳統封建社會思想，啓蒙思想者面臨了對傳統封建社會與思想進行調和創新或淘汰改造的浩大工程。在東亞，日本明治啓蒙運動與中國清末戊戌變法與五四啓蒙運動，都是由舊學根底深厚的啓蒙思想者所發動的。他們在固有傳統舊學與西方啓蒙思想之間，面臨了極大的衝擊與矛盾，如何在新舊學之間取捨，因而成為中日啓蒙思想者鑄造新文化新道德的核心議題。日本明治啓蒙者，多能在新舊學之間，找到融通之道，調和啓蒙思想與舊學，使其並行而不背。明治啓蒙「明六社」的森有禮、福澤諭吉、津田眞道、西周、加藤弘之、西村茂樹、中村正直〔註1〕，大多出身藩士階級，自幼便熟讀儒學經典〔註2〕，在面對傳統思想與西方啓蒙思想的理性主義、個人主義、自由主義、唯物論與唯心論之辯時，雖然各有專注點，但整體而言，多持文明進化論，以自由開放的思維方式，融合儒佛神道教精神與西方啓蒙思想，開拓融合東西洋哲學思想的道路。以福澤諭吉為例，福澤肯定儒家思想對個人篤實、純潔、謙虛等私德的涵養，並可進一步在社會上行事時擴充為廉恥、公平、正直、勇敢等公德。但他主張個人獨立的人格，批判儒家「三綱」、「五常」將人倫視為人類天性，違反了「文明社會」要求個人具備平等觀與獨立人格的基本智德，認為日本儒者是促成政府專制的因素。福澤諭吉從進化的文明觀的角度審視儒學，取其適用於現代世界的精華，並不對儒家思想做全盤的否定。另以西村茂樹（1828～1902）為例，西村茂樹也是開啓日本接受

〔註1〕　明治時代對啓蒙民智、改造封建社會影響最巨的，是日本最初的啓蒙團體「明六社」。「明六社」的存在，從明治7年（1874）2月成立到明治8年（1875）11月機關雜誌《明六雜誌》停刊「明六社」解散，只有短短不到兩年的時間，卻是對「明治維新」影響最大的啓蒙學會，開啓日本現代知識份子聚會論學、論政的風氣。它由森有禮、福澤諭吉、津田眞道、西周、加藤弘之、西村茂樹、中村正直等大多出身藩士階級有相當官方色彩的知識份子所組成，「目的在於啓蒙民眾，有開發民智輔佐政府的用意」（李永熾4），以期能成功地改造日本社會、使擁有適合現代西方資本主義社會的文化模式。

〔註2〕　如福澤諭吉（1834～1901）出身幕末中津藩的漢學家庭，十四、五歲入村塾後，熟讀《孟子》、《論語》、《詩經》、《書經》、《老子》、《莊子》、《左傳》、《戰國策》、《史記》、《漢書》、《晉書》、《五代史》等等中國典籍，對漢學浸染甚深（周建高44）。

西方文化的先驅，但他後期主要轉向支持儒學，其倫理學顯現對日本儒、佛道德傳統的重視，爲一種融合東西方哲學與宗教的思想。在他 1887 年的著作《日本道德論》中，西村提出了一種他自己評論爲「既不是儒教，又不是哲學〔註3〕，更不是佛教與基督教。但它同時又不離儒教，不離哲學，佛教與基督教也有時可以採用」（錄自土方和雄 134）的混合道德觀。西村茂樹所表現的「無原則」，正是因爲他在爲日本道德開出新的處方簽時，以與其他啓蒙者同樣的文明進化觀與世界觀及務實的態度爲基礎，試圖爲西方實證主義和功利主義與儒教傳統仁愛忠孝思想的優點，做折衷式融合的結果。而繼明治啓蒙者之後，1870 與 1880 年代的「學院派哲學」與提倡亞洲主義與日本道德的國粹派，雖然修正了明治啓蒙對西方唯物觀、實證主義、科學主義的傾斜，而另外經由德國唯心哲學或伯格森直覺觀、形上學，找尋東西洋哲學融通處；但基本上，日本仍依循明治啓蒙者所建立的啓蒙模式，以儒佛神道教爲虛學，西洋器物之學爲實學，持續進行其文化改造。

　　而在中國，戊戌維新的康有爲、梁啓超、譚嗣同等，與五四啓蒙運動要角蔡元培、胡適、陳獨秀等人，和明治啓蒙者一樣，也都是舊學根基深厚、學通中西的學者。但戊戌變法的維新人物、五四啓蒙者與後來的國粹派、新儒學者，面對中西文化的差異與衝突時，對建立新文化道德的意見卻相當分歧。康有爲主張效法明治維新的君主立憲，調和東西文化，立基於儒家大同思想及傳統倫理道德，引進啓蒙的自由主義思想與民主憲政體制。而五四啓蒙者與後來疑古派的「整理國故」運動，則持反對儒學傳統的立場，非儒揚墨，主張重返諸子百家，另行挖掘合乎功利主義、科學實證、與自由民權等西方啓蒙思想標準的中國文化傳統。五四啓蒙者胡適與陳獨秀，主張全盤否定儒學的倫理綱常與心性道德傳統，分別採取西方實證主義、個人主義（胡適）與唯物論、共產主義（陳獨秀），做「全盤西化」，以創新中國古文化，期與現代思潮接軌。繼五四啓蒙者之後，後來章太炎所代表的國粹派，主張發揚國光，繼續闡揚儒學傳統。熊十力、梁漱溟、牟宗三等新儒學者，則經由純粹哲學形上學、德國唯心哲學傳統、本體論、直覺哲學等，找尋東西文化匯通處。

　　如第一章所述，在 1910 年代晚期日治時期肇始的台灣文化啓蒙運動中，啓蒙者主要的關注點，在於引介與社會政治運動相關的自由主義、法治思想、

〔註 3〕明治啓蒙思想家所稱的哲學，特指西方哲學思想。

民族主義思潮、自治式殖民地政策、社會主義、農工運、五四啓蒙思想等部份。對新舊文化哲學的衝突與調和議題的探討，只佔了整個日治時期啓蒙運動的一小部分。但與明治維新及戊戌變法的情形類似的是，在日治時期台灣文化啓蒙運動中，受啓蒙思想影響的傳統文人，也同樣扮演舉足輕重的角色。「櫟社」詩人林獻堂（1881～1956）、林幼春（1880～1939）、蔡惠如（1881～1929）、張淑子（1881～1946）與陳虛谷（1896～1965）等，不但策劃並參與推動啓蒙思想，他們與連橫（1878～1936）、王學潛（1854～1927）、黃純青（1875～1956）、魏德清（1886～1964）等受啓蒙思想影響的傳統文人，也是對新舊文化衝突、調和與創新的文化哲學議題，最有貢獻的一群人。

而事實上，早在啓蒙運動開始之前，具有啓蒙思想意識的傳統文人，對於調和傳統儒學與西方物質科學文明之間的衝突，早有開啓風氣之先的貢獻。日治時期的兩大傳統文社，黃臥松主持的彰化「崇文社」（1917／10／6成立）與櫟社同仁組成的「台灣文社」（1918／10成立），先於「新民會」、「台灣文化協會」與《台灣民報》的啓蒙者，已開始探討各種新舊思想道德衝突與社會改造議題，「台灣文社」的刊物《台灣文藝叢誌》，並翻譯引介西方啓蒙思想與西方各國歷史。他們因爲有深厚的儒學根基，面對西方啓蒙思想的衝擊時，比新式知識份子更能感受新舊思想間的衝擊對立，而對新舊文化衝突融合的文化哲學議題多所關注。在 1910 年代晚期啓蒙運動之初，林獻堂、蔡惠如與林幼春等具有啓蒙思想意識的「櫟社」（1902 年成立）傳統文人，即開始出錢出力擔任領導核心，在《台灣青年》與《台灣》撰寫文章，並且資助台灣新文學的發展。1920 年，「新民會」便是在東京蔡惠如的寓所開創立大會的，「新民會」並由林獻堂與蔡惠如分別擔任會長與副會長。另外，以林幼春爲例，他是引介啓蒙思想的傳統文社──「台灣文社」──的發起人之一，出任過「台灣民報社」社長與顧問，並參與《台灣民報》的編輯與撰稿，長期擔任「台灣文藝協會」評議員、協理並在霧峰林家「萊園」舉行的夏季學校擔任講席等。1930 年代，他持續出資資助「台灣文藝聯盟」的活動，贊助其機關雜誌《台灣文藝》與楊逵的《台灣新文學雜誌》。另外，大力推動台灣新文學發展的賴和，爲彰化「應社」的傳統詩人，在《台灣》第三年第三號（1922／6／12）的舊詩詞徵詞比賽中獲得第二名，在大正十四年（1925 年）以前傳統文社彰化「崇文社」出版的《崇文社文集》裡，也名列其贊助人的行列。整體而言，受儒學教育的傳統舊文人，對日治時期台灣文化啓蒙運動，

可謂貢獻良多。研究日治時期舊文人的啓蒙思想，因而也成爲研究日治時期啓蒙運動與思想內涵，所不可缺少的面向。

　　蓋觀而論，1920 年代以前，日治時期的舊文人，無論是多數的順民派或少數參與日治時期啓蒙運動的漢民族主義者，在東西方文明的衝突時，大多依循明治啓蒙的模式，以開明調和的態度接受西方科學、物質文明、自由風氣與理性精神，同時堅持儒學的倫理綱常與宋明理學傳統。1920 年代以前，傳統文人對西方文明採取調和接受的態度，一部分受到戊戌變法的影響。如具有啓蒙意識的王學潛、連橫、林獻堂、林幼春等，往返於中、台之間，受到戊戌變法康有爲、梁啓超、譚嗣同等革新思想的啓發，熟悉光緒宣統以來的嚴復、林紓等對西方思想的譯作：《天演論》、《原富》、《法意》等，他們尊崇孔教並欲改革儒學，具有西方自由主義思想及文明進化觀。而傳統文人這種面對儒學與西方文化的調和態度，另一個主要的因素，就是台灣總督府對傳統士紳的安撫政策與現代化建設的成功。德川幕府時代以來的日本文化，本身即以朱子學、佛學與忠君愛國的神道教爲基礎所建立的。台灣總督府重視傳統儒學，宣揚同文同種，提倡孔教，舉行「揚文會」、「敬老會」與祭孔大典，表彰孝親節婦，尊重傳統民間信仰，鼓勵舊詩人結社吟唱，延聘塾師與宿儒擔任公學校漢文教師，延攬地方耆老出任庄州街長地方公職。在種種安撫招攬的政策下，台灣傳統文人，尤其是堅信理學的宿儒，普遍接受台灣總督府以儒學與忠君愛國思想爲道德基礎，引進科學器物與現代制度，對台灣傳統封建社會進行現代化的改造。「櫟社」林獻堂、林幼春、蔡惠如等傳統文人，在面對西方著重科學實證理性的思想的挑戰之際，主張發起台灣島民自己的啓蒙運動，主要目的在確保建立在啓蒙思想上的漢民族主體意識與島民的權益，但卻並不否定總督府對台灣封建社會所進行的現代化改造。舊文人在維護儒學、表彰孝道、打破迷信、建立科學理性與現代醫學知識、培養私德與涵養群性等方面，事實上與總督府對台灣封建社會進行的啓蒙改造，有著共通之處。他們對傳統儒學思想與西方啓蒙思想之間的衝突問題，大多依循日本明治啓蒙者所建立的啓蒙模式，以儒佛學爲安身立命的「虛學」、以西方科學文明與自由民主等啓蒙思想爲富強立國的「實學」，面對東西方文化哲學思想的差異，表現出相當大的調和性。

　　1920 年代中期以後，受到五四啓蒙運動非儒揚墨的言論影響，部分傳統文人，連橫、林幼春、黃純青等人，開始公開質疑儒學至上的思想，並有「孔

墨並尊」、甚至「非儒」的言論出現，而至自己也寫作舊詩、但以寫作新文學與研究歌謠爲主的周定山（1898～1975）時，「非儒」的言論更形激烈。1925年，林幼春率先響應吳虞的「非孝論」，與代表儒學倫理傳統的王學潛、張淑子等，在報紙上打過激烈的筆戰。1930 年，主張「孔墨並尊」的連橫、黃純青、天南等也與主張獨尊儒學的張純甫（1888～1941）、顏笏山等，在《台灣日日新報》、《台南新報》、《台灣民報》、《南瀛新報》等報紙，展開儒墨之辯的論戰。整體而言，1920 年代中期之後，台灣具有啓蒙思想的舊文人受到五四運動的影響，有「非孝」、「非儒」、「孔墨並尊」的言論，補足了新式知識份子忽略文化哲學議題、偏重社會政治議題與白話新文學的不足。而主張「儒墨並尊」的台灣舊文人，除了少數的林幼春與周定山外，並不像吳虞、胡適、陳獨秀等五四啓蒙運動者的「非儒」，而接近戊戌維新尊崇孔教改革儒學的做法；他們並不採取完全否定儒學道德傳統、另立合乎西方科學民主標準的思想傳統的做法，而一面持續儒學「內聖外王」的思想，一面也肯定西方的物質科學、文明進化論、功利主義、自由主義等傳統。除了周定山非儒的言詞顯得激烈之外，其他主張「儒墨並尊」的連橫、黃純青等人的言論，和五四啓蒙者胡適、陳獨秀等與「整理國故運動」的疑古派非儒的言論相較，要來得溫和許多。

在日治時期台灣文化啓蒙運動中，新舊式知識份子，因爲啓蒙島民改造台灣封建社會、以對抗灣總督府的統治的共同目標而結盟。啓蒙運動之初，在《台灣青年》與《台灣》中，新舊式知識份子便共同爲文參與，傳統文人有固定的發表園地——漢詩專欄〈詞林〉，刊出林獻堂、陳虛谷（陳滿盈）、王敏川（錫舟）、李漢如（耐儂）〔註 4〕等漢詩人的詩作。此外，這份啓蒙刊物中，還刊載連橫的中國歷史人物列傳系列與高瀨武次郎等傳統文人的文章。新舊式文人公開的決裂，應始自於 1924 年，張我軍引進五四白話文學，對台灣文壇進行一連串的砲轟之後。但日治時期新舊式文人之間，其實一直存在著糾葛不清的關係，不但屬於士紳階級的舊文人資助台灣新文學運動的發展，知識份子本身也有新舊學兼治或跨足新舊文學的情形。最明顯的代表，即是賴和與周定山，他們都同時寫作漢詩與新小說、白話散文與隨筆；周定山還兼治儒學，對「儒」進行歷史考據，在 1932 年的《南音》第一卷四到六

〔註 4〕李黃海，字漢如，一字耐儂，生足年不詳。爲《臺灣日日新報》記者。常投稿《台灣詩會》，與連橫來往。

號，刊載〈「儒」是什麼？〉。

　　張深切屬於新式的知識份子，接受完整的公學教育與日本中小學教育，並且入學過上海商務印書館附設之國語師範學校與廣州中山大學法科政治系。但和日治時期大多數新式知識份子一樣，張深切與舊學及傳統文人的啓蒙思想，都有一些接觸與淵源。他是「櫟社」詩人兼「台灣文社」理事張玉書的養子，與「櫟社」林獻堂、林幼春等，有數面之緣，對林幼春幾步成詩、清瞿聰明的神采，尤其印象深刻，而他對「櫟社」與「台灣文社」傳統文人的啓蒙言論，也並不陌生。在自傳《里程碑（上）》中，張深切紀錄並評論1925林幼春響應吳虞「非孝論」所引發的論戰：「這次的論戰，堪稱爲台灣的小型五四運動，青年們擁護他【林幼春】爲主帥，老學究方面以王學潛爲大將，各引經據典，大戰數百餘合，掀起台灣言論界未曾有過的大浪潮，由此促進了台灣文化的進步甚大」（286）。從張深切對當時文化論戰的熟悉判斷，他關切文化哲學議題，並於1930年代以後熱衷中國古代哲學的研究，並非偶然。張深切六、七歲時入塾學，受教於大儒洪棄生（1867～1929）一、兩年，自「上大人孔乙己」唸起到四書五經，在舊文人中，最佩服洪棄生不屈服於日人的氣節。後來，張深切又師事施梅樵二、三年，唸書歌、讀四書、瓊林、三字經、上大人孔乙己等，略具國學基礎。進入公學之後，張深切也陸續接受過少許漢文課程，曾被洪清江（台大哲學系教授洪燿勳之父）教過。1930年代以後，張深切回歸中國古文化研究，成爲文化民族主義者，文化哲學議題自此成爲他不斷折返省思的關注點，也是他成熟期啓蒙思想最重要的部分。他融合老子哲學、自由主義、世界主義、馬克思唯物辯證與科學主義，形成自己的思想，並將其帶入1934～1935年《台灣文藝》與1939～1940年《中國文藝》（北京出版）的編輯政策中。晚年，張深切以電影編劇與文化哲學的思考寫作爲重心，並與自由主義新儒學者徐復觀略有往來。在1954年光復後，他由台中中央書局出版《孔子哲學評論》，但同年即遭國民黨政府查禁。他計畫出版評論老子哲學，卻因病故而無法完成心願。我們可說，1930年代以後張深切最關切的思想議題，在於爲中國古代哲學與西方啓蒙思想的衝突找尋融通之處，再創中華新文化。若欲理解張深切的啓蒙思想全貌，事實上，便必須探討張深切爲有關如何接合中國古代哲學與西方啓蒙思想之間的鴻溝，所做的思考。

　　張深切對儒學與諸子百家思想的評論，在日治時期啓蒙運動對儒學的維

護與中國古哲學的反省脈絡中，究竟站在何種位置發言？他如何找到中國古哲學與西方啓蒙思想的通路？而張深切與日治時期傳統文人啓蒙思想及五四啓蒙者、「整理國故運動」的疑古派、新儒學的關係與異同又如何？這些都是本章所試圖解答的問題。

第二節　日治時期台灣傳統文人的啓蒙意識：調和儒學傳統與西方器物之學的明治啓蒙模式

　　日治時期日本殖民統治階層，多有儒學根底，並能爲漢詩。1896 年以來，日本官員便常藉著漢詩吟唱，與台灣傳統儒者及士紳進行交流。1896／9／13開始有「官紳同宴」吟詠賦詩的情形出現。而根據黃得時原載於 1965／10／19《台灣新生報》的〈章太炎與台灣〉一文，台灣第四任總督兒玉源太郎「在南郊古亭庄附近，今之南昌街一帶，闢地數畝，叫『南荼園』常與日台騷人唱酬」；民政長官後藤新平，把官邸叫「鳥松閣」，宴請北部詩人賦詩，有《鳥松閣詩集》行世。而除吟詠詩歌拉攏舊文人外，1900 年以前，台灣總督府舉行過四次的「饗老典」〔註 5〕並頒發紳章。1900／3／15，兒玉總督並在台北淡水館舉行「揚文會」，以「修保廟宇」、「旌表節孝」、「救濟賑卹」爲議題，徵求策議，會後另外安排傳統文人與士紳參觀現代化的醫學、軍事、警政、郵電等設施，欲使領導台灣封建社會的傳統文人士紳階級，能參與、認同總督府的統治。台灣總督的做法，成功地豎立起傳統文人立根基於舊儒學、接受西方科學與現代化的明治啓蒙思想模式，使傳統文人立足於儒學的倫理綱常與義理之學，對台灣總督府對台灣的現代化建設，採取贊同與讚美的態度。

　　而台灣總督府的官報《台灣日日新報》、《台灣新聞》、《台南新報》、《東台灣新報》等，更是利用台灣傳統文人推動明治啓蒙模式有力的媒介。以《台灣日日新報》爲例，該報先後聘任傑出傳統文人謝雪漁、連橫、魏清德、林湘沅、羅秀惠等，擔任記者。後藤新平並延請日本著名的漢學家籾山衣洲（1855～1919），爲《台灣日日新報》漢文部編輯。1898 年，於「戊戌政變」失敗後，中國著名國粹派國學家章太炎受到通緝，經由駐滬日本領事介紹給後藤新平，也曾受聘來台任職《台灣日日新報》。這些任職《台灣日日新報》的台灣

〔註 5〕四次的「饗老典」均由台灣總督親自主持，分別爲 1898／6 於台北，1899／4於彰化，1899／11 於台南，1900／12 於鳳山。

傳統文人，均爲當代傑出的舊文人：秀才謝雪漁爲北台灣最大詩社「瀛社」
社長，是接受日本教育的第一人；連橫爲活躍的報人、史家與漢詩人，1906
年擴充浪吟詩社爲「南社」，1909 年並受邀入櫟社，與林幼春、胡南溟（1869
～1933）並列日治時期三大漢詩人；魏清德爲瀛社及南社社員，1927 年被推
爲「瀛社」副社長，通過普通文官考試，透過日文書籍認識日本與西洋的作
家與思想；林湘沅於 1915 年與有「北橋大儒」之稱的張純甫共創「研社」，
推行詩學運動，又受地方敬重，被日人延請擔任太平公學漢文科教師。這些
舊文人都熟悉泰西事物，支持明治啓蒙立基於儒學道德、發展君主立憲治與
科學的啓蒙模式。如羅秀惠在 1905／7／4《台灣日日新報》刊載的〈漢學保
存會小集敍書後〉文章中，便明白表達孔子言論實爲萬古不變的箴言，而西
方日新不已的才智技能之學，必須與之結合，才能眞正無弊：「孔子所言溫故
知新一語，實爲千古教育學之準繩。所謂故者，非陳腐頑固之謂也，蓋西學
之才智技能，日新不已，而漢學之文字經史，萬古不磨，新故相資，方爲萬
全無弊」。羅秀惠一面視孔子言論與漢學爲互古不變的眞理準繩，一面肯定「西
學之才智技能，日新不已」，而主張「新故相資」，東西洋文明必須相輔相成，
才能「萬全無弊」。

　　整體而言，日治時期台灣傳統文人對西方物質文明，普遍表現寬容接納
的態度。而因爲堅持儒家仁義心性之學、對西洋科技文明採取拒絕態度者，
事實上並不多見。洪棄生即爲少數的個例。在《櫟社十週年大會詩稿》中，
洪棄生有反對劉銘傳興築鐵道的〈鐵路車〉一詩：「自古眾志方成城，不聞鐵
道與敵戰。又次勞民復傷財，民窮財盡滋內患。台灣千里如金甌，渾沌鑿死
山靈顛……」。洪又有反對電燈之詩〈西洋燈〉：「西洋技巧遍天下，中華物產
失其力。我嘆台灣尚洋燈，一端可以驗風氣。安得堯舜重光出，世間還淳返
璞歸郅至。」洪棄生的這兩首詩，帶有濃厚道家返璞歸眞的精神，並從儒家
義理之學恥談功利器物之學的衛道立場，抨擊西洋物質文明對淳厚古風與性
靈的傷害。但除了洪棄生這樣少數的傳統文人以外，大多日治時期傳統文人，
都贊同在儒家傳統根基上，發展西方器物之學。影響所及，連現代科技器物
的主題，也被納入吟詠性靈爲主的舊詩題材之中。以櫟社詩題爲例，1906／
10／28 在萊園的集會中，櫟社員 12 人「作『早梅』、『噴水池』、『破屋』、『賣
餅』、『紙鳶』、『酒債』、『汽車』等詩」（《櫟社沿革志略·無悶草堂詩存》11）；
1908／9／20 在鰲峰蔡惠如的伯仲樓，櫟社員 11 人並有客約 30 人與會，「詩

題有『盆松』、『電燈』、『步月』、『紅葉』等」（12）。櫟社的這些詩題中，讚美西方器物與吟詠性靈的主題並列，足以說明櫟社漢詩人融合東西洋文明的態度。只是，這些以現代科技產品為題的詩，仍屬於以傳統國學與歷史典故的概念，來理解西方科技器物的思維方式，尚不脫「我族中心」的思想。如社長傅錫祺的〈汽車〉，將西方科技產物置於中國五行觀念與歷史典故背景之中書寫：「天下軌皆同，轔轔疾似風。五行炎上火，百足不僵蟲，寒暑行舟力，張騫鑿空功。往還五日日，得便感神工」（85）。1920 年，傅錫祺仍有〈蓄音機〉一詩，表明以西洋器物留聲機做為發揚儒學精義之用的願望：「四座無人歌管清，回頭猛聽匣中鳴。和盤托出旋螺巧，古調彈來印象精。……笑啼投倚葫蘆畫，吐納功因喇叭成。萬里之間如晤語，百年之後有遺聲。憑君收我趨庭訓，聲欬千秋皆所生」（98）。這首詩細膩地描寫出，留聲機百年千里傳音的巧妙情狀，最後卻仍以將留聲機做為發揚儒教之用的心願做為結語。事實上，傅錫祺的這兩首詩，以儒學為根基接納西方科學文明的調和態度甚明，甚至接近清末張之洞等「中學為體，西學為用」的論調。

第三節　日治時期兩個傳統文社「彰化崇文社」與「台灣文社」的啓蒙思想研究：傳統文人的文明想像與對西方諸國文化歷史、思想人文的引介

日治時期，台灣傳統詩社林立，根據許俊雅所作〈日治時期台灣詩社統計表〉，全島詩社，在 1895 年，有 5 個；1911 年，12 個；1921 年，49 個；到 1931 年，已達 133 個；1943 年，總數為 226 個。傳統詩社鼎盛的原因，與總督府的提倡有絕大關聯；擊缽吟〔註6〕與許多詩作為唱酬遊戲之作，成為傳統舊文人聯誼娛樂的方式。而漢詩人結社吟詠的另一原因，為假藉詩文，以抒發亡國的鬱悶。如連橫在〈王處士友竹先生五旬壽序〉中所言：「我台三百年間，以文學鳴海上者，代不數睹。桑海之際，士之不得志於時者，始競為詩歌，以寫其抑鬱不平之氣」（《連雅堂先生全集──連雅堂先生集外集：臺灣詩薈雜文鈔》11）。傳統文人在異族統治下，淪為亡國奴，空有滿腹經綸，鬱鬱不得志，如北部的「瀛社」，秀才舉人等有功名者，便有 15 人之多。為排

─────────────

〔註 6〕擊缽吟是一種限時限韻的作詩方式，與會的詩人以擊缽為號，做為開始與結束。頗有科舉應試的緊張與競賽意味。在日治時期，大為流行。

遣孤臣遺老的苦悶，在過去詩文不夠發達的台灣，舊文人競爲詩歌，造成詩歌處處聞的空前盛況。在連橫所編《臺灣詩薈》第一號的文章中，林幼春提到「櫟社」之名的由來，也可佐證連橫的說法：「櫟社者，吾叔痴仙所倡也。叔之言曰，吾學非世風，是爲棄材，心若死灰，是爲朽木。今夫櫟不材之木也，吾以爲幟焉」（《櫟社沿革志略・無悶草堂詩存》26），林痴仙（林朝崧）便是因「櫟」爲不材之木，倡議以「櫟」爲社名，用以做爲亡國儒者在新學當道之際所感受到的無用與無奈的寫照。而這種主要做爲抒發鬱悶或唱酬娛樂功用的傳統詩社，其實並無法承擔傳播啓蒙思想的角色。日治時期兩大傳統文社：「彰化崇文社」與「台灣文社」，才是自發性的對啓蒙台灣封建社會有所貢獻的傳統文人結社。

一、彰化「崇文社」立足儒學的啓蒙思想

　　日治時期台灣島民最早的啓蒙活動，是 1899 年由先天派齋教徒黃玉階與基督教長老會教徒李春生，在台北創立「天然足會」矯正婦女纏足弊風所肇始的。基本上，這仍是屬於具有西學思想的教徒所推動的啓蒙活動。1900 年代，台灣傳統文人，逐漸參與改造台灣封建社會。如 1903 年，連橫與許廷光、吳道源、王雲農、陳秋石等，組織「台南天然足會」，以陳廷光爲會長，呼應台北「天然足會」的主張。但台灣傳統儒者，比較大規模自發性的結社來傳播啓蒙思想者，則遲至 1910 年代晚期「彰化崇文社」的建立。「彰化崇文社」建立的日期，說法不一，根據 1917／11／8《台灣日日新報》〈崇文社主旨〉一文，「彰化崇文社」於 1917／10／6 被設立於彰化南垣武廟，旨在尊崇聖人、振興孔教，針對當代台灣社會問題設定議題每月徵文，以正人心。這個時間點，有報紙紀錄爲證，比較嘉義新港林維朝在《崇文社文集百期彙刊》〈崇文社文集序〉裡所說的大正七年（1918），應該更爲可信。「彰化崇文社」由黃臥松主持，賴和、張淑子、吳德功、馮安德等，在諸多贊助人的名單當中，也發現他們的名字赫然在列。在其《崇文社文集百期彙刊》中，具有啓蒙意識的舊文人羅秀惠、許子文、王學潛、林維朝等，均爲其寫序文。「崇文社」的創立，旨在振興孔教，考察風俗時事，以供當局參考。如負責編輯的林維朝在《崇文社文集百期彙刊》的序文所言，「其旨者孝悌忠信禮義廉恥諸要道闡發尤明，且也風俗之盛衰，政治之得失，時顯著言論……以資當局之參攷，藉以救蔽而補偏……」，「崇文社」被做爲當局施政意見參考的輿論機構，因

此並非泥古守舊的封建遺物。署名澎垣紫髯翁的陳錫如在 1927 年出版的《崇
文社文集》的序言，清楚表達出崇文社每月徵文的時代意義：「其每期所徵之
論文皆屬當世之時事，人生之要，徒爲我台所宜設施，島民所宜勸勉者⋯⋯
是集之刊行可以挽世風之日下，可以救道德之陵夷，可以正人倫之彝常、心
術之邪僻，詖行距而異行不熾，淫辭放而漢學可興⋯⋯」（1〜2）。這雖然是
寫於崇文社成立十年之後的一篇序文，但崇文社一開始的徵文，即充滿時代
的意識，以當時社會最迫切的時事與人生課題爲題，廣徵策議，使人心道德
在新舊社會的過渡時期，能以儒學的人倫道德爲依歸；這也即是一種意在實
踐「立足儒學，放眼現代」的做法。

　　「崇文社」的徵文題目，大多與表彰孔教倫理有關，如〈表彰忠孝節烈
議〉（第四十一期 1921／6／24）、〈尊重社會制裁挽回風化〉（第四十八期 1921
／11）〈倡建修孔廟議〉（第五十期 1921／12／26）等。但西方啓蒙思想的自
由主義、理性思想、獨立自主、群性與個性等議題，卻已經清楚地影響「崇
文社」這些出題的舊文人。根據《崇文社文集百期彙刊》，崇文社成立百期的
徵文題目，從大正 7 年 2 月（1918／2）第二期的〈養苗媳及蓄婢弊害議〉，
到大正 15 年 11 月（1926／11）第一○七期的〈世界大同論〉，一百多個徵文
題目中，至少有 26 個題目，充滿啓蒙意識，與改革封建社會惡習及新舊文化
道德議題有關（見附錄一）。1918〜1919 年「崇文社」的徵文題目，大多是意
在打破台灣封建社會的迷信、賭博、吸食阿片、召妓飲酒、蓄奴婢苗媳、看
淫戲淫書等等惡習的議題。而從 1919／3 第十五期的題目〈台灣青年自覺論〉
起，便開始有直接以西方啓蒙理性精神概念爲題目的徵文。1920 年代，是日
本大正民主自由風氣鼎盛的年代，也是「台灣文化協會」推動全島性啓蒙運
動最蓬勃多元的年代。影響所及，1919 到 1926 年「崇文社」的徵文題目中，
也多有探討東西文化、啓蒙理性自主精神與自由自治的議題。其中，受東西
方文化衝擊所引發的文化與哲學徵文題目，有：〈文明說〉（1920／8）、〈新學
說利害論〉（1923／4）、〈東西文化比較論〉（1925／1）、〈道德無新舊說〉（1925
／10）、〈世界大同論〉（1926／11）、〈孔孟學說比較論〉（1926／12）等。有關
建立現代公民素養與現代社會的題目最多，有：〈孤兒院建設議〉（1919／9）、
〈國民性涵養論〉（1919／10）、〈台灣大學建設議〉（1920／1）、〈家庭副業獎
勵策〉（1920／7）、〈假公行私妨害社會論〉（1920／12）、〈義務與權利並行論〉
（1921／3）、〈同姓結婚利弊論〉（1921／10）、〈公德私德並重〉（1922／2）、

〈爭權奪利不顧社會論〉（1924／10）等。受自由主義與理性精神影響所引發的議題，有：〈論自由結婚之得失〉（1924／9）、〈眞自治促進論〉（1926／3）、〈尊重人格論〉（1926／4）等。從彰化「崇文社」這些徵文題目判斷，在台灣總督府藉由讓舊文人參與輿論和地方事務來改造台灣前現代社會的政策下，日治時期舊式文人早在新式知識份子興起之前，便關切改造台灣封建社會惡習的議題，而在 1920 年代，很可能因爲《台灣民報》與「台灣文化協會」啓蒙運動者大力鼓吹啓蒙思想的社會風氣使然，使「崇文社」的舊文人，充分意識到民主、獨立自尊的啓蒙思想，同時也重視群性與公德的現代公民道德議題。

　　羅秀惠、許子文、王學潛等人爲《崇文社文集》所做的序文中，充斥著西方思想流派與哲人的名字。由這個現象判斷，支持「崇文社」的這些舊文人，對西方近代思想，實際上具有系統性的知識。王學潛的序文（1926／4／22）中，有段文字如此描述當代西方思潮湧入中國、造成傳統人倫震動的情形：「凡達爾文、馬克斯、黑格爾、柏格森及托爾斯泰、克魯泡特金、尼采、禮仁以外，多數革命哲學家鴻篇大文，無不搜羅翻譯，在大中華大鼓大擂，如進化論、維物史觀、維心史觀，其他革命理學家，種種學說震動華人，破除國界，破除家族界，破除種族界，破除夫婦界……」（《崇文社文集》）。王學潛寫這篇序文時，已年過七十，卻依舊對西學有強烈的求知心，對西方哲人與思想流派，都有一些全面的認識。然而，儘管對新學具有相當的認識與興趣，基本上，王學潛與其他舊文人仍採取獨尊儒術的做法，將孔子學說解釋爲亙古常新的眞理，爲莫衷一是紛紛擾擾的當代思想界找尋正道。而許子文的序文（1927 年），則可以反映出「崇文社」這些具有啓蒙意識的舊文人，在西學當道之際，發揚儒學的用心：

> 蓋東洋文化之發源，漢族學藝之遺產，孔教之一定成規也。現在潮流之化合，未來思想之前提，孔教之無邊變法也。其曰四時行焉百物生焉，即自然主義之眞也。其曰浴乎沂風乎舞雩，即自然主義之美也。其曰經綸天下之大經，立天下之大本，即自然主義之善也。其曰未知生焉知死，即斯賓塞之不可知論也。其曰人心維危，道心維微，即自然性與理性之歧點也。其曰惟精惟一允執厥中，即理想與實證之折衷也。其曰智仁勇，即教育之知育、德育、體育也。其曰生眾食寡，爲疾用舒即經濟之生產消費分配交易也。其曰泛愛眾，

即博愛之意義也。其曰有教無類，即平等之真理也。其曰母必母意母故母我，即自由之精神也。其曰丈夫生而願爲之有室，女子生而願之有家，即戀愛之旨趣也。凡如此類舉，奚遑特啓一端，以窺全管而已。然道以多歧而亡，學以多方而喪，今日之紛紜學說，其解釋莫衷一是，舉世之標榜理由，其爭端亦化萬。殊非心通發達史源溯文明時者，安知老莊爲孔子之反響乎？安知楊墨爲孔子之前盾乎？我台而無崇文社，關孔教議論已斷喪，無餘矣。

〈崇文社文集序〉

許子文通曉西方科學知識，在「台灣文社」的機關刊物《臺灣文藝叢誌》負責「科學」專欄，介紹地球科學、天文學、氣象預測等知識。但在這段序文中，他依舊將孔學視爲與西方啓蒙思想無所不通的真理，既相通於西方自然主義、現代教育理論、實證與理性、啓蒙思想的博愛與自由平等精神，也和老莊楊墨之學相輔相成，儼然成爲天地真理之薈萃處。只是，如此將儒學與西學做比較，實在難掩許子文意識到儒學不敵西潮、必須借用西方啓蒙思想做爲判斷文化優劣標準的事實。

二、「台灣文社」對西方諸國歷史文化與啓蒙思想的引介

「台灣文社」創立於 1919 年。根據「台灣文社」機關雜誌《臺灣文藝叢誌》〔註7〕第十一號（1919／11／15）署名「一社員」所寫的雜記〈台灣文社正式成立大會記〉，「台灣文社」由櫟社傅錫祺、林幼春、蔡惠如、陳滄玉、莊伊若、陳基六、陳懷澄、鄭汝南、林載釗、林獻堂等人所提倡，未滿一週年，已有五百人入社。而和彰化「崇文社」一樣，「台灣文社」成立的宗旨以發揚孔學爲目的。在《臺灣文藝叢誌》第一期的發刊辭〈台灣文社設立之旨趣〉中，清楚表達值此「地球之上無論遐邇舟車可至之時」，必須光大漢學而設立「台灣文社」的用心。「台灣文社」第一期的徵文即爲〈孔教論〉，接下來的徵文〈孫子吳起論〉（第二期）、〈漢文帝論〉（第四期）、〈齊桓公論〉（第五期）、〈項羽論〉（第六期）、〈莊子論〉（第七期）、〈穎考叔論〉（第九期）、〈漢文價值論〉（第十一期）、〈詩與文孰重論〉（第十二期）、……〈西門豹治鄴論〉（第十七期）、〈伏生白圭優劣論〉（第十八期）、〈文翁治蜀論〉（第十九期）……

〔註7〕目前所發現的《台灣文藝叢誌》，僅有 1919／1／1 的第一號到 1923／7 發行的第五年第七號。本文的研究，以此爲依據。

〈讀過秦論後〉（第二十二期）、〈漢高祖光武帝合論〉（第三年第三號）……，
除〈地方自治〉（第二年第一號登載 1920／2）以時事爲題外，多以議論中國
歷史人物思想功過與漢學議題爲題，展現以漢學爲核心的文化觀。

　　若從徵文的題目來看，「台灣文社」並不具時事性，似乎比彰化「崇文社」
更爲守舊。但是，從徵文內容來看，這些徵文的文章卻往往展現相當現代性
的意識與觀點。舉第一期〈孔教論〉徵文（1919／1／1）得獎作品爲例，雖
意在發揚孔教，但這些文章的內容卻具有相當自覺的啓蒙思想。第二名桃園
曾國金，便將孔學視爲東西諸學的精華薈萃：「今日新理學左右逢源，取之無
禁，用之不竭……況夫至大至美者，孔教也。不惟佛教之博愛，耶教之平等，
固教中所包容。即古代希臘近世歐美諸哲之學理，亦教中所包容也」（《台灣
文藝叢誌》第一號）。曾國金的尊孔文章，雖然堅持孔教匯通了東西方宗教哲
學的精華，爲「至大至美者」，卻也一面透露出他對東西洋哲學思想各個流派
的興趣與熟悉。而在第 17 名台南歐兆福的文章中，孔教被解讀爲整個西洋器
物文明之開端。歐兆福指出，世人「以爲孔教徒有仁義禮智之學，而不能爲
此希奇之物【此指無線電、潛航艇、飛行機】，以與列國爭雄，而疑孔教之非。
不知飛行機、潛航艇、無線電豈孔教之深奧耶，孔教之初步耳。蓋孔子大學
始教，在於格物。格物者窮理之理也。惟於理有未窮，故知有不盡。苟能使
學者，即凡天下之物，因其理而益窮之，以求至乎其極。至於用力之久，一
旦豁然貫通，則衆物之表裡精粗無不到，而所謂飛行機、潛航艇、無線自出
乎其中」（《台灣文藝叢誌》第一號）。歐兆福以孔學的格物爲西洋科學之端，
若能善於發揮《大學》固有的格物精神，則孔學也能導致科學的高峰。歐兆
福此說意在恢復東洋民族對孔學的信心，直指器物之學爲孔學初步，仁義心
性之學方爲其堂奧，不無阿 Q 式的自我安慰心態。但面對西洋科學、器物之
學，歐兆福卻也未露排斥輕視之意。另舉第七期〈莊子論〉徵文（1919／7／
1）第三名許子文文章爲例，許子文甚至有「不崇孔子何害」的看法，認爲莊
子思想與西洋唯心論無異，與西洋自然科學、衛生法養心術相通，「始以消遙，
終之以天下」。許子文將莊子與西方哲學家做比擬：「後世如康德之開純全哲
學，盧梭之倡天賦人權，安知非祖莊子之用心，以發救時之論耶。故曰莊周
者，千古之哲學家也」（《台灣文藝叢誌》第七號）。許子文雖然仍視漢學爲西
學之起源、爲眞理之所依歸，但他的基本論調是肯定西方啓蒙哲學思想的，
在他的眼中，康德、盧梭的思想是文明的標的，而莊子之學已有西方啓蒙人

權思想與康德唯心哲學之開端。如此，從這三篇徵文作品的內容，我們可以一窺「台灣文社」舊文人對東西洋哲學思想的熟悉程度，以及他們對西方啓蒙思想的重視。

而從整個《臺灣文藝叢誌》的編輯與文章內容判斷，「台灣文社」也比「彰化崇文社」更積極地引介西方各國文化歷史與啓蒙思想，對現代科學、地理、美學、哲學、自由主義、社會主義等思潮，有更爲全面開放與接納的態度。《臺灣文藝叢誌》除了徵文之外，分科學、雜說、節孝、天文地輿、小說、論說等部份。從第一號（1919／1／1）開始，該刊便翻譯文章介紹西洋各國歷史與現勢，計有：Finnemore 的〈德國史略〉（林少英譯）、D.H. Montgomery 的〈亞米利加史〉（林玉閣譯）、Lucy Cazalet 的〈俄國史略〉（鯤島 林舒譯）、與〈愛爾蘭之形式〉（林少英譯），分期連載。此外，還有外國名人傳記與西洋小說，〈夏目漱石傳〉（則以氏譯述）〈伍爾奇矣傳〉（第二號 1919／2／10）、〈看護婦〉（第三年第三號起分期連載 1921／3／15）等。科學方面，有〈科學叢談〉、〈地界叢談〉專欄，介紹天文學太陽系、氣象預測、世界地理、地球科學等現代知識，以及人類學（〈史前人類學〉第三年第三號 1921／3／15）、森林科學（〈林業概論〉第五年第一號 1923／1／1）、愛因斯坦「相對論」（〈愛因坦與相對論〉第五年第三號 1923／3）等文章。而《臺灣文藝叢誌》有關於現代社會經濟與政治議題的文章，有：〈自治談〉（第二年第五號 1920／9）談論自治之由來、本意與作用及德國的自治，〈石油問題〉（第五年第一號 1923／1／1）探討列強石油競爭的政治情勢，楊昌英的〈公意之源〉（第五年第二號 1923／2）以自由主義的精神探討民意問題，河上肇的〈救貧叢談〉（第五年第二號 1923／2）富有社會主義節制私人資本的平等精神，漸甫的〈遺產制與共產制〉（第五年第六號 1923／6）以井田爲共產制及極端互助主義之產物。相關於自由主義與社會主義的文章，尚有：板桓退助的〈神與人道〉（第三年第三號、第四號 1921／3／15，1921／4／15）贊成東洋之孝道與西方的憲法與自由，艷儂的〈解放之哲學〉（第五年第七號 1923／7）以近代歷史爲追求啓蒙自由平等之解放歷史〔註8〕，劍瑛女士的〈人類的不平等原因說〉（第五

〔註8〕艷儂由解放趨勢解釋現代歷史，認爲「近世之歷史。由一面觀之。皆言爲解放之歷史」。包括「人權之解放」，婦人選舉問題與奴隸之解放問題均是；「心之解放」，則在於去除「阻害心之自然發展者」，「即『康伯』【Francis Bacon】之打破偶像，實由教權或情意迷信之壓迫，而解放人人關於利害感情者」（《臺灣文藝叢談》第五卷第七號 1923／7）。這其實是完全以啓蒙思想爲解放之標

年第七號 1923／7）從盧梭自由平等精神的實踐談社會主義〔註9〕。而建立新
道德的文章，有：朴潤元的〈堅忍論〉（第三年第三號 1921／3／15）以林肯、
納爾遜、拿破崙等西方偉人的堅忍爲榜樣，張釆鏞的〈確立的青年〉（第三年
第三號 1921／3／15）討論青年應有的新人生觀，梁啓超的演講〈爲學與做人〉
（第五年第三號）提倡一種做人的絕對精神自由、異於歐洲所解釋的外部自
由〔註10〕，近樨的〈異說之害〉（第五卷第七號 1923／7）提倡羅素所倡以中
國道德文明拯救歐洲文明的說法，凌雲生的〈奮鬥〉（第五卷第七號 1923／7）
也提倡重精神輕物質的人生觀。

　　此外，《臺灣文藝叢誌》有關東西方哲學文藝思潮的文章，尚有：〈歐洲
文藝之復興〉（第五年第五號到七號 1923／5～1923／7）介紹包括個人主義、
古典主義、浪漫主義的歐洲自覺運動，樨牛之原稿〈東西二文明之衝突〉（第
五年第三號 1923／3）主張經由美術文藝進行東西方倫理、宗教、教育之調和，
〈關於美術之學說〉（第五年第三號 1923／3）介紹康德、黑格爾、叔本華的
美學概念，另有引介中國文化哲學的文章：〈中華之哲學〉（第二年第六號 1920
／10／15）介紹先秦儒、道、法、名、墨、陰陽等各家學說，〈支那之教育〉
（第三年第一號 1921／1）提到當時中國蔡元培廢孔子祭禮引發反彈辭職一
事、並慶幸中國仍爲「孔子之國」，〈支那近代文學一斑〉（第二年第四號 1920
／7）談論上海戲曲發達與缺乏文學價值的情形。而除了上述主題外，尚有談
論節約婚禮、學生節約、改造家庭與社會的文章。整體而言，傳統言情小說
〈劍雲艷史〉、吳德功負責的節孝故事、璉若談宋明理學靜心養氣的專欄〈養
氣摭聞〉〔註11〕等不具西方啓蒙思想成分的傳統舊式文章，所佔的篇幅反而
不多。從這樣的編輯政策與文章內容來看，《台灣文藝叢誌》自覺地承擔起了
在東西文化交會處，打造一座匯通的橋樑之責任。在發行量上，《臺灣文藝叢
誌》誠然與《台灣民報》無法相比，但它卻和《台灣民報》引介西方啓蒙思

準的。
〔註 9〕 原文片段如下：「當近代社會問題之核心，即自由平等之精神在焉。此自由平
　　　　等，實關聯在社會主義之思想」（《臺灣文藝叢談》第五卷第七號 1923／7）。
〔註10〕 梁啓超演講的片段如下：「……做人的方法須有絕對之自由。此種自由非近來
　　　　歐洲人一般解釋之自由。必使有精神上之眞正自由。而非物質之自由。隨精
　　　　神之所之。不爲環境與感情所支配，方爲眞正之自由」（《臺灣文藝叢談》第
　　　　五卷第三號 1923／3）。
〔註11〕 璉若的〈養氣摭聞〉談論宋儒明心見性之方，包括靜坐以清其氣、寡思慮、
　　　　定心氣、少睡眠等，致使人格崇高之道。

想的編輯政策，有著一致的精神。這些「台灣文社」具有啓蒙意識的傳統文人，在堅持儒學倫理與道德心性之學的優越性的原則下，以敞開坦蕩的胸懷，積極吸收西方各國的文化哲學與啓蒙思想的自由、理性、科學的精華，並引介中國當代的文化思想與文藝思潮。我們甚至可以說，《臺灣文藝叢誌》已儼然成爲補足《台灣民報》文化哲學議題之不足的啓蒙刊物。

第四節　1920 年代中期以來「孔墨並尊論」與「非儒」言論的興起：魏清德、黃純青、連橫、周定山對儒學的動搖與對西方啓蒙思想及墨學的科學精神、功利主義、博愛思想與世界主義的傾斜

　　1920 年代，在「臺灣文化協會」與《臺灣民報》的帶領下，自由主義、民族主義、民主代議政治、社會主義、實證哲學、功利主義等等西方啓蒙思想與五四啓蒙與新文學運動，迅速全面的被引介入台灣，對以奉行宋明理學爲主的台灣傳統儒學者，造成莫大的衝擊。本來已經具有啓蒙意識的舊文人林幼春、連橫、魏清德、黃純青、周定山等，更進一步受到五四啓蒙運動胡適、吳虞的非儒揚墨與「整理國故運動」疑古做學方法的影響，漸漸有「孔墨並尊」、甚至「非儒」的言論出現。他們不但質疑儒家的倫理孝道、挑戰儒學獨尊的傳統，而且儒學傳統義理心性之學的崇高地位，也有讓位給西方功利主義與實證科學的趨勢。舉林幼春爲例，在 1919／1／1《臺灣文藝叢誌》的弁言中，林幼春猶然大聲疾呼「台灣文社」的同志們發揚孔學，而有「是故論語半部，在位者資以治平」、「果使吾道日非，請抱琴入海」等堅決捍衛儒學的豪壯之語。但在 1925 年，林幼春卻一改初衷，率先響應五四啓蒙運動中吳虞的「非孝論」，而引發臺灣新舊文人間一場擁儒與非儒的論戰。可惜的是，因爲當時林幼春等人刊登在台中《臺灣新聞》的原文散失，有關這場論戰的具體內容仍然尚待挖掘，目前僅發現張深切在其自傳《里程碑》所稱的，在這場論戰中，非儒的言論以林幼春爲主帥，而擁護傳統儒學的舊文人，則以王學潛、張淑子爲主將。

　　其實，林幼春這樣的思想轉折，在日治時期舊文人之中並非個例。他只是反映出 1920 年代具有啓蒙意識的台灣舊文人，隨著五四啓蒙運動「打倒

孔家店」思想的引介，對獨尊儒學倫理、仁義之說與理學傳統產生信心動搖的情形。類似的思想轉折，也發生在連橫、黃純青身上。1930 年，黃純青、連橫等主張孔墨並尊的新派，與顏笏山〔註12〕、張純甫〔註13〕等主張儒學至上的守舊派，在《臺灣日日新報》、《台南新報》、《臺灣民報》、《南瀛新報》等報紙，展開一場激烈的論戰〔註14〕（附錄二）。這場論戰，首先由黃純青於 1930／4／14 在《台灣日日新報》登載〈兼愛非無父〉開始點燃戰火，引發顏笏山、張純甫、吳金土、王子典、杏壇小使、孔家店守衛、蘇鏡瀾等護衛儒學的舊文人，指斥墨家兼愛思想爲無父思想，並攻擊墨家的重利主義，他們堅持儒墨思想涇渭分明，是眞儒則非墨，是眞墨則非儒。而在這場「儒墨論戰」中，黃純青、連橫、天南等人主張「孔墨並尊」，認爲孔學的仁愛說與墨學的兼愛論有其相通之處，主張融合孔墨的思想精華，在孔學之外另加推崇墨學的兼愛與交相利的思想。而這些主張「孔墨並尊」的一派，實際上已經否定了儒學禮教與仁學至尊無上的崇高地位，有向西方實證科學、功利主義、唯物論傾斜的趨勢。而在這些主張孔墨並尊的台灣舊文人的思想裡，世界主義的影響，有日益突顯的情形出現。到周定山（1898～1975）1932／2／22 在《南音》開始分三期登載的〈「儒」是什麼？〉時，儒家的尊崇地位，已完全被否定，周定山的見解已與五四非儒的言論完全應和，他推崇先秦諸子，而稱「儒家形成漢民族的『國渣』中心思想」（〈「儒」是什麼？（上）〉4），和五四「打倒孔家店」的態度一致，徹底攻擊儒學傳統對漢民族所造成的桎梏。

〔註12〕顏笏山爲堅定不移捍衛倫理綱常的守舊宿儒，任高山文社常任講師。在其七十歲的紀念集中，高山文社的社員代表倪希昶的祝詞，充分表露出顏笏山守舊之性格。倪希昶稱讚顏笏山「代出儒門，派衍闕里，有復聖遺範，繼尼山眞傳。……茲際西俗東移，綱常翻樣，德教之漢學，留有一線光明者，賴翁之力豈淺顯哉」。《夢覺山莊古稀紀念集》。頁 21。

〔註13〕張純甫出身「三孝人家」，曾任「台灣文社」評議員，有「北橋大儒」之美譽。宣揚漢學，重禮說孝，視禮教爲文明表徵，認爲當時社會之解放禮教，實爲野蠻。在〈禮爲經國之紀〉一文中，有如下的言論：「殊不知最文明即最野蠻，最維新即最陳腐，極端激進勢不至流爲退步不已。不觀古昔洪荒初闢，衣服未生，男女相遇，漫然相合，退而生子，知有母不知有父」（林慶彰編 133）。張純甫堅持守舊的立場，清晰可見。

〔註14〕有關 1930 年的儒墨論戰，翁聖峰有非常詳盡的研究。見翁聖峰。〈一九三〇年台灣儒學墨學論戰〉。《國立台北教育大學學報人文藝術類》。第十九卷第一期。2006,3。

一、魏清德的〈讀墨漫筆〉與黃純青「孔墨並尊」論所包含的博愛思想與功利主義

　　事實上，日治時期舊文人對「獨尊孔學」信念的動搖，並非遲至 1925 年孔教派與新派的論爭或 1930 年的「孔墨論戰」才發生的，從 1920 年代中期以來，舊文人對孔學的動搖，便清楚地表現在魏清德、黃純青、連橫等人對墨學評價的提升與對西方功利主義、科學實證、與民主自由漸增的推崇上。任職《臺灣日日新報》的魏清德，在 1923／1／1 登載於《臺灣日日新報》的〈讀墨漫筆〉中，便公開表達對墨學的肯定。魏清德認為當代是學說日新月異的時代，協調互助和平的最新趨勢正當其時，墨子的兼愛尚賢思想因此也成為最適合當代的思想。在〈讀墨漫筆〉中，魏清德首先有如下的說法：「歐力東漸，科學日新，考泰西學說變乎？曰變矣！由斯賓塞、達爾文有力之進化論，一變而漸趨於相互扶助；由軍國主義、資本主義，一變而漸趨於平和主義及勞資協調問題，他如近來猶太學者愛因斯打因氏者出，唱為相對性學說，從來各學者所崇奉的柔頓【疑為牛頓】學說，從而動搖」。魏氏具有強烈的現代意識與世界觀，對東西方各種學說的「真理」已有相對性的體悟。接著，在文章中他談到墨子思想符合現代思潮之處：「墨氏國家觀念其主權出於選舉」，魏氏盛讚歐洲的三權分立政治，他視墨家尚賢的思想為一種主權出於選舉的民主思想；魏氏並視墨子「兼愛」「非攻」的思想為一種和平共榮共存主義：「……墨子之兼愛即無我也，棄小我而重大我，即今世之自他共榮，人類相互扶助共存之主義也。」不同於獨尊儒術者將「兼愛」視為「無父」的論調，魏清德的這段文字，已然否定儒家倫理綱常觀念的至尊無上，而將民主、和平、博愛視為更高的真理準繩。但儘管如此，魏清德基本上並未抱持非儒揚墨的立場，而仍然在儒學的仁學思想中，找到與墨學兼愛思想的相通之處〔註 15〕。

〔註 15〕魏清德贊成東洋儒學以仁德為本的政治。他和梁啓超對歐戰後西方文明的見解類似，於 1921 年〈思想要穩健〉一文中，寫下對東西文明的評價，認為西方文明特重物質文明造成弱肉強食，不如東洋的王道思想適合生存：「顧今次大戰經驗之慘，亦未使非出於進化學者放言高論所以孕成者也。若夫我國及東洋學說則不然。書曰『皇天無親，唯德是輔』……鴻範有云，無偏無黨，王道蕩蕩；無偏無頗，遵王之義。若然，則德者眾庶之所歸，大公者天下之所慕服，謂之適者生存，指大公而有德者，原非弱肉強食之謂，故危險之思想無由發生」（《臺灣日日新報》第 7721 號 1921／11／29）。在這篇文章裡，魏清德視以德服人的東洋王道思想，為現代最適於生存的思想，可以止息危

　　而在 1930 年孔墨論戰中主張孔墨並尊者，也是在孔子的仁學與論語的言論中，找到和墨家兼愛思想相通之處。「孔墨論戰」的戰火，首先由黃純青（1875～1956）在 1930／4／14 刊載在《台灣日日新報》的〈兼愛非無父〉一文所點燃，在這篇文章中，黃純青讚揚墨氏之說，期望台灣思想界予以重視。黃純青是光緒年間的秀才，割台後曾參加「台灣民主國」對日的作戰，但和大多數傳統文人一樣，日治時期在台灣總督府尊崇儒學、同文同種政策的攏絡下，並無明顯的抗日意識。在昭和 15 年（1940 年）出版的《昭和皇紀慶頌集》中，他與羅秀惠、魏清德、謝汝詮（謝雪漁）、傅錫祺等傑出漢詩人，均有慶頌昭和皇紀的詩祝賀，由此可一窺這些漢詩人對日本統治者的和順態度，其詩如下：「歌虞悠久樂鏗鏘，歡喜聲中共舉觴。上苑風和金雞舞，扶桑日立菊花香。八紘爲宇皇猷大，天壤無窮寶祚長。盛會恭逢深感激，君民皆樂浴恩光」。黃純青尊崇孔教、推廣孝道，1925 年且與辜顯榮、吳昌才、洪以南、謝汝詮等，一齊捐興台北孔子廟，並兼任台北「崇聖會」副會長，維護推廣孔教。黃純青與友人共創的「詠霓吟社」後來改爲「瀛社」，爲日治時期台灣最大的詩社。其子黃得時（1909～1999）在父親的影響下，走上研究漢文學之路，尤其推崇孝道。但和張純甫、顏笏山等設帳教學的儒者不同的是，黃純青在日治初期即棄儒從商，效法墨子力行的精神，經營實業。他集資創立「樹林紅酒株式會社」並以酒糟賣給豬農，因眼光獨到、經營得法而成鉅富，熱心公益出任公職，包括樹林區長、鶯歌庄長、樹林信用及畜產組合會長、台灣總督府評議員、台北州協議會員、台灣新民報顧問等，達一百類之多。黃純青力行墨子救世精神的聲望與熱心，使他在 1934／5／6 台中「台灣文藝聯盟」的成立大會上，被推爲大會主席，終戰後，也曾任省文獻會第二任主任委員（1950～1954）。而也正因爲黃純青是位具有實業精神的企業家，因此，他更能接受及發揚墨家務實、重實踐的實利精神。他受到梁啓超與胡適孔墨並尊思想的影響，採取孔墨並尊的立場，做爲其人生哲學。在登載於 1930／6／20～21《台南新報》的〈讀顏先生兼愛論〉中，黃純青反駁顏笏山等人評擊墨子唯利是圖的說法，認爲「孔子說仁，墨子說利，名異實同」，指出孔子的重仁愛與墨子的重實利，其終極目的都在博愛與利益人群，事實上是質同而名異。而在 1930／7／22 登載於《台灣日日新報》的〈楊墨論〉中，黃純

　　　　險的弱肉強食的邪說。而魏清德便是在仁德、互助、博愛的精神裡，找到儒家與墨家的相通之處。

青讚美楊朱爲自然主義、更盛讚墨子兼愛論的功利主義，指出兼愛的目的，在於平等周遍地謀求「最大多數的最大幸福」。黃純青抱持儒墨並尊的思想，並將其身體力行，事實上已經推翻漢儒賈誼以來所建立的「正其誼不謀其利，明其道不計其功」避談功利的儒學傳統，而更趨近於邊沁的功利主義思想。

二、連橫「儒墨並尊」說對儒學的反省與其自由觀念、功利主義、博愛精神所蘊含的世界主義

而在 1930 年的這場「儒墨論戰」中，連橫（1878～1936）是最主要爲文支持黃純青「儒墨並尊」論點的人。連橫爲具有先進革新思想與強烈啓蒙意識的傳統報人與史家，其《台灣詩乘》與《台灣通史》對台灣詩史與台灣歷史的推廣，饒有貢獻，另外，他也以撰文及演講的方式，參與 1910 年代晚期以來的台灣文化啓蒙運動。連橫雖然晚年因爲 1930／3／2 登載於《台灣日日新報》支持總督法阿片特許政策一文，引發爭議，而遭到「櫟社」開會除名，但卻也無損其深具漢民族意識與進步啓蒙思想的事實。事實上，連橫可說是日治時期最早具有強烈革新意識的傳統文人，早在光緒年間，他便有革新禮教封建思想的言論出現。因其治史學而非理學，連橫在追蹤歷史人物事件的生成流變之際，比當代宿儒都更容易接受新思潮。基本上，連橫受戊戌維新「反禮教尊孔學」的思想影響，反對禮教，且未見其探討孝道與理學養氣的文章。1902 年，25 歲至福州參加鄉試時，連橫即因卷有過激語，被考官批以：「荒唐，不第」（鄭喜夫 35）。是年，留滯廈門任職《鷺江報》時，常與人縱談人權新說，尤其是男女平等的話題。在其〈惜別吟詩集序〉（集結於《鷺江報》第 61 冊）一文中，連橫受譚嗣同、嚴復等反禮教思想的影響，明白攻擊封建禮教：「三綱謬說，錮蔽人心；道德革命，何時出現？」（鄭喜夫 36）。之後，連橫以文墨宣揚革新思想，並身體力行地進行啓蒙台灣封建社會的活動。1903 年，連橫與許廷光、王雲農、陳石秋等組「台南天然足會」。1907 年，連橫在《台南新報》發表〈台灣詩界革新論〉，反對擊鉢吟，以其爲「非詩」的消遣遊戲，引發他與櫟詩社詩人及《台中新報》記者陳瑚之間的論戰。1914 年，連橫旅居中國期間，收購光宣以來的嚴復、康梁、譚嗣同、林紓等人新出版的書籍，更全面受到中國當代維新思想的啓發。而在日治時期台灣文化啓蒙運動之初，連橫即參與其中，不但爲《台灣民報》撰稿，1923～4 年期間，也爲「台灣文化協會」的講座演講過〈台灣通史〉（1923／9／11 夜起與 1924／8／5 起）、〈詩學淵源〉（1923／12／15）、〈六波羅蜜〉（1924／1／

17)、〈孔大同說〉（1924／2／16）、〈釋迦佛傳〉（1924／4／19）、〈食力論〉（1924／7／5）、〈東西科學之考證〉（1924／9／27）等主題。整體而言，1920 年代中期之前，連橫的啓蒙思想主要受到中國戊戌維新的影響，尤其公然厭棄儒家的禮教桎梏，有強烈的大同思想與世界主義的成分。

在 1930 年的儒墨論戰中，連橫寫〈墨子棄姓說〉（《台灣日日新報》1930／6／15）、〈墨爲學派說〉（《台南新報》1930／6／24～25）、〈墨道救世說〉，呼應黃純青的儒墨並尊說，極力爲墨家的兼愛思想辯護，認爲墨子兼愛論通於孔子的仁學。在〈墨子棄姓說〉中，連橫盛讚墨家摩頂放踵的苦幹精神，指出孟子以無父斥責墨子，不但不損墨子人格，更足以顯現墨子的精神：墨學「其學精微，其道堅苦，悍然爲墨者之宗，且欲奪儒者之席，故孟子斥之。斥之而墨子兼愛之精義愈足以發揚於天下」（《雅堂文集》6），以此回應守舊派的攻擊。在〈墨爲學派說〉中，連橫不但駁斥孟子指責墨者爲無父之誤，更進一步肯定墨學之苦行實踐精神，甚於當時儒者之空談仁義，更能眞正發揮大禹之仁愛精神。他指出墨爲學派，墨者爲救當時儒者空談仁義之弊，以苦行的精神，「抱救世之志，涵仁赴義，屛斥禮文，裘褐爲衣，跂蹻爲服，日夜不休，勞苦爲極」（《雅堂文集》9），能眞正發揮出中國仁愛精神的正統：「以自苦爲極，日不能如此，非禹之道，不足爲墨」（《雅堂文集》6 ）。連橫推崇墨家的非樂、尙儉、棄姓，均爲無私無我之極至，「……墨子之棄姓爲實行兼憂故，實行兼愛則以捐天下之私利、求人類之幸福，宜其爲一世之宗，歷二千二百年而道將顯也」（《雅堂文集》9），連橫的說法，與儒家主張愛有親疏遠近之分與重視禮樂傳統相違背，實際上已經背離了漢儒以來循孟子學說所建立的仁義禮教與心性至上的傳統，而走向接近西方功利主義、科學器物與耶教博愛精神的墨家學說。

事實上，在 1930 年儒墨論戰之前，連橫早已接納西方啓蒙思想所蘊含的自由主義、功利主義、人權思想、理性主義、世界主義等，因此他自然支持墨家兼愛、非攻、實利、科學的精神。1920 年代，連橫在東西各種思想流派急遽湧入的衝擊下，曾經一度無法確立自己的思想，而傾向以佛法的「空性」解決思想的矛盾困境。在其 1925 年所作的〈乙未前台胞之人生觀〉中，連橫解釋自己何以尋求佛法：「蓋自改隸以來，台灣人之思想突然大變，大戰以來更爲渾沌，今日（之）莘莘學子，莫不處於徬徨煩悶之中，未能解決；則余年已五十有三，亦未能解決，而余乃以佛法解決之。……生死則涅盤，煩惱

則菩提：此余之眞諦也，故余別有佛法之超人主義以表余之思想」（《連雅堂先生全集──連雅堂先生集外集：臺灣詩薈雜文鈔》57）。佛法的「超人主義」有助連橫擺脫傳統儒學的桎梏，而更易於接受西方啓蒙思想，創造新的思想。1920 年代中期以後，他公開支持自由主義，與新型知識份子一樣，多次呼籲平等、自由與思想的解放。在 1928／11／18 登載於《台灣民報》的〈質昭和新報：何謂統治根本？何謂思想善導？〉中，連橫質疑《昭和新報》善導台灣思想的主張，認爲「若以台灣今日之思想而觀，則其所表現而要求者，平等也，自由也，幸福也，此等之外，尚有何種之思想，亦何庸爲之善導？」。連橫以西方啓蒙思想的標準，視追求人權之平等自由幸福，爲天經地義的事情，而譏諷《昭和新報》之善導台灣思想的主張。於 1928／12／9 登載於《台灣民報》的〈思想解放論〉中，連橫也呼應當時其他台灣啓蒙者對思想與言論自由的要求：「今之世界，一思想自由之世界也。形上、形下之學，莫不鈎深索遠，大放光明，以求人生之眞理」（〈思想解放論〉）。在此，連橫從支持啓蒙思想自由與理性主義的角度，認爲當時已是思想自由之世界，應該允許個人自由地在種種形上、形下之學之中，探索人生眞理。對連橫而言，自由解放的目的乃在使人能自由理性地思考、不受拘束地探求眞理；連橫是從文化創新的角度，而非社會政治觀點，談論思想自由之必要。在 1928／12／16 登載於《台灣民報》的〈思想自由論〉中，連橫與新式知識份子一樣，要求自由主義「外部自由」之言論、集會、結社、出版自由：「余前論思想解放，而歸結於集會、結社、言論、出版之自由，此自由者載在憲法，固國民應享之權力也」，認爲若能自由地思想，台灣必能改革而一新氣象：「……余以爲今日之台灣，當取開放、寬容大度、兼容並收，舉世上之思想而悉輸入，任之自由研究、自由批評、自由發展，以求人生之眞理，則台灣氣象當爲之一新，非復舊時之茫昧矣」。於此，連橫對思想言論自由的主張，乃依據西方啓蒙思想中對理性精神與自由主義的主張，而接近十八、十九世紀浪漫主義所主張的絕對自由的精神。而那也就是思想百花齊放的自由，一如他在〈答小隱（思想果能統一乎）〉（《台灣民報》1929／1／20）中所期望的：「……無論爲個人主義，爲國家主義，爲世界主義，各樹一幟，各暢所言，以爲一時之光彩，此弟之所期望也」。

在同篇文章中，連橫並且從文明進化論的觀點，以功利主義爲進化的目的，指出文明的進化勢在必行，因此，必須賦予台民最大的思想自由，以創

造出新的文化，建立理想國家。連橫呼籲台灣文化的創新，期望謀求最大多數人的最大幸福：

> 夫古今異勢，文質異宜；今之台灣其不可以舊時腐敗之思想爲生活，
> 亦已明矣，尤不可以舊時之宗教、道德、法律以阻人類之進化，復
> 已切矣！易曰：『天行健，君子已自強不息。』夫自強不息者，人類
> 之精神也，故不樂現狀之維持，而多將來之期望。何以言之，人類
> 自游牧時代而進爲部落，而進爲國家，更進而爲理想之國家，潛移
> 默化，勇往直前，以求最大多數之大幸福；此則思想自由之效也。
>
> （《台灣民報》第 239 號，1928／12／16）

連橫的這段文字，清楚地表達對文明進化論、功利主義、思想自由與理性精神的信念。在其〈思想創造論〉（《台灣民報》1928／12／23）中，連橫更進一步確立出自己的思想體系，將人類最高的理想，總括爲（一）《禮記》〈禮運大同篇〉的大同世界（二）釋迦的平等（三）耶教的博愛所建立起來的，一種超越家界、國界的世界主義：「是三聖哲者，皆思想界之大創造家，而又社會之大革命家也，無家界、無國界，乃至無種界，舉世上之人類而悉愛之，此其所以宏大無垠，久而彌昌也歟！」在當代啓蒙與社會運動左右派分裂的情勢中，連橫先於 1930 年代超越黨派的文藝旗幟：「南音社」的「第三文學」與「台灣文藝聯盟」的「道德文學」，主張以務實的態度，創造出超越派系以「謀最大多數人最大幸福」爲目的的新文化思想，即以功利主義實利的精神爲最高指標的新思想：

> 台灣今日之思想非復舊日之思想也，然發生未久，勢衰力微，而爲
> 社會所注視者僅有兩派：一爲民族運動，一爲階級鬥爭。前者或謂
> 之右派，後者或謂之左派。此後之運用如何？進行如何？余不具論。
> 當此之時，或別有一派與之反對，或再出一派與之提攜，未可知也。
> 唯欲創造思想，必須考既往之歷史，察現在之情形，探民族之特性，
> 立遠大之規模，以求最大多數之最大幸福，而後可得群眾之信仰也！
>
> （《台灣民報》第 240 號，1928／12／23）

連橫雖然並未預測左右派分裂之後，台灣將出現何種新思想型態，但他所期許的創新思想，是種紮根台灣的歷史與當代，經過考察台灣社會民情，具前瞻性與遠大規模，以求最大多數人最大幸福的思想，這與不談主義而講求眞實路線的「南音社」「第三文學」與「台灣文藝聯盟」「道德文學」主張，有

異曲同工之妙。

　　而除了稱頌自由、平等、博愛、理性等啓蒙思想之外，連橫也提倡科學，也因爲重視科學，而評擊理學扭曲孔學、造成中國科學的衰微。在演講稿〈東西科學考證〉中，連橫挖掘中國古代豐富的天文學、電光力化學、算學、計時器、器械、舟船、飛行之器、火藥、造紙、甚至名曰「寄語」類似留聲機的機器等科學事例，將中國科學衰微的原因，歸結爲傳統儒者多談性理，理學之說使最早發展科學的中國，科學日益衰落趨於無用，而期勉台灣發皇固有之科學，並凌駕過西方科學成就：

> 夫中國科學何以日衰？西洋何以日盛？此則有大原因。其一：中國
> 人性能創造，而不能繼續，且不喜改良……。其二：中國學術以孔
> 子爲宗，而孔子以天下爲本。山澤之儒，庠序之士，多談性理，重
> 文章，遂相率而趨於無用。以爲形而上者謂之道，形而下者謂之器，
> 而程氏且以玩物喪志戒之。此其所以衰也。

（《雅堂文集》22）

連橫於此區分孔學與理學，以爲「山澤之儒，庠序之士」喜談性理之學，直言批評理學的盛行導致中國科學衰微，在當時的台灣傳統文人當中，確是相當大膽的言論。在 1929／2／10 登載於《台灣民報》的〈與嘉義人士書論籌建孔廟〉一文中，連橫婉言阻止嘉義孔廟的籌建，主張將經費改用來籌組學會，參考古今東西學說，研究孔子學說，存其精華，汰其糟粕，發揚於世：「諸君子誠重孔子、愛孔子，不如以建廟之款組織學會，集全台有志之士研究孔子之道，參以東西古今學說……／誠欲昌大孔子之道，必須闡明學說，盱衡時局，洞察人群，擇其善者而從之，其不善者而改之，而孔子時中之道，使足發揚於世上。」整體而言，連橫對儒學傳統的態度與明治啓蒙者及戊戌維新者類似，將孔學、理學、禮教區分開來，卻不似明治啓蒙者強調保留理學的道德修養，而公開揚棄禮教、批評理學，主張以留取精華淘汰糟粕的批判態度，發揚研究孔學。

三、周定山（1897～1975）的「非儒」言論

　　連橫循康有爲、梁啓超、譚嗣同、嚴復等晚清維新派的腳步，溫和批評理學與對禮教直言的批判，到了周定山分三期登載於《南音》的〈「儒」是什麼？〉（第一卷四號、五號、六號 1932／2／22，1932／3／14，1932／4／2）時，已變爲仿照五四啓蒙者「吃人禮教」、「打倒孔家店」等激烈口號的嘲諷

攻訐語詞，強力抨擊「儒」家。周定山跨足新舊文學，1947 年加入「櫟社」，並爲「大冶吟社」社員，同時創作新小說、採集民間文學，曾任大陸漳州《漳州日報》與台中《台中日報》編輯。由於早年家貧，只短暫入公學（1908～1912），曾至木工廠、陶器場、布莊當學徒，一面晚間至書房讀書。周定山因爲父親秉性忠厚，受盡家族欺侮，連祖先所留的「瘠田破屋」都被詐騙攫取，養成他嫉惡如仇的性格。周定山的〈「儒」是什麼？〉，依循五四啓蒙運動中吳虞、胡適、郭沫若等反孔、反禮教、反儒的激烈論調，和胡適的《說儒》類似，以疑古的考據方式，尋找「儒」的來源與眞義。據周定山在文章開頭自稱，這篇文章主要翻譯狩野直喜和張壽林的著作內容，再加上自己的補充，重新組織。文章中，周定山藉著考據〈說文〉與其他古籍，將「儒」與「嚅」、「孺」、「濡」、「懦」等字連結，得出「儒」有「柔弱、迂拘、優柔寡斷」等負面的意思，本爲嘲諷之詞，至荀子乃成爲正面用詞。在文章中，周定山以激烈的用語「國渣」稱述儒學，並在文章的結論部份，談到自己生平所遇過的儒者，大肆譏諷一番。周定山如此描述幼年第一次遭遇的儒者：「他穿的淺藍長衣，和自製的船式白襪。鞋子的厚底塗遍了桐油，嫩白的左腕套隻蔥心綠的玉環，平生未曾離身的長煙袋」（《日治時期台灣儒學參考文獻》308）；周定山在這次的洗禮之後，看盡儒者醜態：「從此以後，凡看見老儒在賭博，富儒在吃阿片，寒儒在攢營利權，大儒在替人寫祝弔文，腐儒在嘲罵道德淪喪，陋儒在推敲自壽的詩詞，少儒在獵豔打麻雀，雅儒在『群居終日，言不及義』，惡儒在恃強蠻橫，俗儒在自作聰明……，都覺得這的確就是奉行聖道的呢！」（《日治時期台灣儒學參考文獻》310）。周定山以說文解字的方式，佐證以歷史與典籍，說明「儒」原來的形象，並攻擊當時自己所見的形形色色蔽陋腐敗的儒者，頗有以「摧毀儒學破敗屋宇爲快」之勢。

　　周定山對儒者的攻擊是否無的放矢，可從幾個事例驗證。日治時期舊詩社聚會時，多有招妓陪酒彈唱的風氣，風氣之盛甚至引發舊詩人本身的反省。1932／1 宜蘭盧纘祥在《詩報》發表〈壬申年全島聯吟大會之一提議〉一文，主張「瀛社」所發起的全島聯吟大會中，應廢止召妓彈唱陪酒的歪風。而在舊文人消遣娛樂的小報《三六九小報》與《風月報》，則均有爲妓女選美的活動，有舊文人競相爲名妓賦以艷詞。舉《三六九小報》爲例，該刊每期有〈花叢小記〉，嘉義「鷗社」並在該刊中舉辦同社花選、票選名妓的活動，登上名妓艷照，並爲文介紹。即使倡言男女平權與人權深具西方啓蒙思想意識的連

横，也有狎妓選美留連花叢的情形。在 1925 年六月號與八月號的《台灣詩薈》中，連橫刊有〈花叢迴顧錄〉一文。連橫另著有〈花南雜記〉描寫妓院風情，其中生動地描述雛妓在妓院伺候客人吸食鴉片的情狀：「有客戾止，雛妓歡迎，扶梯而上，則春面桃花，活現眼前，獻茗上煙，歡接備至。少頃乃進芙蓉，半榻橫陳，微聞香澤，諧談笑語，眞足移情蕩志……」（《連雅堂先生全集——連雅堂先生集外集：臺灣詩薈雜文鈔》163～4）。而除召妓惡風以外，舊文人吸食鴉片情形普遍；陳逢源登載於《南音》第一卷二、三號的〈對於台灣舊詩壇投下一巨大的炸彈〉一文中，便形容當時傳統詩社宛如「阿片窟」。舊文人沉迷鴉片無法自拔的情形，從捍衛儒家理學的大將顏笏山改寫〈陋室銘〉爲〈阿片銘〉，以戲謔語氣歌誦鴉片可證：「吸不在多，有味則馨。癮不在深，有趣則成。膏分三等，器備五行。孤燈閒相對，短榻獨自橫。酌量驅睡魔，善用卻酒兵。可以增文思，助詩情。無風塵之俗氣，有煙霞之舊盟。隱豹稱君子，臥龍號先生。孟子云，阿其所好」（《夢覺山莊古稀紀念集》）。連以養氣、明心見性爲己任的宿儒顏笏山，都如此沉溺於吞雲吐霧的鴉片樂園裏，日治時期台灣舊文人的迂腐習氣可知。

第五節 張深切的文化民族主義：對儒學主觀唯心傳統的批判與對中國古代知識學派的崇尚

一、張深切與日治時期舊文人的文化調和觀及其與五四啓蒙者文化斷裂觀的關聯

　　張深切持續地苦思文化議題，不同於大多數日治時期新式知識份子專注在社會政治議題、相對忽視建設新文化的做法，而接近當時台灣具啓蒙思想的傳統報人與傳統文社舊文人對東西文化衝擊議題的深刻關切。而 1930 年代以來成熟期的張深切，在日治時期新舊文化的衝擊與新舊文人的爭論中，和台灣當時具啓蒙思想的舊文人一樣，同樣主張文化調和路線，其觀點尤其接近連橫的思想。張深切和連橫一樣，都主張言論與思想自由，積極輸入各種世界思潮，鼓勵個人自由地思考，在新舊文化的自由激盪中，虛心地找出眞正的眞理。另外，他與連橫，也都同樣主張超越黨派、建立在台灣眞實上的新思想，也同樣在墨子「兼愛」、耶教「博愛」的思想與西方功利主義的實利精神中，找到超越種族與國界的理想世界。而連橫與張深切，也都受到佛學的洗禮，對宇宙萬物的生

滅有「空性」的體悟，因此更有助其打破本位、排他的觀點，而懷抱世界主義
思考文化的議題。但張深切比諸連橫，卻更加具有西方啓蒙思想的科學理性精
神與西方哲學知識基礎，因此也比連橫，距離孔學更遠。事實上，連橫仍以孔
子的「仁說」與墨子「兼愛」，通向西方功利主義的實利精神，做爲中西文化思
想的溝通管道；張深切雖然也贊成以孔子的「仁說」與墨子「兼愛」接合西方
功利主義思想，卻另外開闢出一條以老子哲學做爲通向西方啓蒙理性、科學、
實利精神的橋樑，主張以老子哲學做爲建立中華新文化的核心。而在另一方面，
張深切對孟子與宋明理學唯心論傾向的批判，則比較接近五四啓蒙者的精神，
但是卻比他們多了一些客觀理性的批判態度，而未曾對儒學做出謾罵、嘲諷式
的攻擊。在評論諸子百家思想時，張深切試圖跨越唯心唯物與主客觀僵硬二分
法的區分，也顯得比胡適、陳獨秀等五四啓蒙者，少幾分對客觀主義、實證科
學、唯物論的迷信。整體而言，在思考有關創造中華新文化的議題時，張深切
同時受到明治啓蒙調和模式與五四啓蒙重審中國古哲學做法的影響，以充分的
理性批判、科學精神與實利主義爲基礎，試圖看穿東西文化思想表象的差異，
並以極其開放自由的態度，融合中西文化的精華，建立起一個立足在老子哲學
上的中華新文化。雖然在寫作哲學性文章時，張深切有時因方法論不夠嚴謹而
有漫筆的隨意感，但他咀嚼消化了古今東西的各種思想，最後統攝於老子哲學，
企圖跨越東西哲學唯心、唯物論與主觀與客觀主義間的鴻溝，建立完整調和的
思想系統，卻具有相當原創的精神。

　　張深切對中國古代哲學的評論與對所欲創新的中華新文化的描述，主要
記錄在他終戰後 1954 年出版的《孔子哲學評論》中。在這本書中，張深切
對孔學、儒學發展與諸子百家的思想，做了整體的鳥瞰與評論。他以接近日
治時期具啓蒙意識的傳統報人魏清德、黃純青、連橫等人的調和觀點，而非
新文人張我軍或周定山循五四胡適、吳虞、陳獨秀「打倒孔家店」的激烈言
詞，宏觀地爲孔學、儒學的發展與諸子思想對孔學的批評，娓娓道來，逐一
做比較與理性的評論。而事實上，《孔子哲學評論》的論調與觀點，是張深
切對中國古代哲學，做長期關注所思考出來的思想結晶。早在 1927～1930
年入獄服刑期間，張深切的思考已轉向中國諸子百家思想與宗教精神，在
1930 年代「台灣文藝聯盟」時期，他更已經放棄社會政治運動途徑，轉而關
注文化文學與哲學議題，逐漸成爲文化民族主義者。1941 年在對北平廣播電
台的演講〈振興中國文化的意義〉，張深切更公開呼籲所有中國文化人，負

起振興中國文化的使命。他主張必須立即著手的事項是：「第一、我們要把所有的傳統文化都編輯起來，用科學方法給它分類、淘汰、整理與發揚光大。／第二、我們要虛心坦懷輸入全世界的文化，給它研究、淘汰、攝取、消化、應用，並且要緊密的連結在我們的傳統文化」（《張深切全集卷三：我與我的思想》164）。在此，張深切第一項以科學方法整理編輯傳統文化的主張，明顯有胡適於 1919 年所提出來的「整理國故」主張的影子〔註16〕；而第二項輸入全世界文化的主張，則無疑受到明治啓蒙模式與「大正民主」自由風氣的影響啓發。

二、張深切〈點線面的關係〉與〈理性與批判〉（1943）中，對東西方哲學的調合觀

1943 年，當張深切在華文《大阪每日》發表〈點線面的關係〉（十卷六期）與〈理性與批判〉（十卷 12 期）這兩篇哲學性文章時，他對西洋哲學傳統與老子哲學，顯然已經做過精心的研究，用以做爲調和東西文化思想衝突的思考基礎，成爲他 1954 年寫作《孔子哲學評論》的起點。在〈點線面的關係〉中，張深切融合希臘畢達哥拉斯學派以點線面數理觀念解釋宇宙秩序的觀念與老子哲學的宇宙生成觀，擴充到人類生命與文明生滅的道理：

> 人類萬物本來是從無而生有，由有而點，而線，線生面，這樣擴大到無限去。……／……／人雖然是面，可是從人類看起來，不過是一個點，這個點跟各點發生關係的時候，就發生種種的關聯線，線與線關聯的又再成面，這個面就是屬於一種的部落；再由國家看部落，由世界看國家，由宇宙看地球的時候，這些面都不過是一個點而已。自人至於國家、世界，無不是從無經有、點、線而達至於面；然而這個趨向跟「道」一樣，不是絕對，有時會停頓，有時會淘汰，有時點線面也會各自形成一種立體運動的形態。

（《張深切全集卷三：我與我的思想》175）

〔註16〕1919 年 12 月胡適刊登在《新青年》的〈新思潮的意義〉一文中，將整理國故列爲新思潮的四大綱領之一，引發 1920 年代以來以北大爲中心所展開的「整理國故運動」。在這篇文章中，胡適主張爲了再造文明，必須以批判態度整理國故，對於整理國故的態度與方法，則主要有四點主張：一、對舊有的典籍與學術思想做條理系統的整理，二、找出各種學術思想的源起與因果，三、用科學方法做精確的考證，四、還原傳統學術思想的眞貌（11）。

張深切在這篇文章中，引用老子哲學先天地所生的「道」的觀念與古希臘畢達哥拉斯學派以數理觀念解釋宇宙構成的做法，指出萬物依自然的「道」，無中生有而成個體，再與其他個體形成錯綜複雜的線，進而連結各種線而成面。張深切以充塞於萬物、人類、自然與宇宙間靈活不拘的「道」，來解釋人類文明的生滅道理，隨著所佔的不同位置調整觀照角度，可望跳脫「我族中心」思想、唯人主義與僵化教條主義的拘束，調和各種點線，構成更堅實合適的面，以建設新的中國。他並依循「台灣文藝聯盟」時期道德文學真實路線的主張，認為文化應該立足於真實，在各種點線面的生滅消長中，尋求調和；而「調和的方法，自然因事而異，不能做出許多各種各樣的定例來說明，然而原則上總有一個可以應用的道理，這個道理就是比較與批判」（《張深切全集卷三：我與我的思想》176～7）。於此，張深切明白提出以調和的方式解決「人與人，物與物，思想與思想，國家與國家，國家集團與國家集團」間的差異與矛盾，建構具完善配置的「面」，使國家強盛的做法。而調和的方法，則建立在「比較與批判」之上。張深切認為比較與批判，「前者是需要聰明與精博的知識，後者是需要虛心與無為的正覺，這四個要素合起來，才能評定優劣與決斷是非」（177），也就是說，張深切主張以老子虛心無為的正覺，配合精博的知識，不依教條而依理性批判，做出最佳的判斷，建構新的中華文化。這種虛心觀照與立足於真實的文化論點，事實上，正是他在「台灣文藝聯盟」時期「道德文學」主張的延續。

而在〈理性與批判〉中，張深切進一步闡明理性與批判的意義，以做為正確思考的基礎。文章中，在探討理性的部分，張深切廣泛討論中西方「理性」的概念，區分「理性」與「悟性」、「意識」、「感情」的不同，廣泛地包括黑格爾與康德的「理性」概念、陸象山的「心即理」與王陽明的「性即理」、閔德（W.Wundt）與布齡達諾（F.Brentano）的「意識」理論、佛學的「心法」與「意識」論。他肯定理性為使人類優於普通動物的因素，但認為西洋哲學對理性的解釋有太偏重原理論的傾向——黑格爾、康德等西洋哲學家「對唯理論、主理論、合理論等雖然比較精細，然而對作用論、實踐論、倫理論等，卻似乎較為疏忽」（自《張深切全集卷三：我與我的思想》180）——而將陸象山的「心即理」與王陽明的「性即理」綜合起來，認為「心」是理性之謂，將孟子「盡其心者，知其性也。知其性，即知天矣」解釋為「人能徹底運用其理性，就能知道他的本性，如果他能知道自己的本性，便能知道他的天命」

（181）。而張深切認為理性、意識與感情，主觀與客觀，其實並不容易區分；意識在諸識中最強、最為靈妙，居於感情與理性之間，有時能左右情感理性，決定人的思考行動。而正因我們「所意識的世界，人生、科學、道德、思想及其他種種的事物都很不完整」，因此，張深切認為必須依賴批判，也就是「虛心格物致知」，以確保正確的意識與正覺，為行為做出最正確的決定（187）。

提到批判的觀念時，張深切將其與康德的純理性批判分開，只將它定義在一般的批判，認為「批判必須要有虛心的準備，精博的學問，及正確的意識條件，纔能中肯。因為虛心，所以毫無邪念，無邪念所以能保持正覺，然而正覺必須要有知識為前提，知識不廣，學問不深，不能得到正確的意識，沒有正確的意識，便不能有純正的判斷」（188）。張深切指出當代人多傾向客觀主義，但其實主客觀容易混淆，主張必須以《中庸》的「率性、修道」、《大學》的「格物致知」、孟子的「盡心」、王陽明的「致良知」，尤其是老子的「致虛極，守靜篤」，對意識的對象做理性的批判。張深切這篇文章的基本立場，在於修正西洋理性批判的原理論與對客觀主義的迷信，而代之以中國古哲學的實踐倫理學，尤其是老子「致虛極，守靜篤」的理性批判態度，藉由這些中國哲學所指示的方法，獲得確實的知識。張深切在中國古哲學理裏挖掘理性批判精神，雖然對「理性」「批判」的定義仍不明確，但仍是個打破東洋／西洋哲學、唯心／唯物論與主觀／客觀主義二分法鴻溝的嘗試。

三、張深切《孔子哲學評論》對孔學、儒學與諸子百家思想的理性批判

《孔子哲學評論》本來是張深切對中國哲學研究系列的開端，他原來計畫從老子哲學開始著手，但後來因為孔學與儒學是中國傳統文化中心，而決定先從一般人熟悉的孔子哲學先寫起。在這本書中，張深切以實利主義為準則，重新對孔學、儒學與諸子百家思想做理性批判，挖掘出中國古哲學知識論與實利主義的傳統。張深切對中國哲學的研究，有強烈建立新哲學觀點的企圖心；他博覽歷代學者對孔子、儒學與諸子百家的研究，並引用或反駁當代中國學者胡適、梁啓超、馮友蘭、楊筠如、陳元德、方授楚、郭沫若、陳啓天、曹謙等人，及日本學者宇野哲人、武內義雄、佐藤清勝、伊福部隆彥、蟹江義丸、木村鷹太郎等人，對中國哲學與諸子思想的研究，以老子「致虛極，守靜篤」虛心的理性批判態度，根據實利主義的原則，解析各家思想要點，重新賦予中國各個古代哲學流派評價。張深切的基本立場，是同時肯定

科學與倫理，著重知識論與倫理學，站在實利的觀點，試圖跨越唯心／唯物論與主觀／客觀主義二分法的鴻溝，最後建立出立足於老子哲學的新中華文化。這種調和式的觀點，乃依循日治時期具啓蒙思想的舊文人的新文化路線，而與陳獨秀主張爲了整個民族的生存必須與中國傳統徹底斷裂、消滅整個中國傳統文化，或胡適懷抱易卜生的個人主義、邊沁功利主義與杜威實證主義，全盤否定理學唯心傳統的極端做法，大異其趣。

在《孔子哲學評論》中，張深切評論整個儒學的發展：從孔子、孔門弟子、孟子、荀子、秦漢儒學、唐宋儒家到二程。他主張孔子哲學是最近人情、以「人」爲本位所建立的中庸哲學，其本質本無明顯的唯心主義，但其「用語時而有唯心主義的色彩，時而亦帶有唯物論的色彩與客觀主義的傾向」（509），認爲《論語》中「好仁不好學，其弊也愚」、「視其所以，觀其所由，察其所安……」等語，均足証孔子的客觀精神。張深切稱孔子是中庸的現實主義者，而其學說「可以說是經驗和實踐的唯人哲學」（510），但自漢武帝實施獨尊孔制以來，孟子學說滲透孔學，及至宋明清，孔孟學說混爲一體，「唯心論得勢，保守派掌握天下，把中國造成科學落伍的國家」（535）。張深切蓋觀儒學自孟荀起，便開始偏離孔學：「儒學自孟、荀以後，加速變質，至宋更變本加厲，明道擁護孔、顏，伊川支持孔孟，摒棄荀子，脫離孔學越遠；及至朱熹、陸、王時代，互相分派鬥爭，……致使儒學面臨科學而畏縮」（230～1）。他反對胡適、梁啓超等人，將老莊視爲造成中國社會與學術進步的最大阻力，而認爲造成中國社會與學術保守落後的，乃是當家的儒學。

張深切將春秋戰國時代的言論，分爲兩大派別，一爲知識學派，一爲道理學派（即經學派）；知識學派以老莊、楊朱、墨子、惠施、公孫龍、桓團爲代表，道理學派以儒學爲代表，而在儒學獨尊後，中國的知識學派遭到道理學派全面的壓制。張深切在本書中，重新一一評價這些受後儒壓制、而遭曲解的學說，目的在還原這些中國古代知識學派的面貌，重新建立其地位。在評價老子哲學的部分，張深切主要反駁梁啓超對老莊哲學的曲解。他批評梁啓超在《先秦政治思想史》中，認爲「道家之大惑，在以人與物同視」，將道家視爲「不體驗人生以求自然」，而嚴重誤讀老子思想。張深切認爲老莊要人順應自然，「旨在叫人認識自然之爲何物，叫人不可矯揉造做，戕賊人性，絕非叫人不得戕賊自然之意」（278）。他指出《老子》下篇「甘其食，美其服，安其居，樂其俗……」，即老子強調實利，主張爲政者致力於民生之意：老子

的自然主義只是主張為政者不可鼓勵無用的慾望，使人心昏亂，爭名奪利互相爭鬥殘殺，而並無不可開發或利用自然之意。張深切並且駁斥梁啟超認為道家學說造成中國民性柔弱的性格的說法，認為老子從未提倡怯弱主義，而是以柔弱對付剛強，以期達到和平的勝利，接近甘地的無抵抗主義，看似消極，但在另一方面卻極為積極。在墨學評論的部分，張深切與胡適一致，贊同其創始方法論、重視科學、提倡實利主義與兼愛非功的博愛和平思想，而嚴厲批評梁啟超空言道德、批評墨子「計算效用之觀念，根本已自不了解人生之為何」的說法。在評論楊朱哲學的部分，張深切則否定胡適將楊朱解釋為厭世家與悲觀主義者的說法，認為楊朱乃循老子自然主義倡議「為我主義」，是「從性而遊，不逆萬物所好」的樂天主義者，並指出馮友蘭未承認楊朱為知識派學者之誤，認為楊朱甚至可說是古代唯一的社會學家。

　　整體而言，張深切以務實、科學、理性、批判、實利的啟蒙思想為批判的準則，在《孔子哲學評論》中，以實事求是的客觀理性精神，閱讀諸子百家原典、廣泛蒐羅歷代與當代學者的評論，逐一釐清評論或駁斥，重新與予評價。張深切對理性批判與科學精神的重視，使他在《孔子哲學評論》的緒論中，特別以〈哲學與科學〉為題，強調必須使哲學科學化，讓中國哲學起死回生。他針對歐戰後，一片對科學的責難聲、與部份人所提倡「消滅科學文明以拯救人類」的說法，加以反駁澄清：「其實，科學依然是最可靠的學術，它與哲學同為人類所創造的文化，人為善則善，為惡則惡，它本身毫無罪過，因為學問本身沒有意志；吾人唯有敲它的門，致知格物，研究到底，始能發現所謂真理……哲學必須依靠科學，使哲學科學化，維持其認識批判的使命，這樣哲學才能起死回生」（72）。張深切談的雖然是哲學與科學的關係，但他對科學與理性批判的堅持，與他彰顯中國古代知識學派的立場，密切相關。張深切這個立足點，異於梁啟超於歐戰後對西方科學實利主義的反省，也與新儒家熊十力、梁漱溟、牟宗三等重視東洋唯心傳統的路線大異其趣。而儘管張深切重視科學、理性、批判，致力重建中國古代知識學派的地位，卻也同時修正唯物論者對抽象道德的漠視。在本書中，他在修正中國文化對儒學唯心論的傾斜、重新發揚中國古代哲學的知識學派傳統的同時，卻一方面保留道理學派的價值，肯定孔學大同主義、中庸哲學與仁義說。例如，張深切認為中庸為孔子哲學的原理論，「亦堪稱為世界哲學的一大哲理」，聲稱孔學不只是一種處世的學問，事實上也是一種哲學：「如果將孔學整理為有系統的

學說，不僅可列爲哲學，且將成爲價值甚高的哲學」（329）。因此，張深切的態度，是肯定科學卻不迷信科學，以科學方法與最可能的客觀精神，重新評價中國古代哲學。而張深切雖然受整理國故運動的影響，主張以科學分類疑古實證的方式重新挖掘評價古代典籍，並且也和五四啟蒙者一樣依西方啟蒙思想的標準，推崇墨學與其他中國古代知識學派的博愛、實利、科學與尚賢的民主精神；但他以虛心的態度，混雜、調和東西文化唯心／唯物論與道德／科學二分法的實利文化觀點，大致上是依循明治啟蒙者至日治時期台灣具啟蒙意識的舊文人的路線，繼續思索的，這與陳獨秀、胡適等五四啟蒙者的激烈反對儒學唯心傳統，及梁漱溟、熊十力、车宗三等新儒家搭起東西唯心論橋樑的做法，在思想立足點上，有顯著的差異。

第六節　結語：日治時期舊文人及張深切的新文化觀所建立的台灣觀點

　　從前現代過渡到現代的轉變中，日治時期的台灣社會與文化，同時受到殖民母國、殖民政府與文化祖國啟蒙與現代化運動的影響，處於各種思想雜燴的文化邊陲曖昧地帶。而在被殖民情境下東西方文化如此混亂的交會中，日治時期具有啟蒙意識的舊文人：魏清德、林幼春、黃純青、連橫與「彰化崇文社」、「台灣文社」的社員等，是台灣島民中，最早自發性關切建立新文化與融合東西文化的議題的一群人，並且在東西文化哲學議題的探討上，也比新式文人思考得更爲深刻與持續關心。這些日治時期具有啟蒙思想的舊文人，同時受到戊戌維新的影響，並且在台灣總督府建立在東洋道德基礎的現代化建設中，深受明治啟蒙模式的啟發，而主要依循明治啟蒙的文化調和路線。他們對東西文化道德／科學、唯心／唯物的衝突，採取調和兼容的態度，十分具有實利與科學的精神。對於各種思想的匯入，他們展現驚人的包容力，以寬廣接納的溫和態度，接納吸收所有有利於台灣眞實的思想。從「台灣文社」對西方啟蒙思想大量的引介、不落入唯心／唯物論的文化觀之辯、較重視「孔墨並尊」而非「非儒」言論、連橫的「世界主義」等等，都展現出日治時期具啟蒙思想的舊文人這種寬容納匯的調和新文化觀。

　　張深切的新文化觀，重視科學、理性、實利、博愛的精神，試圖彌合唯心／唯物論的鴻溝，並以老子至柔靈活的自然主義，做爲再創中國文化盛況

的新契機。他與日治時期具啓蒙思想的舊文人一樣，都受到明治啓蒙模式與五四啓蒙以來文化哲學論述的影響，而其所採取的文化調和觀，主要依循明治啓蒙文化調和的路線，也與日治時期具啓蒙思想的舊文人採取的路線一致。只是，張深切的新學訓練，使他得以比日治時期具啓蒙意識的舊文人更具有西方哲學理性批判的精神與科學方法，進一步以分類、系統化的方式，整理出中國古代哲學流派與儒學歷代的發展，以理性批判的方式，重新展現中國古代哲學的現代意義。可以說，張深切的調和文化觀，與其對世界文化思想所表現出的寬容接納態度，正是沿襲日治時期具有啓蒙思想的舊文人，所發展出來的特殊模式，而其懷抱世界主義與特重靈活的實利主義，則更不啻延續日治時期具啓蒙思想的舊文人的思想特質，代表了在被殖民情境下，日治時期的台灣所發展出來的特殊文化哲學觀點。

附錄一　1918～1926 年彰化崇文社《崇文社文集百期彙刊》中與啓蒙意識有關之每月徵文題目

出版日期	期　號	徵文題目
1918／2	第二期	〈養苗媳及蓄婢弊害議〉
1918／5	第五期	〈賭博弊害說〉
1918／6	第六期	〈破除迷信議〉
1918／11	第十一期	〈淫戲淫書禁革議〉
1919／1	第十三期	〈矯正邀奴侑觴之弊害議〉
1919／2	第十四期	〈婚禮改良議〉
1919／3	第十五期	〈台灣青年自覺論〉
1919／9	第二十一期	〈孤兒院建設議〉
1919／10	第二十二期	〈國民性涵養論〉
1920／1	第二十五期	〈台灣大學建設議〉
1920／1	第一期臨時課題	〈阿片煙害論〉
1920／7	第四期臨時課題	〈家庭副業獎勵策〉
1920／8	第三十二期	〈文明說〉
1920／12	第三十六期	〈假公行私妨害社會論〉
1921／3	第三十九期	〈義務與權利並行論〉
1921／8	第四十四期	〈花柳病妨害人種論〉
1921／10	第七期臨時課題	〈同姓結婚利弊論〉

1922／6	第五十四期	〈公德私德並重〉
1923／4	第六十四期	〈新學說利害論〉
1924／9	第八十一期	〈論自由結婚之得失〉
1924／10	第八十二期	〈爭權奪利不顧社會論〉
1925／1	第八十五期	〈東西文化比較論〉
1925／10	第九十四期	〈道德無新舊說〉
1926／3	第九期臨時課題	〈眞自治促進論〉
1926／4	第十期臨時課題	〈尊重人格論〉
1926／11	第一百○七期	〈世界大同論〉

附錄二　1930 年台灣儒墨論戰篇目一覽表（改寫自翁聖峰〈一九三○年台灣儒學、論戰墨學〉）

作　者	出版刊物	出版日期	篇　名
黃純青	台灣日日新報	1930／4／14	〈兼愛非無父論〉
黃純青	台灣日日新報	1930／4／20	〈兼愛非無父論（續）〉
黃純青	台南新報	1930／5／1	〈兼愛非無父辯〉（同 4／14 內容）
黃純青	台南新報	1930／5／3	〈兼愛非無父論（續）〉
顏笏山	台南新報	1930／5／7	〈兼愛非特無父並無倫常〉
杏壇小使	台南新報	1930／5／14	〈孔教與墨教大相懸殊論〉
孔家店守衛	台南新報	1930／5／14	〈駁墨子兼愛論〉
吳金土	台南新報	1930／5／14	〈墨子兼愛言過其實 弊害甚多論〉
王子典	台南新報	1930／5／23	〈讀兼愛非無父辯等論書後〉
黃純青	台南新報	1930／5／24	〈儒墨相非〉
失名	台南新報	1930／5／29	〈兼愛論〉【爲兼愛論辯解】
失名	台南新報	1930／5／30	〈兼愛論（續）〉
劉魯	台灣日日新報	1930／6／5	〈讀黃子所論墨子〉
黃純青	台南新報（夕）	1930／6／10	〈兼愛論「答昭和新報」〉
連橫	台灣日日新報	1930／6／15	〈墨子棄姓說〉
顏笏山	台南新報	1930／6／16	〈是眞墨者乃非儒是眞儒者必非墨（一）〉
顏笏山	台南新報（夕）	1930／6／16	〈是眞墨者乃非儒是眞儒者必非墨（二）〉

連橫	台南新報	1930／6／19	〈墨子棄姓說〉【與6／15內容同】
黃純青	台南新報	1930／6／20	〈讀顏先生兼愛論〉
黃純青	台南新報	1930／6／21	〈讀顏先生兼愛論（二）〉
張純甫	台南日日新報	1930／6／23	〈墨子非墨家之祖說〉〈墨子害死親兄說〉
連橫	台南新報	1930／6／24	〈墨為學派說（一）〉
連橫	台南新報	1930／6／25	〈墨為學派說（二）〉
黃純青	台南新報	1930／6／26	〈讀儒墨論質顏先生〉
蘇鏡瀾	台灣日日新報	1930／6／26	〈讀黃顏兩氏儒墨論〉
黃純青	台灣日日新報	1930／7／1	〈讀許先生孔墨論有感〉
天南	台灣民報	1930／7／12	〈孔墨並稱說〉
林述三	南瀛新報	1930／7／12	〈墨考（姓、地、教）〉
連橫	台灣日日新報	1930／7／14	〈墨子非鄭人說 與張純甫氏書〉
張純甫	台灣日日新報	1930／7／21	〈儒墨相非果始於墨翟父子兄弟說〉
黃純青	台灣日日新報	1930／7／22	〈楊墨論〉
張純甫	台灣日日新報	1930／7／31	〈非墨十說 自序〉
張純甫	台灣日日新報	1930／8／4	〈非墨十說非利說〉（一）
張純甫	台灣日日新報	1930／8／6	〈非墨十說非非命說〉（二）
張純甫	台灣日日新報	1930／8／11	〈非墨十說非非樂說〉（三）
張純甫	台灣日日新報	1930／8／12	〈非墨十說非非禮說〉（四）
張純甫	台灣日日新報	1930／8／15	〈非墨十說〉
張純甫	台灣日日新報	1930／8／18	〈非墨十說非非儒說〉（五）
張純甫	台灣日日新報	1930／8／20	〈非墨十說非非攻說〉（六）
張純甫	台灣日日新報	1930／8／22	〈非墨十說非兼愛說〉（七）
張純甫	台灣日日新報	1930／8／23	〈非墨十說非非攻說〉（八）
張純甫	台灣日日新報	1930／8／24	〈非墨十說非務本說〉（九）
張純甫	台灣日日新報	1930／8／26	〈非墨所以愛墨說〉（十）
小野西洲	台灣日日新報	1930／8／27	〈論墨子〉
小野西洲	台灣日日新報	1930／8／31	〈論墨子〉
小野西洲	台灣日日新報	1930／9／2	〈論墨子〉

第七章 新文化主體雛型的建立：烏托邦的想像——在二十一世紀的台灣回看日治時期啓蒙者與張深切對人類理性精神的樂觀主義

第一節 日治時期啓蒙思想的現代性：具務實、靈活性與烏托邦理想的新的「文化主體」雛型

　　日治時期的啓蒙運動，在被殖民的情境下，自 1910 年代晚期至 1930 年代中期，熱鬧澎湃地展開來，被用以做爲各派社會政治運動的先導或替代，以引介西方自由主義、馬克思主義與理性科學傳統爲主，並介紹明治啓蒙與五四啓蒙對西方啓蒙思想的應用情形，具有務實與靈活的特色；雖然也包括建立理性宗教觀與重新評價整理中國古代哲學思想的部分，相對而言，一般較缺少對文化哲學議題深入的探討。除了傳統文人的投入外，日治時期的新式知識份子啓蒙者，由於急於引進西方自由主義與社會主義傳統，做爲對抗總督府壓迫的抗爭利器，在文化思想議題上，普遍著力不深，也在引介各種西方思想時，並不做深入的理論探討。但儘管如此，日治時期啓蒙思想觸角所及的層面，卻相當多元、廣泛，並且清楚地烙印西方啓蒙思想的解放人類於愚昧及自私的狀態的理想性，展現出驚人的活力與號召力。而在深受日本帝國主義所苦的情境下，日治時期的左右派新舊知識份子啓蒙者，因爲啓蒙自由博愛思想的普遍主義的影響、並且假戲眞做日本大東亞共榮圈的理想，

採取放棄完整型民族主義的排他性，在其漢民族意識中，帶有相當的世界主義成分，以全體人類爲思考單位，將台灣視爲東亞和平、甚至是世界和平的關鍵，具濃烈的理想主義色彩。

　　誠然，高舉西方啓蒙理性與自由平等理想口號的日治時期啓蒙思想，有某種被壓迫民族在強權的壓制下、爲解放民族所做的道德宣示的意味，在現實社會政治世界嚴苛的考驗下，顯得脆弱而虛幻。加上，日治時期啓蒙者對西方思想的理解，也並非有系統、深入的，而是破碎、片段、浮淺且常是自由解釋的。但整體而言，那是個充滿烏托邦理想性的文化思想改造運動。日治時期台灣右派啓蒙者與具啓蒙意識的舊文人，得力於明治啓蒙與五四啓蒙的經驗，考量特殊的被殖民情境，挪用西方啓蒙思想的自由、平等、博愛、與理性科學精神，將之建立在東方道德哲學與合乎理性的宗教思想的基礎上，幫助由前現代進入被殖民地現代資本主義的台灣社會，建構出含有強烈道德宗教意味的現代性；另一方面，左派啓蒙者以社會主義階級平等觀所進行的社會改革，以解放世界爲理想及全體人類爲思考單位，對未來同樣懷抱著烏托邦的想像。可以說，日治時期台灣啓蒙者，循著啓蒙思想的普世性、打破「我類」與「他者」分野的寬容與接納，已然寓有建立台灣社會爲以啓蒙自由、平等、均富、博愛、與理性科學精神爲藍圖的烏托邦理想國的企圖心。

　　事實上，日治時期台灣啓蒙運動，雖然在爭取台灣島民的生存空間上，立場堅定，但在文化思想方面，並非清楚劃分殖民者與被殖民者、「我類」與「他者」的對立運動，而是與殖民者之間，複雜的共謀、交涉、滲透、轉化過程的產物。以 Homi Bhabha「仿擬」（mimicry）的觀念解釋，那是一種類似自然生物的擬態，使自己隨著環境變色、變形，挪用「他者」以便運用力量的複雜的改造、規範策略（<u>The Location of Culture</u> 85～6）。它打破殖民與被殖民間簡單的關係，不但明治啓蒙的經驗、其文化調和的模式，深深影響台灣啓蒙者，當代日本左右派份子參與並支援台灣啓蒙運動，殖民者的新式教育也有助於推動這個從台灣島人觀點出發的啓蒙運動；而另一方面，殖民母國的部分非自由派及非社會主義人士，也在台灣啓蒙者的努力下，先後共同推動以日台平等同化爲目標的「同化會」、「東亞共榮協會」等組織，殖民政府則積極拉攏舊式文人，本身也在被殖民者的爭取與推動之下，釋出小部分參政權。可以說，啓蒙思想的理性、自由博愛的信念，鬆動殖民者與被殖民者之間對立的關係，增加政治與文化權力結構的不確定性，也造成日治時期台

灣啓蒙者，自我認同觀念的變調，產生根基於自由與理性原則的「世界公民」
的意識。因此，我們如果將此被殖民經驗中產生的認同變調，簡單地詮釋爲
日本奴化教育的成功，便可說全然忽略殖民者與被殖民者之間交涉的複雜過
程，無視於日治時期啓蒙思想的濃厚烏托邦理想性，以及理性與現代性的自
我創造性、與其普世價值觀對個人所造成的自我認同的改變：個人的主體性
自由、個人與民族及政府的關係、個人在歷史的位置等等。

　　在這場自發性的台灣社會與文化思想的啓蒙改造運動之中，日治時期新
舊左右派知識份子，蜂湧地投入啓蒙的行列中，形成光譜極細微而多彩炫目
的思想譜系。以 Homi Bhabha 對被殖民地文化形成的概念來解釋，日治時期
啓蒙思想的百花齊放，是一種相反於一致、協調與「自我」「他者」涇渭分明
的文化雜燴歷程（a process of hybridity），具啓蒙意識的傳統文人、右派自由
主義民族主義者、草根農工運者、左派社會主義國際主義者，從各自的角度
出發，對殖民者的統治、傳統社會與文化、西方與明治和五四啓蒙思想、國
際現勢等等面向，進行對話、相互滲透與再造，而勾勒出台灣新文化眾聲喧
嘩的熱鬧景象。而日治時期台灣啓蒙運動，在這片啓蒙左右派光譜色調繁多、
看似混亂的炫目現象之上，有啓蒙理性做爲指引，帶有寬容的宗教情懷，呈
現出或多或少的共同思想特徵——對理性的信仰、懷抱世界主義與對和平的
信念、對啓蒙思想自由平等博愛普世價值的信奉、對歷史與文明進步的信念、
對科學實利主義的運用、對調和個人主義與社會群體的信念、對建立新道德
與理性宗教觀的要求等等。整體而言，在現實政治環境的艱險中，日治時期
的啓蒙者，雖然極力攻擊台灣總督府的專制、揭露台灣島民被壓迫的痛苦情
狀，對超越一己、一族、一國的文明進化觀、世界主義與人類理性，卻依舊
懷抱著相當樂觀的烏托邦想像與信念。

第二節　張深切啓蒙思想在日治時期啓蒙運動的指標
性意義

　　在日治時期的啓蒙運動中，張深切不同於大多新式知識份子對文化議題相
對的忽視，而從早期的革命行動出發，最後沉潛於文化哲學思考與文藝活動中，
而發展出具獨創性的文化哲學觀。張深切或者因此被譏諷爲，退縮於具體社會
政治改革活動的「文化至上」主義者，而事實上，他卻是刻意走上文化哲學思

考之路，而在以社會政治運動爲最終考量的日治時期啓蒙者中，稱得上是最具啓蒙理性批判精神與普世價值觀及文化遠景眼光的啓蒙者，其思想內容對日治時期啓蒙運動所建立的現代性而言，具有指標性的意義。張深切曾明白地表示對日治時期台灣啓蒙運動中，注重社會政治面向、而輕視文化深層思考的做法，深不以爲然。在 1941／5／27《台灣文學》創刊號中發表的〈偶成〉一文中，張深切對日治時期啓蒙運動偏向短視的社會政治運動操作、因而錯失產生台灣獨特文化的機會一事，表達了扼腕與懊惱之意：他批判 1920～30 年代的啓蒙運動，錯失建立台灣獨特文化的始末：「居於台灣之指導立場的上層階級，過去由於過分熱衷於政治運動，因此忽略了文化問題，更放棄了台灣之固有文化，也疏忽了將此活用之工作。雖然我們屢次提醒當時的指導階級，但搞政治鬥爭搞得昏天黑地的他們，根本沒有傾聽我們意見的度量，更沒有虛心接受的餘力。／後來，我們承襲疲於鬥爭的指導階級之後，建立起文化陣容，但由於過去惰性未能更改，因此未能建立起鞏固陣營」（《張深切全集卷 11》294）。張深切奉行啓蒙理性與自由平等博愛觀，至死不改其實踐文化啓蒙事業的初衷。1961／7／26 在他病中寫給兒子張孫煜的信中，張深切猶唸唸不忘啓蒙工作：「……如果我的命運還容允我爲台灣、爲人類做點事，我活下去尚有些意義，否則此生有何惜哉!」（《張深切全集卷 11》404），這段文字，清楚地透露出張深切對實踐其啓蒙理念，是抱持極大的熱情的。

而雖然經歷了日本殖民壓制、東亞戰爭、終戰後二二八與白色恐怖的惡劣政治現實，張深切對人類的理性，依舊擁有無疑的信心，對歷史與文明進化的可能性，也懷抱樂觀的希望。他的啓蒙思想，清晰地烙印著當代台灣啓蒙者對思想自由與理性精神的樂觀信念、以及濃厚的烏托邦理想色彩的印記。在 1961／5／5 寫給兒子張孫煜的家書中，張深切猶站在對啓蒙理性深信不疑的立場，認爲只要享有眞正思想的自由與理性批判，天下自然太平：「我以爲知識不可以獨占，思想不可以抑壓，然而，世人多欲獨占知識……，壓迫思想，企圖把持永遠控制權，是以舉世大亂。如果能消除一切的秘密，放開言論自由，天下自然太平」（《張深切全集卷 11》392）。張深切這種對思想自由如此樂觀的說法，在經過台灣民主政治實踐層面的檢驗後，雖然已經被撞得粉碎（伴隨言論與思想自由的，不是公平與眞相，而是政治力的角力與漫天的謊言和猜忌），但是，張深切便是立基於這種最大自由心智的概念，一步步探索出自己的理路，對當代所能接觸的一切古今東西的文化哲學思想與

政治宗教的種種流派，逐一加以探討、思考、批判、吸收，書寫成其深具啓蒙理性、唯物辯證史觀、宗教博愛精神，靈活實利的文藝、文化哲學思考與政治觀察。也因此，他對文化問題的思考，幾乎囊括了日治時期各派啓蒙者的文化、政治、哲學、宗教思考議題，爲新舊式文人、啓蒙自由主義派與社會主義派、東西洋文化、宗教與科學、唯心與唯物論的思想交叉口，卻又同時能清晰地建立出從台灣人出發、以人類爲思考單位的、根據靈活實利原則、歷史唯物辯證觀的啓蒙思想體系。

　　在日治啓蒙運動的氛圍裡，張深切以理性批判的虛心客觀態度，持續深入思考當代台灣人所面臨的種種民族、文化、文學、哲學、科學、政治、宗教等議題，企圖聯繫各種看似混亂各說各話的當代思潮，縫合其思想間的矛盾，建立出完整、可以依循的思想體系。在民族議題上，張深切的民族建構觀，呼應了其他當代台灣啓蒙者對民族問題的思考，以啓蒙理性與博愛的普世價值，調和民族主義的特殊性，建立出超越以差異性與「我族／他類」觀爲基礎的民族意識，使漢民族意識與世界主義結合一起。在文化哲學議題方面，雖然歐戰以來，中國與日本思想界，有中國新儒學、日本國粹派等強烈質疑西方科學與理性主義的聲音，張深切卻堅持在不迷信科學與理性的前提下，肯定科學仍爲人類文明最可信賴的產物，主張善用科學之力，以唯物辯證史觀與理性科學態度，重新解讀中國古代哲學的現代意義，一方面以唯物辯證解讀老子思想，一方面以啓蒙思想的自由、民本與理性科學的價值爲判斷基準，讓中國文化再度與世界文化接軌。在政治議題方面，張深切放棄馬克思的階級說與經濟決定論，最後投向啓蒙右派，接受英美自由主義的「外部自由」傳統，主張思想言論自由觀、邊沁的功利主義、民主代議政治，以及明治啓蒙的個人與群性的調和觀，主張個人的思想自由卻反對原子式的個人英雄主義，而強調啓蒙者的社會責任。在文學議題方面，張深切綜合啓蒙理性批判精神、實利主義、歷史唯物論與老子道德經的辯證法，提出反映眞實台灣情況的「道德文學」路線，反對以任何「主義」掛帥的文藝路線，理論近似西方馬克思主義的文化研究方法，這可說是張深切對日治時期左派啓蒙思想，最重要的創建與貢獻。而在宗教議題上，張深切雖未曾參與宗教活動或具體提出理性宗教內容爲何，但他從人本角度解讀各大宗教，反對宗教迷信，而主張博愛、實利、平等、自由的宗教情操，呼應日治時期台灣啓蒙者的理性宗教觀，並進一步預測道德宗教議題，在未來世界所將扮演的亮眼

角色。在文化哲學議題上，張深切以理性批判的原則，以肯定西方的科學與理性、東方哲學的實踐倫理學爲前提，試圖調和西方科學唯物論與以老墨思想爲主的東方道德之學，爲日治時期傳統文人文化哲學思考的集大成者，也可說是張深切身爲文化民族主義者，最重大的貢獻。

如此，在日治時期台灣被殖民情境建立現代性的歷程中，張深切探討日治時期台灣各個文化面向，提出了與孟子以來至宋明理學的唯心傳統（而非與孔學）斷裂的文化哲學觀，以西方科學理性批判精神與自由實利博愛觀爲基準，持唯物辯證與科學方法，重新挖掘建構新的中國哲學體系，事實上，毫無疑問地可說是西方啓蒙思想繼承者，也典型地反映了，日治時期台灣啓蒙者普遍對西方啓蒙思想的強烈信念。張深切啓蒙思想所建立的現代性，採取明治啓蒙模式的調和主義，立足於西方科學理性自由與唯物辯證傳統，回看中國古哲學傳統，以東方道德哲學修正西方啓蒙工具理性的偏差，並依據台灣現狀，摸索建立起適合台灣本土現代性的文化哲學思想，實則代表了日治時期啓蒙者普遍的啓蒙思想模式。

但不可諱言，張深切忽左忽右、自由地翻譯借用西方思想的方式，最根本的原因之一，仍在於，嚴格說來，日治時期的台灣，並無足夠的社會基礎，使這些西方啓蒙思想穩穩地紮根發展。日治時期，台灣只有帝國資本家（三井、三菱、鈴木等）、極少數本島資本家（林本源、辜顯榮、陳中和等）與大地主、小部分的小資產階級（大多數日治時期右派屬於這個階級）、與絕大多數的農工無產階級。缺乏了發達的中產階級，使自由主義無法眞正紮根，而缺乏發達的資本主義，也使得少數左派份子在「第三共產國際」的號召下，直接跳過從資本主義到社會主義的階段，集結與鼓吹宣傳無產階級運動。因此在缺乏眞正社會基礎的支撐下，當時對西方啓蒙思想的挪用與翻譯，基本上，乃是由社會少數精英份子所發動的由上而下的思想改造運動；在缺乏眞實成熟的社會經濟文化發展的支撐下，啓蒙者對西方啓蒙思想的挪用與翻譯，因而顯得浮淺、拼湊、搖擺而混雜。無論是日治具啓蒙意識的舊文人、具左派思想的小資產階級王敏川、賴和等，其納匯百川的思考模式，除了是受明治啓蒙思想模式的影響之外，其實也正反映了他們對西方啓蒙思想破碎、片段與浮淺的理解方式。而張深切龐雜矛盾、左右搖擺、實利而仍稍顯浮淺的思想，其實也正可做爲日治時期啓蒙者思想模式的範例，而具有指標性的意義。

第三節　啓蒙理性的守衛者：從後殖民、後現代的流行，回看張深切思想的現代性意義

　　在後殖民、女性主義與後現代理論、後結構主義注重探討文化「多元」、「特殊性」、「相對性」與「權力結構」的思潮趨勢裡，台灣的學術界自然也深受這些世界性文化潮流的影響。從學院裡的文化研究熱潮以及對女性主義、後殖民主義、後現代主義、解構主義理論的熱烈引進與應用，都反映出台灣學者對民族、族裔、階級、性別等著重特殊性與政治權力運作層面的議題，與著重解構的後現代與後結構主義，其興趣似乎大於對啓蒙理性普遍性與共相的研究。然而，在這樣普遍質疑啓蒙理性共相的文化氛圍裡，回看張深切與日治時期啓蒙運動在歷史上走過的痕跡，事實上，正足以刺激我們思考整個西方啓蒙傳統與日治時期啓蒙運動，在目前全球化時代的意義、與台灣文化在全球化趨勢中未來走向的問題。

　　整體觀之，張深切與日治時期啓蒙者，在艱難的現實政治環境中，對啓蒙理性科學與自由博愛普遍性的樂觀堅持，事實上，與西方左派知識份子領袖哈伯瑪斯（Jürgen Habermas 1929～）對啓蒙理性普遍性的樂觀態度，十分近似。日治時期啓蒙者普遍懷抱世界主義，以台灣爲中日橋樑、東亞與世界和平的關鍵的主張，與哈伯瑪斯的政治主張精神一致。在其政治論文集中，哈伯瑪斯站在人本主義與啓蒙理性的立場，呼籲成立一個「非民族化」「非國家化」與「非邊界化」的世界公民社會，使自由、民主、公義、和諧與解放，成爲人類的共同目標。他並呼應康德的永久和平主張及世界公民的說法〔註1〕，預言全球化將使民族國家消失。哈伯瑪斯堅持理性爲人類的共性，反駁後現代主義者對整體與同一概念的攻擊，認爲「只有當整體與同一性透過反民主、不公正的程序、依靠權力和暴力手段建立起來時，才是虛假的，壓抑個性的」（The Past as Future 166）。哈伯瑪斯提出交往行爲理論，主張以虛心的「眞實性、正確性、眞誠性」的語言交往，以重建交往理性的方式，互爲主體，將共識建立在對個性與多元的承認之上，而達致理解。哈伯瑪斯雖然也贊成不可盲目崇拜理性，而「應該理性地審視我們所具有的理性，並且看到它的界限」，但他堅持啓蒙理性，認爲「只有繼續啓蒙才能克服啓蒙帶來的弊病」，而「不能像扔掉舊外套一樣，拋棄受康德思想所主導的這種現代性的

〔註 1〕　參考 Habermas, Jürgen.Die Postnationale Konstellation: Politische Essays.《後民族格局——哈伯瑪斯政治論文集》曹衛東譯。台北市：聯經，2002。

基本特徵」（<u>The Past as Future</u> 133）。

　　張深切雖然沒有像哈伯瑪斯一樣，從語言交往的互動觀點發揮理性的意涵，但他主張以眞誠虛心的理性批判觀察台灣的眞實情況，其理性觀近似哈伯瑪斯。張深切在艱難的政治現實、日本國粹派與中國國粹派與新儒學對西方科學理性的強烈懷疑、與兩次大戰後世人對西方科學理性普遍的失望情緒之中，依然強調啓蒙傳統的理性批判精神，將其解釋爲融通東西文化表面差異的共同精神所在，爲超越個人、族裔、民族限制的共相，而主張依此建立共識，解放人類於愚昧或野心的互相攻擊狀態，通向建立世界和平的途徑。在他的〈理性與批判〉一文中，張深切清楚定義「理性」爲「人從自己的良心要求眞理的理念的這個能動性就是理性」，並認爲此理性與孟子的「盡心、知性、知天」與陸象山的「心即性」、王陽明的「性即理」的理性觀相近；而又將「理性批判」定義爲由經驗獨立得來的一切認識所關的理性的能力的批判，必須具備虛心的準備、精博的知識、與正確的意識條件，才能中肯，這與以教條主義爲宗的獨斷論及虛無的懷疑論並不相同（《張深切全集卷三：我與我的思想》181）。張深切主張虛其心、理性批判分析現實的做法，反映出從古希臘到康德的啓蒙傳統裡，對理性普遍性與自由博愛理念的堅持及樂觀的態度；張深切並試圖融合儒家思想對人類先驗理性的主張，證明這種「放諸四海皆準」的理性，也存在於儒家思想之中。張深切這種對普遍理性的信念，近似哈伯瑪斯對人「類」理性普遍性的堅持與對理性的樂觀看法。

　　1999／8／14，哈伯瑪斯在德國法蘭克福自己家中接受我國學者章國鋒的訪問，回應其所提出來的傅科批評自己交往行爲理論爲「交往烏托邦」的看法時，如是說：

　　　　我以爲，絕不能把烏托邦（Utopia）與幻想（illusion）視爲相同。
　　　　幻想建立在無根據的想像之上，是永遠無法實現的；而烏托邦則蘊
　　　　含希望，體現了對一個與現實完全不同的未來的嚮往，爲開闢未來
　　　　提供精神動力。烏托邦的核心精神是批判，批判經驗現實中不合理、
　　　　反理性的東西，並提供一種可供選擇的方案。它意味著，現實雖然
　　　　充滿缺陷，但應該相信現實同時也包含了克服這些缺陷的內在傾
　　　　向。我們必須肯定啓蒙理性的歷史成就，相信社會進步的邏輯。許
　　　　多曾經被認爲烏托邦的東西，透過人們的努力，或遲或早是會實現

的，而這已經被歷史證實。

（<u>The Past as Future</u> 162～3）

哈伯瑪斯承認自己的交往行爲理論所蘊含的是一種烏托邦信念，但否認烏托邦是幻想，而是以理性批判爲核心精神、可以實現的理想。哈伯瑪斯在這裡所描述的烏托邦理性批判精神、文明進步觀與對未來樂觀的嚮往，是從古典希臘哲學一脈相承的西方啓蒙理性精神，也是包括張深切的日治時期啓蒙者所嚮往、而普遍存在其思想之中的烏托邦理想。而日治時期啓蒙者的這個烏托邦夢想，在終戰後與胡適、雷震等中國自由主義者的自由民主理想結合，持續深深影響日後台灣本土派對文明的想像與期盼。

在此之際，台灣在後現代、後殖民主義強烈質疑理性普遍共相的文化趨勢中，對後現代主義「遊戲性」、「相對性」、「語言與權力操弄」、「特殊性」的關注，是否加深台灣住民的斷裂與差異感，或至少無法幫助彌合差異？尤其在中國民族主義與新興台灣民族主義的催化之下，台灣內部的對立情緒，幾乎經常已經瀕臨非理性地步之際，若干政治人物與媒體人，可以在或多或少誤用與濫用後現代主義遊戲性、實驗性、相對性、主體的建構性與權力與語言運作的情況，或者操弄後殖民主義對本土特殊性與去殖民化的關注下，玩弄文字、玩弄民主制度、操縱族群矛盾、加深民族主義的排他性與特殊性，以獲得個人的利益。整體而言，在二十一世紀的今天，日治時期台灣右派啓蒙者對思想言論自由與民主制度的企盼，在台灣大致已經實現了（儘管現階段實行的狀況，粉碎了張深切與其他日治時期啓蒙者「自由即一切」的想像），但以「理性批判」、「人類共相」爲念的啓蒙理性信念，卻暗淡地退場。理性的普遍性，雖然不再扮演壓制差異的角色，卻也無法再發揮凝聚共識的力量。然而，當此之際，如何將啓蒙的理性共相觀念，使用在現實世界的權力運作上，使之成爲跨越不同族群的歷史記憶與對立仇恨情緒的依據，卻可能是彌合台灣不同族群間斷裂的歷史記憶與特殊性的解決方案。

研究日治時期啓蒙運動，尤其是張深切的啓蒙思想，從他們對啓蒙事業的熱情，從他們對所有思想流派納匯百川的眞誠、虛心的理性批判精神、與對自由平等世界的烏托邦想像，從他們試圖擺脫民族主義的排他性、對人類理性的信念與建立平等自由和平的台灣社會與世界的寄望，我們看到了哈伯瑪斯的樂觀。但這種對人類遠景樂觀的想像，是否能透過人類理性的共相經由虛心、眞實、眞誠的語言交往，而眞正實現，還是最後在現實世界種種政

經文化權力結構的運作下，終究粉碎，停格在一種「善良意志」的烏托邦理想裡，永遠無法落實在存在的範疇呢？而究竟日治時期啓蒙者的派系紛爭、對啓蒙理性普遍性與自由博愛的信念、與他們所走過的所有痕跡，是否仍然可以提供我們引以爲鏡、藉以反思的經驗，而從中學習到超越狹隘民族主義的排他性，並且在現今台灣社會的多元與差異斷裂中求同、利益派系紛亂中求眞誠呢？

　　幫助台灣在各種政經權力運作的現實中、超越內部矛盾差異、並進而與世界接軌的啓蒙事業與文化建構工作，眞的結束了？或者，又該如何進行，才不致使理性及共識成爲壓迫差異的工具呢？且讓我們共同思考之。

參考書目

一、中文書目

1. 《「殖民主義與現代性的再檢討」國際研討會論文集》。中央研究院台灣史研究所，2002／12／23～24。

2. 《人人：器人雲萍個人雜誌》。第一號。台北市：1925／12／31。

3. 《三六九小報》。台南市：1930／9／9 創刊至 1935／9／6。

4. 《中國文藝》創刊號（張深切編輯）。北京：中國文藝月刊，1939／9／1。

5. 《中國現代化論文集》。台北市：中央研究院近代史研究所，1991。

6. 《台灣》。東京市：台灣雜誌社，1922～1924。

7. 《台灣大眾時報週刊》創刊號——第十號。台北市：南天書局，1995。

8. 《台灣文藝》（張星建主編）全 15 期。1934／11／05 創刊。

9. 《台灣文藝叢志》第一號。台灣文社，1919／1／1。

10. 《台灣文藝叢志》第七號。台灣文社，1919／7／1。

11. 《台灣民報》。東京市與台北市。1920～1944。

12. 《台灣事情》。台灣總督府出版，1921～1945。

13. 《台灣社會運動史（1913～1936 年）第一冊：文化運動》。台灣總督府警察沿革誌第二篇領台以后的治安狀況（中卷）。台北市：創造出版社，1989，6 月。

14. 《台灣社會運動史（1913～1936 年）第四冊：無政府主義運動、民族革命運動、農民運動》。台灣總督俯警察沿革誌第二篇領台以后的治安狀況（中卷）。台北市：創造出版社，1989。

15. 《台灣社會運動史第二冊》。林書揚等譯。爲《台灣總督府警察沿革誌》第二篇中卷全譯本。創造出版社，1989。

16. 《台灣社會運動史第五冊：勞動運動右翼運動》。台灣總督府警察沿革誌

　　　第二篇領台以后的治安狀況（中卷）。台北市：創造出版社，1989。

17. 《台灣青年》。1～18 號。東京市：1920／7／16～1922／1／20。

18. 《台灣時報》。109 號。台灣銀行出版，1919／1／15。

19. 《台灣時報》。113 號。台灣銀行出版，1919／5／15。

20. 《南音》。創刊號。台北市：1932／1／1 。

21. 《昭和皇紀慶頌集》。彰化崇文社，昭和十五年（1940）。

22. 《哲學研究年報》。1～10 輯。台北市：台北帝國大學文政學部，1935～1945。

23. 《理性的信仰——台灣宗教事件的省思》。世界宗教博物館發展基金會，1996。

24. 《理性時代的宗教觀》。香港九龍：基督教文藝出版社，1960。

25. 《櫟社沿革志略‧無悶草堂詩存》。台中縣大里鄉：台灣省文獻委員會，1993。

26. 〈台灣的思想言論自由比朝鮮壓迫得很〉。《台灣民報》。第 211 號。1928／6／3。

27. 〈台灣後生輩之幸福〉。《台灣時報》〈漢文時報〉，1919／3／15。

28. 〈卷頭之辭〉。《台灣青年》第一卷第五號。1920／12／15。

29. 〈重大之台灣農民運動〉（譯大阪朝日）。《台灣民報》3‧18。1925／6／21。頁 10。

30. 〈報紙的中毒〉。《台灣民報》。第九十九號。1926／4／4。

31. 〈農民組合文協解散論的依據〉。《台灣社會運動史（1913～1936）第一冊：文化運動》台灣總督府警察沿革誌第二篇領台以后的治安狀況（中卷）。台北市：創造出版社，1989，6月。

32. 〈電光的農民勞働黨〉（社說）。《台灣民報》第 82 號。1925／12／6。頁 1。

33. KO。〈獨立自尊之眞意〉。《台灣》第三卷第三號。1922／6／12。

34. 土方和雄著。《近代日本思想史》。近代日本思想史研究會譯。北京：商務印書館，1983。

35. 山川均。〈日本帝國主義鐵蹄下的台灣〉蕉農譯。《台灣殖民地傷痕》王曉波編。帕米爾書店，1985。

36. 中共中央黨史研究室。《中國共產黨歷史》第一卷上、下冊。北京：中共黨史出版社，2002。

37. 井上俊英。〈佛教之光明〉。《南瀛佛教會會報》第一卷第一號。1923／7。頁 8～13。

38. 木下友三郎。〈對台灣人及内地人之希望〉。《台灣青年》第一卷第一號。

1920。

39. 王見川。《台灣的齋教與鸞堂》。台北市：南天，1996。

40. 王青。《啓蒙與吶喊》。北京：燕山出版社，1998。

41. 王美惠。〈台灣新文學「反迷信」主題的書寫——以賴和、楊守愚比較爲例〉。《崑山科技大學學報》第二期。2005／11。頁 151～168。

42. 王郁雯。《台灣作家的「皇民文學」（認同文學）之探討——以陳火泉、周金波的小說爲研究中心》。中國文化大學日本研究所碩士論文，1999。

43. 王家驊。〈中江兆民的自由民權思想和儒家〉。《世界歷史》。1994 年第一期。

44. 王敏川。《王敏川選集》。台北市：海峽學術，2002。

45. ——。〈宜注重實力的社會〉。《台灣民報》第 2 卷第 19 號。1924／10／1。

46. ——。〈宜重理智論〉。《台灣民報》第 2 卷第 20 號。1924／10／11。

47. ——。〈結婚問題發端〉。《台灣民報》第 1 卷第 2 期。1923／5／1。

48. 王詩琅。〈雨夜〉。《第一線》。1934／11／9。

49. ——。〈海軍紀念日〉。原載《台灣新文學》。第 1 卷 6 號。1936,6.17。。錄自《王詩琅・朱點人全集》。台北市：前衛出版社，1991。

50. 王學潛。〈崇文社文集序〉。《崇文社文集》。大正十五年（1926／4／22）。

51. 王曉波。《台灣史與中國民族運動》。台北：帕米爾書店，1986。

52. ——。〈日據下台灣民族運動及其兩條路線——林獻堂與蔣渭水的比較研究〉。《百年來兩岸民族主義的發展與反省》。台北市：東大，2002。

53. ——。〈敢向此心向日月——王敏川選集序〉。《王敏川選集》王曉波編。台北市：海峽學術，2002。頁 3～11。

54. ——。〈敢將此心向明月——王敏川選集序〉。《王敏川選集》。台北市：海峽學術，2002。頁 3～11。

55. ——。〈蔣渭水的思想與實踐——《蔣渭水全集》編序〉。《蔣渭水全集（上）》。台北市：海峽學術出版社，1998。

56. 包遵信。《批判與啓蒙》。台北市：聯經出版社，1989。

57. 北澤文次郎。〈勞働運動及新文化之創造〉。《台灣青年》2・5。1921／6／15。漢文部，頁 25～28。

58. 古偉瀛。〈台灣天主教中的多國色彩〉。《東西交流史的新局——以基督宗教爲中心》。台北市：東大，2005。頁 391～418。

59. 永井柳太郎。〈近代政治之理想〉。《台灣青年》。第三卷第二號。東京市：1921／8／15。

60. 白慈飄。《啓門人——蔡惠如傳》。台北市：近代中國雜誌社，1977。

61. 白璧甫。〈恭祝皇紀兩千六百年《風月報》第一百期紀念〉。《風月報》。第 101 期正月號。1940／1。

62. 矢內原忠雄。《日本帝國主義下之台灣》周憲文譯。台北縣中和市：帕米爾書店，1985。

63. ──。〈與日本國民書（序）〉。《與日本國民書》蔡培火。台北縣新店市：學術出版社。頁 4～8。

64. 石元康。《從中國文化到現代性：典範移轉？》台北市：東大，1998。

65. ──。《當代的自由主義理論》。台北市：聯經，1995。

66. 任繼愈。《老子全譯》。成都：巴蜀書社，1992。

67. 任繼愈主編。《中國哲學史第一冊》。人民出版社，1984。

68. 任繼愈譯。《老子新譯》。台北新店：谷風出版社，1987。

69. 安岡正篤。〈東洋植民政策之光明〉。《台灣》。第三卷第四號。1922／7／10。

70. 寺師平一。《台灣同化會一覽》。台灣省通志館資料組手抄。1914／11／16。弘文堂出版。由黃純清收藏抄寫。

71. 帆足理一郎。〈民眾文化の哲學的根據〉。《台灣》5・2。1924／5。頁 7～15。

72. 成中英。《中國現代化的哲學省思──『傳統』與『現代』理性的結合》。台北市：東大圖書，1988。

73. 朱維錚。〈晚清思想史中的民族主義〉。《民族主義與中國現代化》劉青峰主編。香港中文大學，頁 275～288。

74. 江宜樺。〈台灣民主意識的變遷與挑戰〉。《台灣的文化發展》黃俊傑、何寄澎主編。台北市：台大出版中心，2002。頁 127～167。

75. 江燦騰。《20 世紀台灣佛教的轉型與發展》。淨心佛教基金會。

76. ──。《台灣近代佛教的變革與反思──去殖民化與台灣佛教主體性確立的新探索》。台北市：東大，2003。

77. ──。〈日治時期高雄佛教發展與東海宜誠〉。《中華佛學學報》第十六期。2003／09。頁 211～231。

78. ──。〈台灣近代（1895～1945）佛教史研究之再檢討〉。《佛學研究中心學報》第 10 期。2005 年。頁 287～326。

79. 羊子喬。〈歷史的悲劇・認同的盲點──讀周金波《「水癌」》、《「尺」的誕生》有感〉。《台灣文學》第八期。1993／10。

80. 何信全。〈儒學與自由主義──梁啓超的詮釋進路〉。《中國近代文化的解構與重建》。台北市：政大文學院，2000。頁 63～78。

81. 何幹之。《中國啓蒙運動史》。國民叢書：上海書店，1990 影印本。

82. 佐野學。《唯物論的哲學》巴克譯。上海：樂華圖書，1930／5／20 初版。

83. 余英時。〈現代儒學的回顧與展望──從明清思想基調的轉換看儒學的現代發展〉。《東亞文化的探索》黃俊傑、福田殖編。台北市：正中，1996。頁 59～116。

84. 余英時等。《五四新論──既非文藝復興‧亦非啓蒙運動》。台北市：聯經，1999。

85. 吳乃德。〈自由主義和族群認同：搜尋台灣民族主義的意識形態基礎〉。《台灣政治學刊》。1996,07。

86. 吳三連口述。吳豐山撰記。《吳三連回憶錄》。台北市：自立報系，1991。

87. 吳文星。《日治時期台灣社會領導階層之研究》。台北市：正中書局，1992。

88. 吳盈儀。〈日本明治維新期的自由民權運動〉。《日本學報》（11 期）。1991,05。頁 45～52。

89. 吳展良。《中國現代學人的學術性格與思維方式論集》。台北市：五南，2000。

90. 吳密察、吳瑞雲編譯。《台灣民報社論》。台北市：稻鄉出版社，1992。

91. 吳新榮。《吳新榮選集二》葉笛、張良澤漢譯。台南縣新營市：南縣文化，1997。

92. 吳毓琪。〈台南「南社」初探〉。《雲漢學刊》第四期。台南市：成大中文研究所，1997／05。頁 125～146。

93. 吳潛濤。《日本倫理思想與日本現代化》。北京：中國人民大學出版社，1994。

94. 呂理州。《解剖日本軍國主義：神話、軍國、日本》。台北市：創意力出版，1998。

95. 呂紹理。《水螺響起：日治時期台灣社會的生活作息》。台北市：政大歷史研究所博士論文，1995。

96. 宋文明。《梁啓超的思想》。台北市：水牛，1991。

97. 宋德宜。《新儒家》。台北市：揚志文化，1994。

98. 巫永福。《巫永福全集六：評論卷 I》。台北市：傳神福音，1995。

99. ──。〈序（之一）〉。《張深切全集卷三──我與我的思想》。台北市：文經社，1998。頁 16。

100. ──。〈悲哀的台灣人：陳炘的前言〉。《台灣文藝》144 卷。頁 8～10。

101. ──。〈談四十年來家與國〉。錄自《巫永福全集六 評論卷 I》。台北市：傳神福音，1995。

102. 李世偉。《日據時代台灣儒教結社與活動》。台北市：文津，1999。

103. ──。〈日治時代文社的研究──以「崇文社」爲例〉。《台灣風物》47 卷

3 期。台北市：南港中央研究院中山人文社會科。1997／9／30。

104. ──。〈解脫道與菩薩行──佛教在台灣的發展〉。《台灣宗教閱覽》。台北蘆洲：博揚文化，2002。頁 12～31。

105. 李幼蒸。〈論現代學術民族主義〉。《哲學雜誌》（第七期）。台北市：1994,1月。

106. 李弘祺。《面向世界：現代性、歷史與最後的眞理》。台北市：允晨文化，2001。

107. 李永熾。《日本近代思想論集》。台北市：牧童出版社，1975。

108. ──。〈福澤諭吉與日本思想解放〉。《歷史月刊》2003,5 月號。頁 58～65。

109. 李春生。《李春生著作集：東西哲衡／東西哲衡續篇》。李明輝、黃俊傑、黎漢基合編。台北市：南天，2004。

110. ──。《李春生著作集：東西哲衡／哲衡續篇》李明輝、黃俊傑、黎漢基合編。台北市：南天書局，2004。

111. 李泰德。《文化變遷下的台灣傳統文人──黃得時評傳》。國立台灣大學國文研究所碩士論文。1999 年 6 月。

112. ──。〈張深切「孔子哲學評論」之評論〉。《台灣人文》（師大），1999,06。

113. 李喬。〈台灣文學與本土神學──由基督教談起〉。《台灣文學與本土神學》曾昌發編。台南市：南神，2005。頁 1～25。

114. 李筱峰。《台灣革命聖僧──林秋梧》。台北市：望春風文化，2004。

115. ──。《台灣戰後初期的民意代表》。台北市：自立晚報，1993。

116. ──。《林茂生、陳炘和他們的時代》。台北市：玉山社，1996。

117. 李歐梵。《未完成的現代性》。北京大學演講叢書。。北京：北京大學出版社，2005。

118. 李澤厚。《中國現代思想史》。台北市：三民書局，1996。

119. 李篤恭。〈憶敏川叔〉。《王敏川選集》王曉波編。台北市：海峽學術，2002。頁 19～32。

120. 周克勤。〈戰後國民政府與儒家思想：西學爲體，中學爲用？〉。《台灣的文化發展》。台北市：台大出版中心，2002。頁 59～90。

121. 周定山。〈「儒」是什麼？ 〉。收錄於林慶彰編。《日治時期台灣儒學參考文獻》。台北市：台灣學生書局印行，2000。頁 283～312。

122. ──。《周定山作品選集》。彰化市：彰縣文化，1996。

123. 周昌葉。〈日本近代政治的出發點──明治維新〉。《日本學報》（11 期）。1991，05。頁 24～33。

124. 周建高。〈福澤諭吉對中國文化的迎拒〉。《歷史月刊》2003,5 月號。頁 44～50。

125. 周婉窈。《海行兮的年代——日本統治末期台灣史論集》。台北市：允晨出版社，2002。

126. 周策縱。《五四運動：現代中國的思想革命》周子平等譯。江蘇人民出版社，1996。

127. 夜久正雄。《日本思想與外國思想關係》。淡江大學出版部，1981。

128. 林仲澍。〈人生究竟之目的〉。《台灣青年》創刊號，1920／

129. 林安梧。〈台灣哲學的貧困及其再生之可能〉。《哲學雜誌》第 25 期，1998／08。頁 68～93。

130. 林呈祿。〈最近五年間的台灣統治根本問題〉。《台灣民報》。第六十七號。1925／8／26。

131. ——。〈最近五年間的台灣統治根本問題〉。《台灣民報》第 67 號，1925／8／26。

132. 林明德。〈戊戌變法和明治維新的比較〉。《歷史月刊》（125 期）。1998，06。頁 65～70。

133. 林柏維。《文化協會的年代》。台中市：中市文化，1996。

134. 林秋梧。〈佛學堅固女經講話〉。《南瀛佛教會會報》卷 12．3，1934／3／1。

135. ——。〈為台灣佛教熱叫〉。《南瀛佛教會會報》第六期第六號。1928／11。

136. ——。〈唯物論者所指摘的歷史上宗教所演的主角（一）〉。《台灣民報》第 258 號。1929／4／28。頁 8。

137. ——。〈階級鬥爭與佛教〉。《南瀛佛教會會報》第七卷第二號。1929／3。

138. 林美容。《台灣人的社會與信仰》。台北市：自立晚報，1993。

139. 林茂生。《日本統治下台灣的學校教育：其發展及有關文化歷史分析與探討》，台北市：新自然主義，2000。

140. 林書揚。《從二二八到五○年代白色恐怖》。台北市：時報出版社。

141. 林國仁。《孫中山民族自決思想之研究》。台大三民主義研究所碩士論文，1990。

142. 林國章。《民族主義與台灣抗日運動》。台北市：海峽學術，2004。

143. 林景明。《日本統治下台灣の「皇民化」教育》。台北市：鴻儒堂，1999。

144. 林朝崧。《無悶草堂詩存（上冊）》。台北市：龍文，1992。

145. 林資修。《南強詩集》。台北市：龍文，1992。

146. 林維朝。〈崇文社文集序〉。錄自《崇文社文集百期彙刊》。蘭記圖書部，1928（？）。

147. 林慶彰等主編。《近代中國知識份子在台灣》。台北市：萬卷樓，2002。

148. 林慶彰編。《日治時期台灣儒學參考文獻（上冊）（下冊）》。台北市：台灣學生書局印行，2000。

149. 林獻堂。《同化會述聞錄》。台灣省通志館資料組手抄。原載《台灣新聞》。1914／12／3。由黃純清收藏抄寫。

150. 社說。〈宜速破除迷信陋風〉。《台灣民報》3．17，1925／6／11。

151. 金耀基。《中國現代化與知識份子》。台北市：時報文化，1991。

152. 金觀濤。〈創造與破壞的動力：中國民族主義的結構及演變〉。《民族主義與中國現代化》劉青峰主編。香港中文大學，頁 127～141。

153. 長田正民。《大正民主潮流與台灣——石橋湛山、吉野作造、田川大吉郎》。台北市：台大政治研究所碩士論文，1995。

154. 姜義華。《小農中國的現代覺醒》。台北市：書林，1994。

155. ──。〈論二十世紀中國的民族主義〉。《民族主義與中國現代化》劉青峰主編。香港中文大學，頁 143～157。

156. 姜義鎮編著。《台灣的民間信仰》。台北市：武陵出版有限公司，1985。

157. 施正鋒。《台灣人的民族認同》。中和市：前衛出版，2000。

158. 柳書琴。〈殖民地文化運動的皇民化：論張文環的文化觀〉。《殖民地經驗與台灣文學》。台北市：遠流，2000。頁 1～43。

159. 洪炎秋。〈悼張深切兄〉。《台灣風物》第十五卷第五期。台北市，1965。

160. 洪維揚。《日本明治時代自由民權運動之研究——成長到衰落的過程》。台北縣新莊市：輔大日語系碩士論文，2001。

161. 洪德先。《民國初期的無政府主義運動（1912～1931）》。台師大歷史研究所博士論文，1997。

162. 洪謙德。《跨世紀的馬克思主義理論》。台北市：月旦，1996。

163. 胡適。《四十自述》。台北市：遠流出版公司，1986。

164. ──。《治學的方法與材料——胡適文存第三集第一、二卷》。台北市：遠流出版社，1994。

165. ──。《胡適作品集九：我們的政治主張》。台北市：遠流，1988。

166. ──。《胡適演講集（一）》。台北市：遠流出版公司，1986。

167. ──。《胡適演講集（二）》。台北市：遠流出版公司，1994。

168. ──。《說儒——胡適文存第四集第一卷》。台北市：遠流出版社，1992。

169. ──。《戴東原的哲學》。台北市：遠流，1992。

170. ──。〈新思潮的意義〉。《新青年》第 7 卷第 1 號（1919：12）。頁 5～12。

171. 范純武。〈日本佛教在日治時期台灣「蕃界」的佈教事業——以真宗本願寺派為中心的考察〉。《圓光佛學學報》第四期，1999／12。頁 253～278。

172. 韋政通。〈台灣意識與民族主義〉。《民族主義與中國現代化》劉青峰主編。香港中文大學，頁 289～308。

173. 倪希昶。〈高山文社社員代表倪希昶祝詞〉。《夢覺山莊古稀紀念集》。彰化崇文社，昭和 16 年 12 月（1941／12）。

174. 孫治本。《全球化與民族國家：挑戰與回應》。台北市：巨流，2001。

175. 宮哲兵。〈中國古代唯物主義傳統質疑〉。《哲思雜誌》第一卷第一期。香港人文哲學會，1998／03。

176. 島田三郎。〈治台之謬誤（一）〉。《台灣民報》。第 12 號。1923／12／1。

177. 徐水生。《中國古代哲學與日本近代文化》。台北市：天津，1993。

178. 徐崇溫。《法蘭克福學派述評》。台北市：谷風出版社，1980。

179. 徐復觀。〈一個「自由人」的形象的消失——悼張深切先生〉。《台灣風物》第十五卷第五期。台北市，1965。

180. 徐覺哉。《社會主義流派史》。上海人民出版社，1999。

181. 海老名彈。〈啓發台灣文化之方針〉。《台灣青年》第 1 卷第 5 號。

182. 翁聖峰。〈一九三〇年台灣儒學墨學論戰〉。《國立台北教育大學學報人文藝術類》。第十九卷第一期。2006,3。

183. ——。〈評《日據時期台灣儒學參考文獻》——兼論續篇《日據時期台灣儒學參考文獻》的可行方向〉。《中國文史哲研究通訊》第十一卷第一期。2001／03。頁 169～186。

184. 袁偉時。《中國現代哲學史上卷：北洋軍閥統治時期的中國哲學》。廣東：中山大學出版社，1987。

185. ——。〈中國民族主義與現代性「對抗」論獻疑〉。《民族主義與中國現代化》劉青峰主編。香港中文大學，頁 209～217。

186. 高永光。〈從「五四」對德先生的追求論當代中國的民主發展〉。《五四運動八十週年學術研討會論文集》。台北市：國立政大文學院編印，1999。頁 15～35。

187. 高立克。〈「新青年」與兩種自由主義傳統〉。《二十一世紀》。1997,08。

188. ——。〈五四：未完成的啓蒙〉。《五四的思想世界》。學林出版社，2003。

189. 國家圖書館編印。《台灣歷史人物小傳——日據時代》。2002。

190. 張文環。〈教育和娛樂〉。原載《台灣日日新報》。1937／11／30。《張文環全集卷六：隨筆集（一）》。台中縣豐原市：中縣文化，2002。

191. 張世雄。〈自由主義在台灣的成長及其問題〉。《二十一世紀》第 68 期，2001。頁 26～34。

192. 張玉法。〈帝國主義、民族主義與國際主義在近代中國歷史上的角色〉。《民族主義與中國現代化》劉青峰主編。香港中文大學，頁 99～125。

193. 張玉柯、李甦平等著。《和魂新思——日本哲學與 21 世紀》。上海：華東師範大學出版社，2001。

194. 張佛泉。《自由與人權》。台北市：台灣商務印書館，1993。

195. 張志相。《張深切及其著作研究》。成大：歷史研究所，1992。

196. 張岱年。《中國哲學史大綱》。中國社會科學出版社，1994。

197. 張忠棟等主編。《什麼是自由主義》。台北市：唐山，1999。

198. 張明貴。《自由論——西方自由主義的發展》。台北市：台灣書店，1998。

199. 張炎憲、陳傳興主編。《楊肇嘉留眞集》。台北縣中和市：吳氏圖書圖書有限公司，2003。

200. 張孫煜。〈懷念我的父親〉。《張深切全集卷六：談日本‧說中國》。台北市：文經社，1998。

201. 張純甫。〈禮爲經國之紀〉。林慶彰編。《日治時期台灣儒學參考文獻》。台北市：台灣學生書局印行，2000。

202. 張深切。〈「台灣文藝」的使命〉。《台灣文藝》第 2 卷第 5 號。1935／5／1。台中市：中央書局。

203. ——。〈「台灣文藝」的使命〉。《台灣文藝》第 2 卷第 5 號。1935／5／1。台中市：中央書局。

204. ——。《張深切全集卷一：里程碑（上）》。台北市：文經社，1998。

205. ——。《張深切全集卷九：生死門‧再世因緣》。台北市：文經社，1998。

206. ——。《張深切全集卷二：里程碑（下）》。台北市：文經社，1998。

207. ——。《張深切全集卷十一：北京日記、書信、雜錄》。台北市：文經社，1998。

208. ——。《張深切全集卷三：我與我的思想》。台北市：文經社，1998。

209. ——。《張深切全集卷五：孔子哲學評論》。台北市：文經社，1998。

210. ——。《張深切全集卷六：談日本‧說中國》。台北市：文經社，1998。

211. ——。《張深切全集卷四：在廣東發動的台灣革命運動史略‧獄中記》。台北市：文經社，1998。

212. ——。《張深切全集卷四：在廣東發動的台灣革命運動史略‧獄中記》。台北市：文經社，1998。

213. ——。〈對台灣新文學路線一提案〉。《台灣文藝》第 2 期第 2 號。1935／4／1。頁 78～86。

214. ——。〈鐵窗感想錄（二）：讀書再讀聖經（B）〉。《台灣新民報》。第 370 號。1931 年 6 月 27 日。

215. ——。〈鐵窗感想錄（三）孔子與老莊〉。《台灣新民報》。第 371 號。1931

年 7 月 4 日。

216. ──。〈鐵窗感想錄〉。《台灣民報》第 369～371 號。1931／6。

217. 張端然。《日治時期瀛社之研究》。中國文化大學碩士論文。2003 年 12 月。

218. 張灝。〈關於中國近代史上的民族主義的幾點省思〉。《百年來兩岸民族主義的發展與反省》。東吳大學：東大圖書，2002。

219. 梁明雄。《張深切與台灣文藝研究》。台北市：文經社，2002。

22. 梁啓超。《飲冰室文集類編（上冊）》。台北市：華正書局，1974。

221. 梁華璜。《台灣總督府的『對岸』政策研究──日據時代台閩關係史》。台北縣板橋市：稻鄉，2001。

222. 莊永明。《台灣百人傳》。台北市：時報文化，2000。

223. 許乃昌。〈給陳逢源氏的公開狀（上）〉。《台灣民報》。第 142 號。1927／1／30。

224. ──。〈駁陳逢源氏的中國改造論〉。《台灣民報》第 128 號。1926／10／10。

225. ──。〈駁陳逢源氏的中國改造論〉。《台灣民報》第 128 號。1926／10／24。

226. 許子文。〈崇文社文集序〉。《崇文社文集》。昭和 2 年（1927）。

227. 許介麟。〈福澤諭吉的文明觀與脫亞論〉。《歷史月刊》2003,5 月號。頁 34～43。

228. 許全興等。《中國現代哲學史》。北京市：北京大學出版社，1992。

229. 許林。〈卷頭辭〉。《南瀛佛教會會報》第一期第二號。1923／8。頁 1。

230. 許紀霖。〈中國自由主義知識份子的參政 1945～1949〉。《二十一世紀》第六期。香港：中文大學，1991，8 月號。頁 37～46。

231. ──。〈現代中國的自由主義傳統〉。《二十一世紀》（第四十二期），1997,8 月號。香港：中文大學。頁 27～38。

232. ──。〈當代中國的兩種自由〉。《二十一世紀》第 68 期。香港：中文大學。頁 15～19。

233. 許雪姬訪問。《日治時期在「滿洲」的台灣人》。中央研究院近代史研究所，2002。

234. 連溫卿。《台灣政治運動史》。台北縣板橋市：稻鄉，1988。

235. 連橫。《台灣詩乘》。南投市：省文獻會，1992。

236. ──。《連雅堂文集》。南投市：省文獻會，1992。

237. ──。《連雅堂先生全集──連雅堂先生集外集：臺灣詩薈雜文鈔》。南

投市：省文獻會，1992。

238. ──。《雅堂文集》。台灣文獻叢刊。台北市：台灣銀行，1964。

239. ──。〈佛教東來考〉。《雅堂文集》。南投市：台灣省文獻委員會，1992。

240. ──。〈思想自由論〉。《台灣民報》第 239 號。1928／12／16。

241. ──。〈思想創造論〉。《台灣民報》第 240 號。1928／12／23。

242. ──。〈思想解放論〉。《台灣民報》第 238 號。1928／12／9。

243. ──。〈答小隱（思想果能統一乎）〉。《台灣民報》第 244 號。1929／1／20。

244. ──。〈與嘉義人士書論籌建孔廟〉。《台灣民報》第 247 號。1929／2／10。

245. ──。〈質昭和新報：何謂統治根本？何謂思想善導？〉。《台灣民報》第 235 號。1928／11／18。

246. 陳三郎。《日治時期台灣的留學生》。台中：東海大學歷史研究所碩士論文，1981。

247. 陳以愛。〈「整理國故」運動的普及化〉。《五四運動八十週年學術研討會論文集》。台北市：國立政大文學院編印，1999。頁 37～59。

248. ──。《學術與時代：整理國故運動的興起、發展與流行》。政大歷史研究所博士論文，2001。

249. 陳弗邪。〈論言論自由〉。《台灣民報》第八十五號。1925／12／27。

250. 陳芳明。《殖民地摩登：現代性與台灣史觀》。台北市：麥田出版社，2004。

251. ──。《謝雪紅評傳：落土不凋的雨夜花》。台北市：前衛出版社，1996。

252. 陳俐甫。《台灣民族主義之研究》。台大政治學研究所博士論文，2003。

253. 陳昭瑛。《台灣儒學：起源、發展與轉化》。台北市：正中，2000。

254. 陳柔縉。《台灣西方文明初體驗》。台北市：麥田出版社，2005。

255. 陳玲蓉。《日據時期神道教統治下的台灣宗教政策》。台北市：自立晚報，1992。

256. 陳逢源。〈我的中國改造論〉。《台灣民報》第 120 號。1926／8／29。

257. ──。〈答徐乃昌氏的駁中國改造論〉。《台灣民報》第 130 號。1926／11／7。

258. ──。〈答徐乃昌氏的駁中國改造論〉。《台灣民報》第 135 號。1926／12／12。

259. 陳獨秀。《陳獨秀文章選編》（上）。三聯書店，1984。

260. 陳錫如。〈澎垣紫髯翁陳錫如序〉。《崇文社文集》。昭和 2 年（1927）。頁 1～2。

261. 陳錫寶、陳占標著。《一代宗師梁啓超傳奇》。台北市：新潮社，1994。

262. 陳懷澄。〈人生修養談〉。《台灣》3‧2，1922／5／11。

263. 陶東風。《後殖民主義》。台北市：揚智文化，2000。

264. 章清。〈自由主義：啓蒙與民族主義之間〉。《民族主義與中國現代化》劉青峰主編。香港中文大學，頁 401～421。

265. 傅佩榮。〈從比較的角度反省老子「道」概念的形上性格〉。《哲學雜誌》第七期，1994／01。頁 24～37。

266. 傅錫祺。《鶴亭詩集（上）》。台北市：龍文，1992。

267. 勞思光。《文化哲學演講錄》。香港：中文大學，2002。

268. ──。〈遠景與虛境──論中國現代化問題與後現代思潮〉。《中國思潮與外來文化》。第三屆國際漢學會議論文思想組。台北：中央研究院中國哲學研究所，2002。頁 1～34。

269. 彭華英。〈社会主義の概説〉。《台灣青年》2‧4。1921／5／15。和文部，頁 50～57。

270. 曾昌發編。《台灣文學與本土神學》。台南市：南神，2005。

271. 曾枝盛。《後馬克思主義》。台北市：揚智文化，2002。

272. 曾爲惠。〈老子是自由主義思想嗎？〉。《孔孟月刊》第 31 卷第 9 期，1993／05。頁 12～23。

273. 游常山。〈銀行家的救國心：陳炘〉。《天下雜誌》200 卷。1998／1。頁 110。

274. 湯庭芬。《無政府主義思潮史話》。北京：社會科學文獻出版社，2000。

275. 童長義。〈日本文化思想研究的主體性〉。《東亞近代思想與社會》。。台北市：月旦，1999。頁 413～454。

276. 舒衡哲。《中國啓蒙運動》。台北市：桂冠，2000。

277. 項退結。《現代中國與形上學》。輔仁大學出版社，2004。

278. 黃天民。〈就台灣議會而論〉。《台灣青年》。第二卷第三號。1921／4／15。

279. 黃克武。〈梁啓超的學術思想：以墨子學爲中心之分析〉。《中央研究院近代史研究所集刊》第 26 集。1996／12。頁 41～90。

280. 黃呈聰。〈世界政治的新傾向〉。《台灣民報》第 1 卷第 1 期。1923／4／15。

281. ──。〈對稻江建醮的考察〉。《台灣民報》2‧24，1924／11／21。

282. ──。〈論個人主義的意思〉。《台灣民報》第 1 卷第 3 期。1923／5／15。

283. 黃秀政。《「台灣民報」與近代台灣民族運動（1920～1932）》。彰化市：現代潮出版社，1987。

284. 黃東珍。《張深切「孔子哲學評論」研究》。成大：中文系，1999。

285. 黃俊傑。《台灣意識與台灣文化》台北市：正中書局，2000。

286. 黃昭堂。《台灣總督府》。黃英哲譯。台北市：前衛出版社，1994。

287. 黃美娥。《重層現代性鏡像：日治時代台灣傳統文人的文化視域與文學想像》。台北市：麥田出版社，2004。

288. ——。〈日治時代台灣詩社林立的社會考察〉。《台灣風物》47 卷 3 期。台北市：南港中央研究院中山人文社會科。1997／9／30。頁 43～88。

289. 黃得時。《黃得時全集整理編輯計畫九十一年度期末報告（三）》。國立中正大學中國文學系，2002／12／13。

290. ——。《黃得時全集整理編輯計畫期末報告修訂（92 年度）日本文化論集暨中國文化論集》。國家台灣文學館，2003／12／15。

291. ——。《黃得時全集整理編輯計畫期末報告修訂（92 年度）台灣文學論集》。國家台灣文學館，2003／12／15。

292. ——。〈日據時代台灣新文學運動〉。《歷史・文化與台灣》。台北市：台灣風物雜誌社，1988,10。

293. ——。〈章太炎與台灣〉。原載《台灣新生報》1965／10／19。收錄於《黃得時全集整理編輯計畫 九十一年度期末報告（三）》。國立中正大學中國文學系，2002／12／13。頁 183～187。

294. 黃朝琴。〈改造運動之大勢〉。《台灣》4・4。1923／4／10。漢文部，頁 10～14。

295. 黃煌雄。〈台灣的先知先覺——蔣渭水先生〉。《台灣近代人物集——近代台灣知識份子的志業與理想》。台北市：李曉峰，1983。頁 41～56。

296. 黃榮河。《列寧的民族自決理論》。政治作戰學校政治研究所碩士論文，1989。

297. 楊建成。《台灣士紳皇民化個案研究》。台北市：龍文，1995。

298. 楊逵。《楊逵全集：第十三卷・未定稿》彭小妍主編。台南市：文化保存籌備處，1998。

299. 楊雲萍。〈無題錄（二）〉。《人人》第二號。1925 年。

300. 楊肇嘉。〈台灣新民報小史〉。《台灣民報》復刻本。台灣雜誌社發行，1973。

301. 葉榮鐘。《日據下台灣政治社會運動史》。星辰出版有限公司，2000。

302. ——。《台灣人物群像》。星辰出版社，2000。

303. ——。〈明智的領導者林獻堂先生〉。陳永興、李筱峰編《台灣近代人物集——近代台灣知識份子的志業與理想》。台北市：李筱峰，1983。頁 18～26。

304. ——。〈第三文學搵溫〉。《南音》。第 1 卷第 8 號卷頭言。1932／5。

305. 葛劍雄。〈中國傳統的民族主義與開放觀〉。《民族主義與中國現代化》劉青峰主編。香港中文大學，頁 221～245。

306. 鄔昆如等。《五四運動與自由主義》。台北市：先知出版社，1974。

307. 廖仁義。〈台灣哲學的歷史構造——日據時期台灣哲學思潮的發生與演進〉。《當代》第 28 期，1988／8／1。頁 25～34。

308. ──。〈台灣觀點的中國哲學研究——《孔子哲學評傳》與張深切的哲學思想〉。《張深切全集卷五：孔子哲學評傳》。台北市：文經社，頁 1998。537～566。

309. 廖咸浩。〈合成人羅曼史：當代台灣文化中後現代主義與民族主義的互動〉。台北市：台大出版中心，2002。頁 91～125。

310. 廖振富。《櫟社三家詩研究——林痴仙、林幼春、林獻堂》。台灣師範大學：國文研究所博士論文，1996。

311. ──。〈日治時期台灣古典詩中的劉銘傳——以櫟社徵詩（1912）作品為主的討論〉。《東海大學文學院學報》。台中：東海大學文學院，2004。

312. ──。〈林幼春研究〉。《台灣文學學報》第一期。台北市：國立政大中文系。2000 年 6 月。

313. 福田增太郎原著。《台灣宗教信仰》江燦滕主編。台北市：東大圖書，2005。

314. 劉岳兵。〈福澤諭吉的『自由』論〉。《歷史月刊》2003,5 月號。頁 51～57。

315. 劉明朝。〈社會連帶論〉。《台灣青年》第三卷第三號。1921／9／15。

316. 劉青峰編。《民族主義與中國現代化》。香港：香港中文大學，1994。

317. 稻垣守克。〈人種平等論〉。《台灣》第三卷第三號。1922／6／12。

318. 蔣渭水。〈「治警事件」法庭辯論〉。《台灣民報》。第二卷第十六號。1924／9／1。

319. ──。《蔣渭水全集（上）》王曉波編。台北市：海峽學術出版社，1998。

320. ──。〈五個年中的我〉。《台灣民報》第 67 號。1925／8／26。

321. ──。〈左右傾辯〉。《台灣民報》第 132 號。1926／11／21。頁 4～5。

322. 蔡孝乾。〈駁方園君的「中國改造論」〉。《台灣民報》第 134 號。1926／12／5。

323. 蔡培火。《與日本本國民書》。台北縣新店：學術出版社，1974。

324. ──。《蔡培火全集（一）》。台北市：吳三連史料基金會，2000。

325. ──。〈對內問題之一端〉。《台灣青年》創刊號，1920／。

326. 蔡復春。〈研究救恤貧之問題〉。《台灣青年》2.4。1921／5／15。漢文部，頁 16～19。

327. 蔡敦曜。〈民族精神之弊害於人類〉。《台灣》第 4 卷第 2 號。1923／2／1。

328. 蔡蕙光。《日治時期台灣公學校的歷史教育——歷史教科書之分析》。台大歷史研究所碩士論文，2000。

329. 鄭仰恩主編。《台灣教會人物檔案》。台南市：人光，2001。

330. 鄭喜夫編撰。《連雅堂先生全集：連雅堂先生年譜》。南投市：台灣省文獻委員會，1992。

331. 賴和。《賴和全集：小説卷》。台北市：前衛出版社，2000。

332. ——。《賴和全集》林瑞明編。台北市：前衛出版社，2000。

333. 賴明弘。〈台灣文藝聯盟創立的片斷回憶〉。《新文學雜誌叢書》第五冊。敦煌書局總經銷，1973。頁 57～64。

334. 薛化元。〈台灣自由主義思想發展的歷史考察（1949～60）：以反對黨問題爲中心〉。《思與言》。1996,09。

335. ——。〈台灣自由主義對國家定位思考的歷史探討——以雷震及「自由中國」爲例〉。《台灣風物》。1998,03。

336. ——。〈戰後台灣自由主義與民族主義互動的一個考察——以雷震及「自由中國」的國家定位爲中心〉。《當代》。1999,05。

337. 謝春木。〈我所解的人格主義〉。《台灣》。第四卷第二期。1923／2／1。

338. 謝雪紅口述，楊克煌筆錄。《我的半生記》。台北市：楊翠華，1997。

339. 韓石泉。〈台灣社會問題改造觀——在台南開會演講大意〉。第 176 號。1927／10／2。

340. 簡吉。《簡吉獄中記》。台北市：中央研究院台灣史料研究所，2005。

341. 簡炯仁。《台灣民眾黨》。台北縣板橋市：稻鄉，1991。

342. 簡順福。〈對此回的建醮而言〉。《台灣民報》2·25，1924／12／1。

343. 顏笏山。《夢覺山莊古稀紀念集》。彰化崇文社，昭和 16 年 12 月（1941／12）。

344. 魏清德。〈思想要穩健（上）〉。《臺灣日日新報》第 7720 號。1921／11／28。

345. ——。〈讀墨漫筆〉。《臺灣日日新報》第 8119 號。1923／1／1。

346. 曝狂鐘。〈張深切所引導的台灣演劇研究會將走入那一條路？〉《台灣新民報》。第 350 號。1930（昭和 5 年）／10／18。

347. 羅志田。《民族主義與近代中國思想》。台北市：東大，1998。

348. 羅秀惠。〈漢學保存會小集敍書後〉。《台灣日日新報》第 2150 號。1905／7／4。

349. 蘇瑞鏘。〈救亡與啓蒙的辯正——一九五〇年代雷震與國民黨當局分合關

係之探討〉。《彰中學報》。2002／04。頁 193～218。

350. 釋慧嚴。〈忽滑谷快天對台灣佛教思想的影響〉。《華梵大學第六次儒佛慧通學術研討論文集——上冊》。台北：華梵大學哲學系，2002／7。頁 369～387。

351. ──。〈林秋梧（証峰師）的佛學思想探源〉。《華梵大學第七次儒佛慧通學術研討論文集》。台北：華梵大學哲學系，2003。頁 500～512。

352. 塩見俊二。《祕錄‧終戰前後の台灣》。台北市：文英堂，2001。

353. ──。〈日據時代台灣之警察與經濟〉。《台灣經濟史初期》。台北市：台灣銀行，1955。

二、英文書目

1. Arblaster, Anthony. Democracy.《民主制》胡建平譯。台北市：桂冠圖書，1992。

2. Arendt, Hannah. The Origins of Totalitarianism：Part II Imperialism.《帝國主義》蔡英文譯。台北市：聯經出版，1982。

3. Bacon, Francis. Bacon's Essays.《眞理的探求：培根論文集》。台北市：遠流出版公司，1989。

4. Barbour, Ian G. When Science Meets Religion.《當科學遇到宗教》章明義譯。台北市：城邦文化，2001。

5. Barlow, Taini E. ed. Formations of Colonial Modernity in East Asia. Duke University Press, 1997.

6. Bauman, Zygmunt. Freedom.《自由》楚東平譯。台北市：桂冠，1992。

7. Becker, Carl L. The Heavenly City of the Eighteenth-Century Philosophers.《十八世紀哲學家的天城》何兆武譯。台北縣新店市：左岸文化，2002。

8. Benedict, Anderson. Imagined Communities. London: Verson, 1983.

9. Benjamin, Walter. The Storyteller.《說故事的人》林志明譯。台北市：台灣攝影工作室，1998。

10. Berlin, Isaiah. Four Essays on Liberty.《自由四論》陳曉林譯。台北市：聯經，1986。

11. Bhabha, Homi. The Location of Culture. London: Routledge, 1994.

12. Cassirer, Ernest. The Philosophy of the Enlightenment.《啓蒙運動的哲學》李日章譯。台北市：聯經，1984。

13. Chatterjee, Partha 講座。《發現政治、社會、國家暴力與後殖民民主》。晨光興主編。台北市：巨流，2000。

14. Connor, Steven. Postmodernist Culture.《後現代文化導論》唐維敏譯。台北市：五南，1999。

15. Cottingham, John. <u>Descartes</u>.《笛卡兒》林正弘總導讀，林雅萍譯。台北市：麥田，1999。

16. Descartes, Rene.《沉思錄》黎惟東譯。台北市：志文，2004。

17. Dewey, John. <u>Liberty and Culture</u>.《自由與文化》吳俊升譯。台北市：國立編譯館，1953。

18. Eagleton, Terry.《馬克思》李志成譯。台北市：麥田，2000。

19. Feenberg, Andrew. <u>Alternative Modernity</u>.《可選擇的現代性》陸俊等譯。北京：中國社會出版社，2003。

20. Foreman, Clark.《新國際主義》。台北市：帕米爾書店，1977。

21. Foucault, Michel. "What is Enlightenment?"in Paul Pabinow ed., <u>The Foucualt Reader</u>. New York: Pantheon Books, 1984. p.p.32〜50.

22. ──.《知識的考掘》王德威翻譯、導讀。台北市：麥田，1993。

23. Gadamer, H. G. <u>Reasons, Theories and Enlightenment</u>.《理性、理論、啓蒙》。台北市：結構群文化，1990。

24. Gellner, Ernest. <u>Nationalism</u>.《國族主義》李金梅譯。台北市：聯經，2000。

25. Gray, John. <u>Liberalism</u>.《自由主義》姚新榮譯。台北市：桂冠圖書，1991。

26. ──. <u>Voltaire</u>.《伏爾泰》林正弘、黃希哲譯。台北市：麥田，2000。

27. Guibernau, Montserrat. <u>Nations Without States: Political Communities in a Global Age</u>.《無國家的民族：全球時代的政治社群》。台北縣永和：韋伯文化，2002。

28. Habermas, Jürgen & Michael Haller. <u>The Past as Future</u> （Vergangenheit als Zukunft）《做爲未來的過去：與哲學大師哈伯瑪斯對談》張國鋒譯。台北市：先覺，2003。

29. ──. <u>Die postnationale Konstellation：politische Essays</u>.《後民族格局：哈伯瑪斯政治論文集》曹衛東譯。台北市：聯經，2002。

30. ──. <u>The Philosophical Discourse of Modernity</u>. Cambridge: Polity Press, 1987.

31. Harman, Chris. <u>The Return of National Question</u>.《民族問題的重返》白曉紅譯。台北市：前衛，2001。

32. Hayek, F. A.《到奴役之路》張尚德譯註。台北市：桂冠圖書，1982。

33. ──. <u>The Constitution of Liberty</u>. The University of Chicago Press, 1960.

34. Hayes, Calten & Joseph Huntley.《現代民族主義演進史》。台北市：帕米爾書店，1979。

35. Heilbroner, Robert L. <u>Marxism: For and Against</u>.《馬克思主義──贊成與反對》易克信、杜章智譯。台北市：桂冠圖書，1990。

36. Henshall, Kenneth G. A History of Japan: from Stone Age to Superpower.《日本史：從石器時代到超級強權》李晉忠譯。台北市：巨流，2003。

37. Hobbes, Thomas. Leviathan.《利維坦》朱敏章譯。台北市：台灣商務書館，2002。

38. Hobsbawm, E. J. Nations and Nationalism Since 1780: Programme, Myth, Reality.《民族與國家主義》李金梅譯。台北市：麥田，1997。

39. Horkheimer, Max & Theodor W. Adorno. Dialectic of Enlightenment. John Cumming trans. New York: the Continuum Publishing Company, 1972.

40. Husserl, Edmund. Die Krisis der Europäischen wissenschaften und die Transzendentale Phänomenologie.《歐洲科學危機和超越現象學》張慶雄譯。台北市：桂冠圖書，1992。

41. Kant, Immanuel. "An Answer to the Question, 'What is Enlightenment?'" Edited with an Introduction and Notes by Hans Reiss. Kants: Political Writings. Cambridge: Cambridge University Press, 1991.

42. ——.《康德歷史哲學論文集》。台北市：聯經，2002。

43. ——. Religion Innerhalb der Grenzen der blossen Vernunft.《單純理性限度內的宗教》李秋零譯。台北市：商周出版，2005。

44. Kennedy, J.M.A. Asian Nationalism in the Twentieth Century. London: Macmillan, 1968.

45. Lehning, P. B. ed. Theories of Secession.《分離主義的理論》許雲翔等譯。台北市：韋伯文化，2002。

46. Lo, Ming-cheng M. Doctors within Borders: Profession, Ethnicity and Modernity in Colonial Taiwan. Berkeley: university of California Press, 2002.

47. Locke, John. "A Letter Concerning Toleration"Great Books of the Western World. Vol.35. Encyclopedia Britannica, Inc., 1952.

48. ——. "Concerning Human Understanding."收錄於《理性時代的宗教觀》。香港九龍：基督教文藝出版社，1989。

49. Lukács, Georg. Geschichte und Klassenbe wusstsein.《歷史與階級意識》杜章智、任立、燕宏遠譯。北京：商務印書館，1992。

50. ——. Lenin.《列寧》張翼星譯。台北市：遠流，1991。

51. Marx, Karl and Friedrich Engels.《共產黨宣言》。香港：新苗出版社，1998。

52. Mill, J. S. On Liberty and Considerations on Representative Government.《論自由及論代議政治》郭志嵩譯。台北市：協志工業叢書，1961。

53. Piovesana, S. T. Ginok.《日本近代哲學思想史》江日新譯。台北市：東大，1989。

54. Pipes, Richard. Communism: A Brief History.《共產主義簡史》蔡東杰譯。

台北縣新店市：左岸文化出版社，2004。

55. Russel, Bertrand.《羅素的回憶》。台北縣新店市：左岸文化，2002。

56. ──. What I Believe.《我的信仰》靳建國譯。台北市：遠流出版社，1989。

57. Said, E. W. & David Barsamian. Culture and Resistance: Conversations with Edward W. Said.《文化與抵抗》梁永安譯。台北縣新店市：立緒文化，2004。

58. ──. Orientalism.《東方主義》王淑燕等譯。台北縣新店市：立緒文化，1999。

59. Schwarcz, Vera. The Chinese Enlightenment: Intellectuals and the Legacy of the May Fourth Movement of 1919.《中國啟蒙運動：知識份子與五四遺產》。台北市：桂冠圖書，2000。

60. Shaw, William H. Marx's Theory of History.《馬克思的歷史理論》。台北市：結構群文化事業，1990。

61. Shin, G-Wook and Michael Robinson eds. Colonial Modernity in Korea. Cambridge, Massachusetts: University Asia Center, 1999.

62. Simmel, Georg. Die Modernität, der moderne Mensch und Religion.《現代性、現代人與宗教》曹衛東譯。台北市：商周出版，2005。

63. Sowell, Thomas. Marxism: Philosophy and Economics.《馬克思學說導論──哲學與經濟學》蔡伸章譯。台北市：巨流，1993。

64. Stanford, Michael. A Companion to the Study of History.《歷史研究導論》劉世安譯。台北市：麥田，2001。

65. Terdiman, Richard. Present Past: Modernity and the Memory Crisis. Ithaca & London: Cornell UP, 1993.

66. Tsurumi, E. Patricia. Japanese Colonial Education in Taiwan, 1895～1945.《日治時期台灣教育史》林正芳譯。宜蘭市：仰山文教基金會，1999。

67. Tucker, R.C. ed. The Lenin Anthology. New York: W.W. Norton & Company, 1975.

68. Watkins, Frederick. The Political Tradition of the West：A Study in the Development of Modern Liberalism.《西方政治傳統：近代自由主義之發展》李豐斌譯。台北市：聯經，1999。

69. Weber, Max. The Protestant Ethic and the Spirit of Capitalism. 《基督新教的倫理與資本主義的精神》。協志工業，1989。

70. Whitehead, A. N. Science and the Modern World.《科學與現代世界》。台北縣新店市：立緒文化，2000。

71. Wilber, Ken。The Marriage of Sense and Soul.《靈性修復》龔卓軍譯。台北市：張老師文化事業，2000。

72. 土方和雄著。《近代日本思想史》。近代日本思想史研究會譯。北京：商

務印書館，1983。

73. 石田一良。《文化史學：理論與方法》王勇譯。台北市：淑馨，1994。

74. 列寧。《列寧全集第 21 卷》。北京：人民出版社，1963／7。

75. ──。〈論我國革命〉。《列寧選集（第四卷）》。北京：人民出版社，1972。
頁 689～692。

76. 河合榮治郎。《自由主義的歷史與理論》高叔康譯。中央文物供應社，
1955。

三、網站相關文章

1. Howell, David L. "Embracing Modernity in Meijii Japan."Presented at
Teaching World History and Geography 2000, a Conference at Austin, Texas,
2000／02／11～12. http://www.macalester.edu/courses/asiall/howell.html

2. 王家驊。〈植木枝盛的自由民權思想和儒學〉。原載《世界歷史》1996 年，
第 3 期。
http://www.confucius2000.com/confucian/ribenruxue/zmzsdzymqsxyrx.htm

3. 林清修整理。中央研究院台史所有關日治時期台灣基督教現代化台灣之
研究。http://thcts.ascc.net/template/sample10.asp?id=rd/5-01015

4. 孫美堂。〈從中西文化模式的差異看中國啓蒙〉。原載《學而思》。
http://www.yangzhizhu.com/sunmtzxwh.htm。

5. 徐友漁。〈「後主義」與啓蒙〉。原載《天涯》1998 年第 6 期。
http://intellectual.members.easyspace.com/xuyylxuyy01.htm。

6. 張光芒。〈道德形上主義：啓蒙與反啓蒙之辯〉。原載《當代作家評論》
2003 年第 3 期。http://www.siwen.org/meixue/ddxeszyyzgxwx.htm。

7. 盛邦和。〈19 世紀與 20 世紀之交的日本亞洲主義（中）〉。

8. 劉岳兵。〈論日本近代的軍國主義與儒學〉。
http://www.confucius2000.com/confucius/jdrbjgzyyrx.htm。

9. 劉軍寧。〈北大傳統就是自由主義〉。原載《北京之春》。
http://cdp1998.org/details.asp?detailsid=2204。

10. ──。〈聯省自治：二十世紀的聯邦主義嘗試〉。原載《戰略與管理雜誌》。
http://www.mlcool.com/html/01548.htm。

11. 聶國心。〈中國現當代啓蒙文學屢遭挫敗的幾個原因〉。《粵海風》。2003
／第 5 期。http://www.xslx.com/htm/kjwh/yywxl2004-03-13-16313.htm。

12. 羅檢秋。〈諸子學與五四思潮〉。原載《二十一世紀》第五十五期。香港
中文大學：中國文化研究所，1995／10。
http://www.cuhk.edu.hj/ics/zlc/issue/article/990307.htm。

13. 觀霞。〈全盤西化與中國特色〉。http://69.41.161.6/Huashan/BBS/wenzai。